Licht-Code 101

Das 5. Element – Quinta Essentia

Josef Reisinger

Verlag Denkmayr

Danksagung

Ich möchte mich in erster Linie bei Frau Yvonne Prancl bedanken, die unzählige Stunden für die Textgestaltung und für die Umsetzung dieses Buches aufwandte, mit ihren Fotos und den eigens für das Buch hergestellten Grafiken, ein ästhetisches Buch zusammenstellte.

Ich danke Herrn Richard Schramm, der mit Weitblick und vielen Tipps zur Seite stand, Fotos beisteuerte, sowie in der Druckfertigstellung dieses Buches eine große Hilfe war.

Danke auch für jede Unterstützung und Motivation von so vielen Mithelfern. Vor allem war es notwendig, eine starke Finanzierung zu haben, welche in dankenswerter Weise durch die Firma QUINTA ESSENTIA KG ermöglicht wurde.

Vielen Dank dem Verlag Denkmayr, der auch für den Druck verantwortlich ist und vor allem Herrn Bernhard Bayer.

Schließlich gebührt der geistigen Welt und ihrer spürbar verfügbaren Energie viel Dank, die dieses Buch von der ersten bis zur letzten Seite begleitet hat.

Ich danke auch dir, liebe Roswitha. Du bist mir stets treu zur Seite gestanden, hast meine ersten Niederschriften in eine leserliche Form gebracht und so bei der Vorbereitung dieses Buches einen sehr wesentlichen Beitrag geleistet,

Josef Reisinger

Inhalt

Vorwort

Dr. Walter Medinger

Allgemein beeideter und gerichtlich zertifizierter Sachverständiger, wissenschaftlicher Leiter vom IIREC Institut, Internationales Institut für elektromagnetische Verträglichkeitsforschung in Graz.

Josef Reisinger wurde mir in einer Reihe von Jahren gemeinsamen Fragens und Forschens ein lieber Freund, dem ich manche wertvolle Einsicht verdanke. Denkbar verschieden sind unsere Arbeitsweisen: Ich bin als Naturwissenschafter einer strengen Methodik, Fachsprache und Forschungsdisziplin verpflichtet. Josef forscht mit der ihm eigenen Weisheit, Fühligkeit, Lebens- und Naturerfahrung und hat für die Vermittlung seiner Erkenntnisse (wie andere originelle Naturforscher auch, z.B. Viktor Schauberger) seine eigene Fachsprache geprägt.

Das steht einer Verständigung keinesfalls im Weg. Im Gegenteil: Wenn sich aus unterschiedlichen Richtungen gewonnene Ergebnisse decken, naturwissenschaftlich-technische und intuitive Einsichten berühren, dann leuchtet etwas auf, was über das reine Fachwissen hinausgeht, aus der Physik in die Meta-Physik weist, in die Philosophie und die Weisheit der großen spirituellen Lehren.

Dabei stehen Tugenden wie genaue Beobachtung der Natur, Demut vor dem Schöpfer und dem wunderbaren Gefüge seiner Schöpfung und der Blick auf das „große Ganze" sowohl dem eher rational als auch dem eher intuitiv arbeitenden Forscher wohl an.

Ja, originelle Forschung kann keine der beiden Komponenten entbehren, weder die von einer höheren Ebene uns geschenkten, „zufallenden" Eingebungen noch das logische Ziehen vernunftmäßiger Schlüsse.

Mit dem vorliegenden Buch bereitet JFR allen, die ihn und sein Werk kennen und schätzen, eine große Freude.

Längst schon haben wir uns gewünscht, seine Einsichten und Lehren in solch (untereinander und mit dem Werk anderer großer Naturforscher wie Wilhelm Reich) zusammenhängender Form nachzulesen und mehr aus seinem Leben, von seiner Familie und seiner Person zu erfahren. Vor allem mahnen uns seine Erkenntnisse zum behutsamen Umgang mit den Gaben der Natur, mit der Gesundheit unserer Leib-Seele-Einheit und unserer Erde. Yvonne Prancl hat es in gefällige Form des Textes und der Gestaltung gebracht. Dafür sei beiden gedankt.

Der naturwissenschaftlich-technisch geschulte Leser möge dieses Buch nicht als Lehrbuch aufschlagen; er würde Sinn und Absicht des Buches mit diesem Zugang verfehlen.

Vielmehr soll er es als Erlebnis- und Lebens-Buch annehmen und daraus lernen. Ist erst einmal die Scheu vor ungewöhnlicher Betrachtungsweise und Begriffssprache gewichen, wird der kritische Leser Josef Reisingers Ausführungen eine Bereicherung seines eigenen Wissens- und Erkenntnisstandes entnehmen.

Es ist ein wesentlicher Erkenntnisschritt, den die Naturwissenschaft heute zu vollziehen hat, dass „feinstoffliche" Energien als verarbeitbare Information, als wirksame Signale physikalische Realität und vor allem hohe biologische Relevanz besitzen. Menschen aus Heilberufen mit ganzheitlichem Ansatz oder mit spirituellem Hintergrund werden aus dem Buch wiederum erkennen, dass auch die Materie und „grobstoffliche" Energie von Geist erfüllt sind und subtile Funktionen haben.

Ich wünsche dem Buch viele aufgeschlossene Leser und weite Verbreitung. Sicher wird es dem Werk Josef Reisingers zahlreiche neue Freunde gewinnen.

Dr. Walter Medinger

Eine Begegnung

Das Telefon läutete. Nichts ahnend hob ich ab. Am anderen Ende hörte ich eine Frauenstimme: „Guten Tag, Herr Reisinger. Ich bin Eugenie Meier, aus Deutschland. Ich wollte dir sagen, dass ich von deinem Wasser begeistert bin! Ich habe es von einem Bio-Bauern aus Freising erhalten und war erstaunt darüber, denn, weißt du, ich bin hellsichtig", erklärte mir die Frau.

„Dein Wasser ist etwas ganz Besonderes! Es weist die Regenbogenfarben auf!"

Ich dachte mir „Zufälle gibt es nicht" und lächelte, denn ich freute mich natürlich über die Begeisterung von Frau Meier. Daraufhin lud ich sie ein, unseren Bauernhof zu besichtigen.

Ende Juni 2008 kam Eugenie dieser Einladung nach. Sie nahm sich Zeit, die Energien auf meinem Bauernhof zu überprüfen und sagte: „Ich sehe auf deinen Äckern und Fluren, ja, auch bei deinem Wasser, eine silbern blinkende Energie. Auch du selbst bist von silbern blinkender Energie umhüllt. Diese Energie entspricht der universellen göttlichen Energie".

Eugenie Meier ist Kinesiologin und Lebensberaterin in Denkendorf, in Deutschland.

So wie auch ich, ist auch Eugenie daran interessiert, dass die Erde sowie der Kosmos in die heilende Kraft der Liebe zurückkehren.

Daher besteht ihre Arbeit nicht nur aus der Hilfe, die sie Notsuchenden zuteil werden lässt, sondern auch in der täglichen Erdheilung, für die sie stets mehrere Stunden am Tag aufbringt.

Persönliche Einleitung

Mein Leben als Bauer, Imker und Bio-Bauer beschreibt, was mich bewog, tief in die Materie der unsichtbaren Welten einzutauchen. Die Entwicklung eines neuen Verfahrens gegen die zunehmende Umweltbelastung ist der Schlüssel, die mir die Tür zu einem neuen Leben eröffnete.

Vielen lieben Menschen auf meinem Lebensweg war ich Wegbegleiter, so wie auch jene mich begleitet haben, ohne dies vielleicht zu wissen. Ich danke allen, die an mich glauben.

Ich danke allen, die sich für meine Gabe, der VollHarmonisierung, ein neues Verständnis für das Leben und für unsere Schöpfung erschlossen haben. Und ich danke allen, die die Liebe ihres Herzens an die Welt weitergeben.

Der Prozess und die Befreiung aller negativen Begleiter, ob in uns oder um uns, führen uns zum erwünschten Himmel auf Erden.

Die VollHarmonisierung ist ein Werk jener höchsten Kräfte, die mir tiefe Einsichten und Weisheiten vermittelten. Die göttliche Wahrheit dient ausschließlich dem Licht und unterstützt Lichtarbeiter auf ihrem Weg, den Irritationen der Energien zu entgehen. Wer sich ehrlichen Herzens aufmacht und sich Irrtümern stellt, dem wird dieses Buch eine gute und liebevolle Unterstützung sein. Ich freue mich für jeden Leser, der meine Erkenntnisse für sich selbst nutzen kann, und dadurch ebenfalls einen lebendigen, liebenden Beitrag zur Förderung der Schöpfung beiträgt.

Ich wünsche jedem Menschen von Herzen viel Licht und Liebe,

Josef Reisinger

Dieses Buch lädt ein

Dieses Buch lädt ein, das unvergängliche Sein der göttlichen Schöpferordnung und ihre Liebesenergie kennen und verstehen zu lernen, was das Lesen dieser Worte bereits andeutet.

Um eigenes Wissen mit neuen Erkenntnissen zu vereinen sind neue Denkweisen und ganzheitliche Zusammenhänge aufzugreifen. Der Ansatz aller Veränderungen führt über den Weg der Naturgesetze und der fünf Elemente, über Impulse des Lebens zum Bauplan der göttlichen Ur-Ordnung

Die Erläuterungen zu den Energiefrequenzen sind stark vereinfacht, um dem Leser Einblicke in die Welt jenseits unserer 5 Sinne zu gewähren.

Dieses Buch ist eine Reise. Auf dieser Reise begleiten uns Schatten und Licht. Die vorkommenden Schatten sind nur ein Teil der ganzen Wahrheit. Vor allem dienen die Schatten all jenen Menschen, sie anzunehmen, sich bewusst der Lebendigkeit und Harmonie in der Ur-Ordnung zuzuwenden und den Sinn des Lebens als einen sich immer weiter pulsierenden Entwicklungsprozess zu verstehen.

Mysterien sind Geschenke Gottes, die ihre nährende und wohlwollende Kraft im Wandel des Seins offenbaren.

urquell

geistige labung,
liebendes licht
nährendes lieb
im göttlichen sein.

Aus meinem

Leben

Ich stand vor dem Hof und betrachtete die Wiese. Ein brauner Käfer krabbelte durch die Gräser und verschwand. Ich atmete die würzige Luft des Grases tief ein und aus. Die Sonnenstrahlen brannten auf meiner Haut. Friedvolle Stille umhüllte die kleine Welt, in der ich lebte. Wie verschlafen wirkte das alte Gemäuer mit all seinen Bewohnern, die sich gleichsam wie ich wohlzufühlen schienen. Ich beobachtete die fleißigen Bienen, die sich um den Nektar kümmerten. Ein paar Schmetterlinge spielten in der sanften Spätsommerbrise. Ich lächelte. War ich jemals zuvor so glücklich gewesen wie in diesem Augenblick?

Ich dachte an eine Zeit zurück, in der mein Leben noch voller Stress gewesen war.

Nach getaner Arbeit am Hof betreute ich in den Abend- und Nachtstunden Kunden, die auf meine Bio-Produkte warteten. Die täglichen Kilometer, vom Mühlviertel bis nach Wien und zurück, waren ermüdend. Meine Arbeit als Bio-Bauer machte mir keine Freude.

Ich war enttäuscht, weil meine Produkte keinen wesentlich besseren Nährwert als Lebensmittel aus den Läden hatten. Ich war enttäuscht, müde und ausgelaugt von den ganzen Anstrengungen, die ich auf mich genommen hatte, um den Hof in die rechten Bahnen zu lenken.

Und ich war traurig, denn ich schien damals der einzige Mensch zu sein, der sich um die Erde Sorgen machte. Immer wieder stieß ich auf taube Ohren und kalte Herzen, die sich nicht im Geringsten darum kümmern wollten, ob es gesunde, nahrhafte Lebensmittel gibt. Sprach ich mit Nachbarn über meine Gedanken und Gefühle, empfand ich eine tiefe Trostlosigkeit.

„Du willst, dass wir Tiere wie die Menschen achten?"

Unverständlichkeit zeigte sich in den Blicken meiner Mitmenschen. Es war ihnen gleichgültig, wie es den Tieren am Hof ging. Sie hatten es ja eh gut. Schließlich durften sie sich den Stall teilen und hatten ein Dach über dem Kopf.

Genau so gleichgültig war diesen Menschen die Natur. Der finanzielle Gewinn war ihr oberstes Ziel. Die Ländereien wurden mit Lieblosigkeit bestraft, wie die Tiere, denen wir unsere Lebensmittel verdanken, aus denen wir Kraft für unser Lebenswerk schöpfen sollten. Ich verstand sie nicht, die Menschen, die tagtäglich, mechanisch ihre Felder bewirtschafteten, von einer Arbeit zur nächsten hetzten und niemals innehielten.

Und mich? Mich verstand ich auch nicht mehr.

Manchmal spazierte ich zum Ufer der Aist, ein Fluss in der Nähe unseres Hofes, so wie ich es als Kind auch gerne getan hatte. Das Wasser aber war trüb geworden.

Die Aist war tot. Wo waren alle Fische, die sich früher hier getummelt hatten? „Weshalb“, fragte ich mich, „weshalb sind die Äcker, die Gewässer, ja selbst die Menschen so leer, leblos, ja lieblos?“

Ich wünschte mir mehr vom Leben, aber nicht mehr Geld, sondern inneres tiefes und wahres Glück.

Ich nahm eine Hand voll Erde, umschloss sie fest mit den Fingern und schwor mir, mein ganzes Leben umzukrempeln. Ich wusste noch nicht genau, wie ich dies bewerkstelligen sollte, aber ich wusste, dass die Zeit für Veränderung reif geworden war. Trotz dieses Vorsatzes ging mein Leben noch ein weiteres Stück bergab.

Ich erkrankte schwer und meine Lebensenergie war wie weggefegt. Die Monate vergingen und ich hatte viel Zeit, mein Leben und meine Werte zu überdenken.

Mir wurde bewusst, wohin mich mein Herz, meine Seele führen würde, ja, wofür ich leben wollte!

Ich wollte Qualität – statt Quantität. Freiheit – statt Ausbeutung. Lebendigkeit – statt Energielosigkeit. Gesundheit – statt Leid und Schmerz. Und ich wollte innere Ruhe – statt Stress! Es war der Anfang einer langen Lehrzeit, die den Hof zu einem kompletten Neubeginn führte. Und es war nicht immer einfach gewesen, die Stimmen von außen zu überhören, die mich gerne von meinem neuen Weg abgebracht hätten.

Ich gehorchte!

Aber ich gehorchte nicht der Allgemeinheit, sondern einzig und alleine den Stimmen in meinem Inneren. Wohl waren auch Stimmen der geistigen Welt vorhanden, die mir immer wieder halfen, am rechten Weg zu bleiben. Mein Weg ging Schritt für Schritt, langsam aber beständig in die Richtung, in die meine Seele mich gerufen hatte.

Ich fand nichts, was ich zu suchen dachte. Doch ich fand mehr, als ich jemals zu hoffen gewagt hätte!

Ich erkannte, was ich in den letzten Jahren übersehen hatte: mich selbst!

Natur

& Unsichtbares

Einleitung
Die sich selbst ordnende Natur

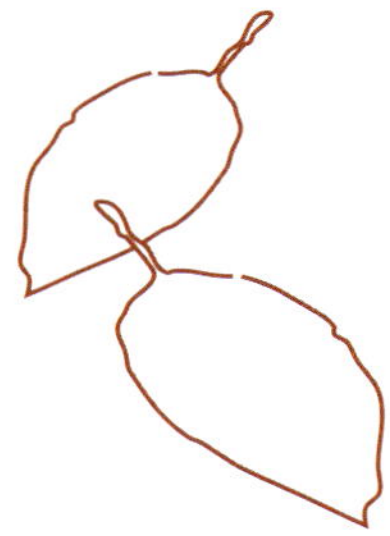

Die intelligenten Abläufe in der Natur zeigen uns eine ganz einfache Ordnung und kosmische Gesetzmäßigkeit auf. Ursprünglich war die Natur ganz von selbst in der Lage, sich zu regenerieren und zu heilen. Die natürliche Regenerationsfähigkeit wird durch das Gleichgewicht schaffende 5. Element der Quinta Essentia aufrechterhalten oder wird bei Bedarf wiederhergestellt. Die Quinta Essentia ist verantwortlich für natürliche Lebendigkeit, ob in der Erde, auf der Erde, im Körper eines Menschen, bei Tieren, ja auch bei Pflanzen und Kleinstorganismen bis hin zum Wasser.

Die Gabe der Quinta Essentia ist, das Lebendige mit ihrer Liebeskraft zu erneuern.

Materie ist Energie und Information

Alles auf der Erde, im Kosmos, im gesamten Universum, vom Käfer bis zur Wolke, ob sichtbar oder auch nicht, schwingt in einer ganz individuellen Schwingungsfrequenz.

Schwingungsfrequenzen sind Wellenlängen elektromagnetischer Impulse. Jede Wellenlänge trägt eine (oder mehrere) individuelle Informationen. Alles lebt und schwingt!
Scheinbar tote Materie, wie beispielsweise Möbel, Steine oder Bauelemente usw., sind schwingende Energieformen.

Alles, was wir mit unseren Sinnen wahrnehmen, ob Musik, Farben, Töne aller Art, sind Schwingungen mit Informationen.

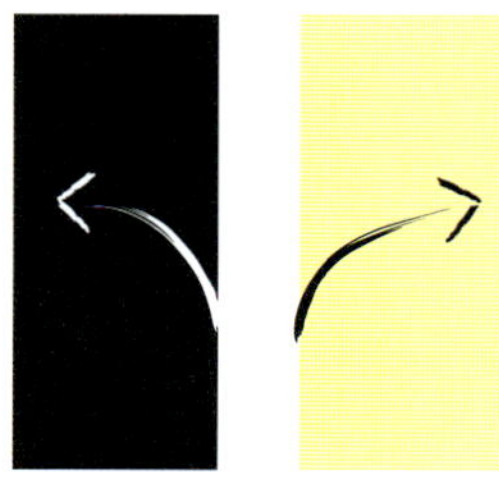

Es gibt ein sehr großes Spektrum verschiedener Energien und Informationen, die je nach Impuls des Informationsgehaltes in bestimmte Richtungen lenken.

Jede materielle Erscheinung ist die für uns sichtbare Erscheinungsform dahinter liegender, beteiligender Energien und Informationen.

Der menschliche Körper, die Bäume, die Wiesen, die Häuser, alles ist Materie. Materie ist Energie und Information.

Wir nehmen physische Materie mit den physischen Augen wahr, weil diese Schwingungen langsame Energiefrequenzen sind.

Das Universum besteht aus unsichtbaren Lichtenergiestrukturen. Die Lichtenergiestrukturen sind Energien und Informationen die dem göttlichen Ur-Code folgen. Der Ur-Code bewirkt bei natürlichen Veränderungen aller Lebewesen die Rückbesinnung an Gleichgewicht und Harmonie.

Jede Form von Materie unterliegt übergeordneten energetischen Energiekräften.

Die Erde ist auf der materiellen Ebene unsere Bühne, wo Bilder des Bewusstseins zum Ausdruck kommen.

Die Symptome, die wir im Außen erkennen, sind Zeichen blockierter Energien.

Alle Organismen, ob Menschen oder Tiere, tragen den Bauplan des Ur-Codes in sich, weshalb sich in natürlicher Umgebung, sämtliche Funktionen unserer Organe bis hin zu den Zellen an diesem Bauplan ausrichten. Materie ist auch Ausdruck von Bewusstsein. Auf der pflanzlichen Ebene ist das Lichtspektrum in den Atomen von Bedeutung. Blockierte Energien finden sich in Form von Symptomen in der Materie wieder. Kleinere Energiedefizite sind leichter behoben und oftmals mit einer kleinen Veränderung wieder ausgleichbar.

Wir alle, Menschen, Tiere oder Pflanzen, stehen in Resonanz mit dem Kosmos.

Die Un-Ordnung

Die Un-Ordnung, ob im menschlichen Körper, in den Böden, in der Luft, im Wasser oder in den Lebensmitteln usw., weist auf einen Mangel natürlicher Lebensenergie und somit auch auf eine instabile Funktion des Ur-Codes hin.

Wir sprechen von einem Energiedefizit, wenn der natürliche Regenerations- und Heilprozess nicht einsetzen kann. Die Un-Ordnung, die für diese chaotischen Zustände im energetischen Bereich verantwortlich ist, kann in der Materie an Symptomen festgestellt werden:

- Am Menschen: Krankheiten aller Art, auch Missstimmungen
- Im Wasser: Schales, leeres Trinkwasser, chemisch verunreinigtes Wasser, erhöhte Bakterien-, Keim-, Virenbelastungen
- Bei den Bäumen: Wald- und Baumschäden, kahle, absterbende Bäume
- An der Erde: Ausgelaugte, degenerierte und giftbelastete Böden
- In der Atmosphäre: Saurer Regen, erhöhte Einstrahlung der Sonne durch die gestörte Ozonschicht

Jede Energie schwingt mit mehr oder weniger Informationen. Die Informationen bestimmen, wie sich Energie in der Materie auswirkt.
Es gibt viele unterschiedliche Informationen, die je nach Gehalt und Energiestärke die Materie beeinflussen. Auch Gedanken sind Informationen!

Die

5 Elemente

Die ganzheitliche Sicht – ein uraltes Wissensgebiet

Das Wissen um die natürlichen Kräfte reicht 7.000 Jahre in die Vergangenheit zurück. Die ältesten festen beweisbaren Formen von materialisierten Energien sind die Mineralien. Kristalle, wie beispielsweise der Bergkristall, wirken auf uns starr und unbeweglich, sind aber höchst lebendig. Wird die übergeordnete Information der Quinta Essentia im Kristall negativ beeinflusst, verändert sich auch seine ihm innewohnende Energiequalität. Der Kristall sieht für uns aber immer noch gleich aus, weil wir die Energiequalität nicht mit unseren physischen Augen sehen können.

Lebensenergie ist chemisch oder physikalisch nicht messbar!

Die Bedeutung der Elemente

Jedes Element hat weibliche und männliche Anteile und findet sich in Formen, Farben und Klängen in der Natur wieder.

Die Lehre der 5 Elemente ist in vielen Kulturen aufzufinden. Bekannt ist sie durch die asiatische Ernährungslehre (Ernährung nach den 5 Elementen), durch Feng Shui, Qi-Gong oder durch die chinesische Astrologie. Aus dem Wissen um die naturgegebene Disharmonie oder Harmonie der Elemente, findet sich die Kunst, eine positive Abstimmung zu schaffen. Das Wissen um Harmonie und ihrer Gesetzmäßigkeit ist aufgrund der geistig-positiven Veränderungsmöglichkeit Grundlage der Lebendigkeit.

Das Wesentlichste aller Dinge ist für das menschliche Auge unsichtbar. Wie gut, dass es Mikroskope gibt, sonst gäbe es bis heute noch keine Atome!

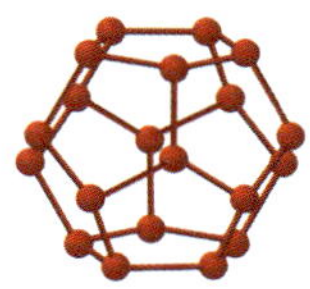

Auch bei Atomen finden sich weibliche und männliche Anteile. Die Gerade ist männlich, der Kreis ist weiblich.

Die Fünf Elemente

Feuer, Erde, Wasser, Luft und ihr Geist, die Quinta Essentia, stellen den Zyklus des ewigen Kreislaufes und Wandels dar.

Beim ewigen Kreislauf der 5 Elemente handelt es sich um Aspekte eines dynamischen Ablaufes, der als zyklisch erlebt wird. Zyklisch bedeutet hierbei nicht die stetige und monotone Wiederholung, sondern beinhaltet eine Weiterentwicklung.

Jeder zyklische Prozess verändert die Ausgangslage für den nächstfolgenden Durchlauf, wo die Quinta Essentia als Seele den Weg für Harmonie vorgibt.

Das 5. Element

Die göttliche Liebesschwingung Quinta Essentia

Die Aufgabe der Quinta Essentia ist, der Lebendigkeit zu dienen.

Die Quinta Essentia ist die Seele der 4 Elemente, deren Aufgabe es ist, der Lebendigkeit zu dienen. Sie ist Ursprung und Vereinigung zugleich. Ihre Kraft durchwebt alles Geschaffene und bringt es in Erscheinung. Sie ist der göttliche Bauplan, der auf die Förderung und Weiterentwicklung der 4 Elemente achtet. Da ihre Beseelung eine reine Liebesschwingung ist, richten sich die 4 Elemente gerne nach ihren Vorgaben.

Ihre hohe Intelligenz bewirkt den natürlichen Ausgleich aller Elemente und Verbindungen. Dieser Ausgleich wiederum bewirkt Regenerations- und Heilfähigkeit. Die Weisheit, Reinheit und Unendlichkeit der Schöpfungsmöglichkeiten dieser alles liebenden Seele, bilden die Grundlage zur Besinnung und zum eigentlichen Sein. Die Quinta Essentia als geistiges Element wird hier in Form einer rechtsdrehenden Spirale dargestellt, die nach oben hin für die geistige und göttliche Welt offen ist. Die Quinta Essentia weist auf die Freiheit des Menschen und die Unergründlichkeit des Jenseitigen hin. Sie ist die Ursubstanz des Seienden und als Weg zum „Stein der Weisen" das Zentrum von Kosmos, Existenz und Sein. Nach antiker Lehre besteht alles was erschaffen ist, aus den 4 Elementen, die in immerwährendem Austausch mit dem 5. Element in Verbindung sind. Die Seele oder das Bewusstsein der Quinta Essentia symbolisiert das Wesentliche, den Sinn, die Bedeutung der Schöpfung. Die Wahrnehmung der Quinta Essentia ist der Schlüssel zur umfassenden Erkenntnis aller Dinge.

Die 5 Elemente stehen in ständigem Austausch miteinander.

Die Harmonie der 5 Elemente

Die Harmonie der 5 Elemente finden wir in der Geomantie in Europa im Sakralbau, in vielen Fresken, Kirchenfenstern und Altarbildern wieder. Die irdische Wirklichkeit wird in Form der 4 Elemente (beispielsweise vier Ecksäulen-, Bilder-, Figuren-, oder Zeichen) dargestellt, die Quinta Essentia (Quintessenz) befindet sich als Zeichen des Höchsten in der Mitte einer Kuppel. Viele tibetische Mandalas weisen die Ordnung der 5 Elemente auf, wobei deren Mitte ein Vollkommenheitssymbol ist. Bei Pyramiden symbolisieren die vier Eckpunkte die 4 Elemente, die sich auf einem mysteriösen Punkt, einer höheren Ebene, miteinander verknüpfen.

In der linksdrehenden Polarität ist die Quinta Essentia zum Teil nicht mehr von selbst in der Lage, die Ur-Ordnung wiederherzustellen. Wenn der Mensch aus der Natur Techniken entwickelt, die sich von der Natürlichkeit abheben, dienen diese nur den materiellen und eigennützigen Interessen des Menschen. Eigennütziges Handeln zerstört unsere Lebensräume und zuletzt uns selbst.

Die Disharmonie der 5 Elemente

Die linksdrehende Polarität bewirkt eine Schwächung der Elemente. Je nachdem, wie massiv die Blockaden sind, führen sie bei totalem Verlust des Informationsgehaltes zum kompletten Stillstand, zum Tod von Materie.

Negative Informationen führen dazu, dass die Quinta Essentia ihre Kraft, die Ur-Ordnung und Harmonie wieder herstellen zu können, bis zur Gänze verlieren kann.

Die Kunst der Alchemie

Die Kunst der Alchemie besteht darin, das Quintessentielle vom Stofflichen zu scheiden, es gleichsam zu erwecken.

Dazu meinte Paracelsus: „Quinta Essentia ist eine Materie, die körperlich aus allen Gewächsen, aus allem Leben extrahiert wird. Sie wird von jedem verunreinigenden und vergänglichen Stoff geschieden und ist sehr rein von allen Elementen gesondert." So ist zu verstehen, dass die Quinta Essentia in allem Leben enthalten ist. Sie ist unsterblich, unkörperlich, ewig lebend und hat die Macht zu verändern, zu erneuern, zu verwandeln und wieder herzustellen.

Die Quinta Essentia ist Lebens- und Schöpfungsenergie. Die Lichtschwingungsinformation 101 ist die göttliche Richtungsweisung, der Informant, der für das Aufrechterhalten der Ordnung und Harmonie zuständig ist.

Dieser göttliche Ur-Code erhält dem Körper seine Gesundheit, vertreibt Krankheiten, bewahrt vor Krankheiten und befreit traurige, verängstigte, depressive oder aggressive Gemüter. Die Quinta Essentia und ihre Lichtschwingungsinformation 101 sind ein göttlicher Bauplan, mit einer sich selbstständig formenden Kraft. Die Intelligenz dieses Bauplanes kann sich nur in vollkommener Freiheit entfalten. Der göttliche Ur-Code ist für die natürliche Regenerations- und Heilfähigkeit zuständig. Seine ihm innewohnende hohe Intelligenz und sein hohes Bewusstsein benötien lediglich den richtigen Impuls, um seine wohltuende Heilkraft zu entfalten.

Der Ur-Code besitzt ordnende Kräfte, die einem geordneten, perfekten und höheren Plan folgen. Die 4 Elemente ordnen sich freiwillig dem Geist der Quinta Essentia unter. Um Totes oder Absterbendes der Lebendigkeit zuzuführen, bedarf es einer freien, demütigen Haltung der Schöpfung gegenüber.

Alchemie ist Transformation und bedeutet Verwandlung

Das 5. Element strebt einzig und alleine nach dem Ziel, die Liebeskraft und Natürlichkeit der Lebendigkeit in seiner ursprünglich erdachten Form zu erhalten. Energien und Informationen bestimmen die Materie. Sind destruktive und zerstörerisch wirkende Energien vorherrschend, ist der Energiegehalt dementsprechend negativ gepolt. Bei naturwidrigen Gegebenheiten ist das 5. Element nicht in der Lage, seiner ursprünglichen Aufgabe nachzukommen. Alchemie bedeutet Veränderung.

Die Kunst der Alchemie ist der bewusste Zugang zu dieser Kraft. Das Verständnis der sich gegenseitig beeinflussenden Energien ermöglicht bei vielen Heilmethoden die Selbstheilungskräfte anzukurbeln. Alchemie ist die hohe Kunst, das Mindere in das Höhere zu verwandeln. Der Schlüssel zur Alchemie liegt in einem höheren Bewusstsein, in der Liebesgabe, die Botschaft und das Geschenk des göttlichen Bauplans in eine Form führen zu können.

Wilhelm Reich

& die Orgonenergie

Die hohe Bedeutung des Ur-Codes

Heute nimmt die Bedeutung der Quinta Essentia wieder zu. Verschiedene kosmische Beobachtungen wie z.B. kleine Zeitabschnitte von Sternenkonstellationen und deren Beeinflussung auf Pflanzen, Tiere oder allgemein kosmische Abläufe, können nur mittels der Quinta Essentia und ihres Ur-Codes eine Erklärung finden. Mitte des 18. Jahrhunderts spaltete sich die Wissenschaft von naturwissenschaftlichen Erkenntnissen und wandte sich in eine materialistische Richtung. Die philosophische und vitale Ausrichtung ging nach und nach verloren. Mit dem Sieg der materialistischen Errungenschaften wurde die Existenz der Quinta Essentia immer mehr angezweifelt. Durch die Abspaltung vom Natürlichen und vom Lebendigen verunreinigte sich die Erde. Die Quinta Essentia, die Menschen, die Tiere und alle Lebewesen wurden dadurch ebenfalls verunreinigt. Die Spuren davon sind: Zivilisationskrankheiten, Verwirrungszustände, Stumpfsinn, extreme Schwermütigkeit, keine Sinnhaftigkeit im Leben finden usw.

Die Quinta Essentia ist in ihrer göttlichen Funktion nicht zerstörbar. Energie kann nicht zerstört werden! Sind aber zu mächtige negative Energien am Werken, ist sie nicht mehr in der Lage, ihre Aufgabe, gemäß der Ur-Ordnung, zu erfüllen. Die natürliche Regeneration von Organismen ist so nicht mehr möglich.

Die Quinta Essentia beseelt und durchdringt Materie mit ihrer Information. Sie vermag Schadstoffe zu verändern, weil ihr liebevoller Geist die Abläufe vorgibt, wie sich die anderen Elemente zu verhalten haben.

Mein besonderes Interesse für Wilhelm Reich

Ich las verschiedene Skripten und Bücher über bedeutende Menschen, unter anderem auch über Wilhelm Reich. In der Zeit der wissenschaftlichen Spaltung war Reich der Entdecker der Lebensenergie. Wilhelm Reich (1897 – 1957) war Psychoanalytiker und Naturforscher, der feststellte, dass die Lebensenergie, die er Orgonenergie nannte, durch Radioaktivität

zuerst hoch erregt wird und dann in eine Stagnation übergeht, (T-Reaktion). Diesen energetischen Zustand in der Atmosphäre nannte er DOR (deadly orgon), um die lebensschädigende Wirkung auszudrücken. Reich beschrieb das Leben in der DOR-Atmosphäre als erschwerend, die Atmung wird schwerfällig, man fühlt sich müde, erschöpft, unausgeschlafen (trotz ausreichender Nachtruhe), Erkrankungswellen treten auf bzw. alte Krankheiten brechen wieder auf usw. Das Schlimmste für die Lebensenergie aller Wesen und der atmosphärischen Energie ist die Einwirkung von Radioaktivität. Reichs Erkenntnisse der Orgon-Energiefunktion ermöglichen heute ein Verständnis der Effekte, die heute als *Elektrosmog* bezeichnet werden. Reich gelang es, Geräte zu entwickeln, die das DOR in der Atmosphäre wieder in Bewegung brachten und somit zur Heilung beitrugen. Was mich an Reich besonders faszinierte, waren seine wesentlichen Erkenntnisse zur Energie, wo er zwischen rechts- und linksdrehender Energie (B- und T-Reaktion) unterschied und zu der markanten Aussage kam: „Wenn man die Energie eines Elementes verändert, verändern sich ***alle*** chemischen und physikalischen Eigenschaften!“

Die Orgonenergie

Reich beschrieb die Orgonenergie als eine Strahlung, die jegliche Materie durchdringt und in keiner Weise abgeschirmt werden kann. Eine der von Reich entdeckten Eigenschaften dieser Strahlung (später auch als Biophotonen bezeichnet) ist ihre motorische Wirkung, welche er für die Konstruktion von Orgon-Akkumulatoren nutzbar machte, unter Anwendung der Tatsache, dass Elektrizität vom Negativen zum Positiven und vom schwächeren zum stärkeren Pol fließt. Die Notwendigkeit für diese Geräte sah Reich in der zunehmenden Zerstörung der reinen Orgonenergie, durch die Auswirkungen von Technologie und Industrie. Durch die zunehmenden Atomversuche in den 40er-Jahren und dem Abwurf von Atombomben im Zweiten Weltkrieg, aufmerksam geworden, entdeckte Reich die energetischen Auswirkungen von Radioaktivität auf die Orgonenergie. Es kommt dabei in der Phase der elektrischen Aufladung (= 2. Phase der Lebensformel) zu einer enormen Spannung, die nicht mehr in Entspannung übergeht, sondern zur völligen Stagnation führt. Das bedeutet *den Tod* der Orgonenergie.

Orgonenergie – heute?

Ich bemerkte, dass fälschlicherweise vielerlei Energetisierungsmöglichkeiten zustande kamen, da manche an Reichs Entwicklungen ansetzten und sich daraus eigene Kreationen entwickelten, die mit Reichs Orgonomie nichts mehr zu tun hatten.

Die verschiedenen Namen, wie z. B. Äther, Orgon, Biophotonen, Kristallenergie, Tachyonen, Neutrinos oder kosmische Energie, sind allesamt derselben Energie angehörig, wobei sowohl die Ansätze (Wege), als auch die Auswirkungen untereinander variieren. Orgonstrahler bewirken eine punktuelle stark bis sehr stark erhöhte Energie. Für die Bestückung der Orgonstrahler werden sehr gerne Quarze wie Rosenquarz oder Bergkristall verwendet, aber auch Symbole finden hier ihre Anwendung. Das bedeutet, dass hier Energien mit Informationen verwendet werden, deren Qualität kaum oder sehr selten hinterfragt und in hochpotenzierter geballter Ladung wieder abgestrahlt werden.

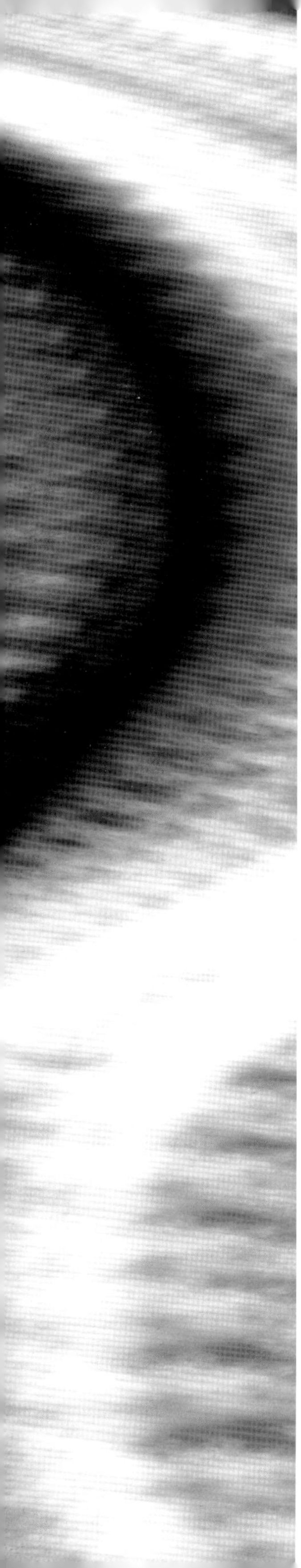

Oftmals wird Quantität mit Qualität verwechselt. Wir kennen das bestimmt aus unserem eigenen Leben. Wir sind begeistert, weil wir etwas Neues ausprobieren wollen, wie beispielsweise neue Gewürze, und statt einer Prise mischen wir gleich etwas mehr unter unsere Speisen. Oder: Wir wissen um die Heilwirkung von Duftessenzen; und weil sie auch zusätzlich gut duften, geben wir anstelle eines einzigen Tröpfchens gleich einen ganzen Teelöffel davon in unsere Duftlampe. Die Liste ließe sich beliebig weiterführen.

Bei Energien, und in diesem Falle den Orgonstrahlern, werden oft aus Unwissenheit zu hohe Energien verwendet, die selten zum gewünschten Resultat führen.

Nach Abschalten des Gerätes verliert sich die abgestrahlte Energie sofort wieder, weil keine Stabilisierung der Energie gegeben ist, weshalb Orgonstrahler bestenfalls als momentane Impulsgeber einsetzbar sind. Nicht die Menge oder Höhe der Energie bestimmt die Qualität, sondern die Qualität bestimmt die Höhe der Energie!

Um die Orgonenergie oder auch andere Energieformen zu verstehen, ist eine Auseinandersetzung nötig, um die Spreu vom Weizen trennen zu können.

Wilhelm Reich war einer der ganz wenigen Forscher, der Lebenduntersuchungen durchführte, ganz im Gegensatz zu der bis heute vorherrschenden Methode, Anatomie, Physiologie und Pathogenese anhand von Untersuchungen an toten Strukturen anzustellen (heutige Schulmedizin).

Eine wichtige Entdeckung von Reich war: Im Gegensatz zu unbelebten Erscheinungsformen, die immer einen Gleichgewichtszustand anstreben, ist alles Lebendige fähig, sich wie von selbst aufzuladen, sodann zu entspannen und in einen neuerlichen Spannungszustand überzugehen.

Die Grundlage aller Organismen

Die Grundlage des Lebens bildet die Lebensenergie. Wir kennen verschiedene Namen, wie beispielsweise Prana, Qi, Ki (Chi), Äther, Orgonenergie (so wie sie von Reich in seiner Ursprungsform entdeckt wurde) oder auch Quinta Essentia. Alle diese Bezeichnungen werden verwendet, um auszudrücken, was Leben ist: nämlich eine Art universeller oder kosmischer Grundenergie, die für die Existenz aller Lebewesen notwendig ist. Ohne diese Grundenergie gäbe es kein Leben! Reichs detaillierte Beschreibung der Orgonenergie zufolge können sich Organismen in zwei konträren Energiezuständen befinden:

Die Orgonenergie, so wie sie von Reich entdeckt und verwendet wurde, hat mit der heute verwendeten Form der Orgonenergie nichts gemeinsam.

- im energiestarken, dynamischen Zustand (wird auch als B-Reaktion bezeichnet)
- im energieschwachen, stagnierenden Zustand (wird auch als T-Reaktion bezeichnet)

Diese Energiezustände sind bezeichnend für die Polarität, die ich bei all meinen Harmonisierungen überprüfe. Dr. Wilhelm Reich gelang die naturwissenschaftliche Wiederentdeckung der Lebensenergie, die er in vollem Umfang systematisch erforschte und beschrieb, wie sie bisher kein Zweiter beschreiben konnte. Parallel zur Vernebelungs-Entwicklung der Wissenschaft gab es einige Einzelgänger. Beispielsweise beschrieb und erforschte Freiherr von Reichenbach im 19. Jahrhundert die Ur-Energie und gab ihr den Namen OD. Auch der bekannte Arzt Mesmer arbeitete mit der Ur-Energie unter der Bezeichnung *Animalischer Magnetismus* (von Anima-Seele). Die Orgonenergie wird noch immer nicht als existent anerkannt.

Der Zugang der Menschheit zur freien Energie kann nur über die Wiederherstellung in den Elementen erfolgen. Der Zugang zur freien Energie ist nicht über elektromagnetische Wellen erreichbar.

Das moderne

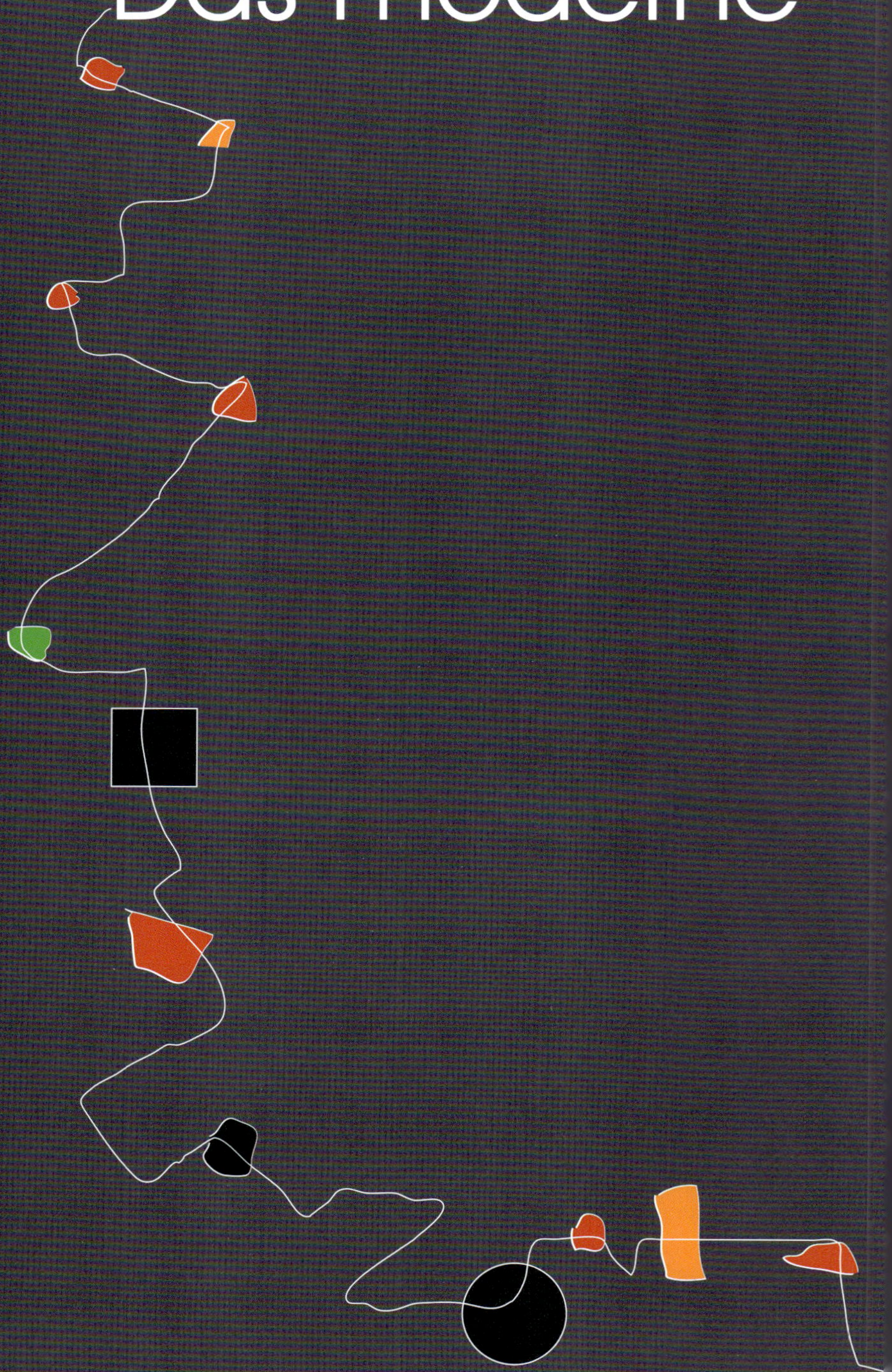

21. Jahrhundert

Die Verwirrungen der heutigen Zeit

Die wissentschaftliche Entwicklung der letzten Jahrhunderte bis in die heutige Zeit führte bei den Menschen zu psychischer Abstumpfung. Trotz Erkenntnisse genialer Menschen, die der Menschheit immer wieder kosmologische, astronomische, psychologische und vor allem naturgegebene Zusammenhänge aufzeigten, konnten ihre Botschaften nicht durch das Grau der Menschengehirne dringen. Der Mensch hat verlernt, die natürliche Wesenheit, *seine Seele*, zu verstehen. Dadurch entstand eine Entwurzelung des Menschen, in seinem Bezug zur Lebendigkeit und daher auch zum Leben. Die moderne Taubheit ist ein Vernebelungs- und Verdrängungsmechanismus, der den Materalismus weiterhin fördert und dadurch die Erde und seine gesamte Lebendigkeit opfert. Dies stellt eine zunehmende Bedrohung für den Erhalt der Erde und ihre Weiterentwicklung dar. Die Entwicklung einer modernen Lebensweise führte zunehmend zu Verwirrungen, weshalb der Bezug zur Natürlichkeit, zum Wesentlichen, und selbst das Aufzeigen der Ursprünglichkeit, nicht mehr erkannt werden kann.

Das moderne Zeitalter konfrontiert uns mit naturfremden Verhaltensweisen. Wir tragen elektrostatisch geladene Kunstfaserkleidung, essen synthetisch hergestellte Pillen und denaturierte (vom Menschen komplett zerstörte) Lebensmittel, und trinken energieloses Wasser.

Das 21. Jahrhundert ist eine künstliche Welt!

Diverse Abspaltungstheorien, wie sie beispielsweise in der reinen Schulmedizin oder Wissenschaft zu finden sind, führen zu Interpretationsfehlern, die sich sehr leicht fortpflanzen und den gesunden Menschenverstand vernebeln. So vernebelt, kann der Verstand natürliche Sachverhalte nicht mehr erkennen. Der benebelte Verstand, der aber neugierig auf Erkenntnisse ist, wendet sich sodann der beweisbaren, klar und logisch folgenden Wissenschaft etc. zu und glaubt, dass das, was offiziell anerkannt ist, die Wahrheit darstellt. Wissenschaftliche und schulmedizinische Erkenntnisse sind ein Teil der ganzen Wahrheit. Die ganzheitliche Sicht und das Miteinbeziehen aller Gegebenheiten umfasst ein breites Sicht-, Denk- und Wissensvermögen.

Heutzutage gilt es als „normal", ...

dass wir uns in motorisierten rechteckigen Blechschüsseln fortbewegen. Es gilt als normal, dass wir uns mit chemischen Brühen unseren Körper waschen, die Haut eincremen oder die Zähne putzen. Obendrein versprühen wir dann noch

Krankheit ist reiner Energiemangel.

Alles, woran sich der Mensch gewöhnt, bürgert sich als „normal" ein.

Beispiele die zu Verwirrungen führen:

Stereotypes Arbeiten, in der Tretmühle sein, 8-Stunden Arbeit, Schichtarbeit, aufstehen wenn der Wecker klingelt (nicht wenn wir munter werden), essen, wenn Zeit ist (nicht weil wir Hunger haben), nachts arbeiten, zuwenig Zeit um die eigenen Grundbedürfnisse zu stillen, zuviele geistige Anregungen durch TV, Internet, shoppen gehen, handyfonieren statt Freunde zu treffen, Werbung, Vitamine und allgemein Medikamente, Dauerbestrahlung durch Wechselstrom (Elektro-Smog), Funkstrahlen allgemein, Chemikalien allgemein etc. Zu viele geistige Anregungen erschweren die körperliche Verdauung.

zusätzlich ein paar chemische Duftstoffe, um unserem mit Chemie gereinigten Körper eine künstliche Duftnote zu verleihen! Natürlichkeit ist out.

Wer nach Schweiß riecht, ist in der heutigen Zeit ein höchst unangenehmer Zeitgenosse.

Die Natürlichkeit und Individualität des Menschen weicht einer abgestumpften, klinisch reinen und angepassten Lebensanschauung und Lebensweise, wo die Individualisten, oft hochintelligente Denker, zwangsläufig eine Gefahr darstellen. Individualisten sind zumeist höchst feinsinnige Menschen mit einem liebenden Herzen.

Für Liebe ist aber in der monotonen materiellen Tretmühle und einer dogmatisierten Weltanschauung kein Platz! Pulsierende Lebendigkeit, liebevolle Achtsamkeit und inneres Glück erfordern das Zu- und Einlassen auf ganz natürliche gesetzmäßige Gegebenheiten.

Lieblosigkeit, als auch das Verleugnen der Lebendigkeit in allen Lebensbereichen, hat bereits Spuren hinterlassen.

Eine solche Lebensweise bedeutet: Stress für den menschlichen Organismus. Die fehlenden Liebesimpulse bei den Menschen führten und führen weiterhin zu fehlenden Liebesimpulsen in der Außenwelt. Die Auswirkungen davon sind schlechte Qualität der Lebensmittel, schlechte Qualität unseres Trinkwassers, weiterhin anwachsende Zerstörung der Lebensräume (Natur und ökologische Systeme) usw.

Die Auswirkungen auf der materiellen Ebene zeigen sich auf energetischer Ebene in Form von stetig sinkender Lebenskraft, Müdigkeit, Verwirrung, Missstimmungen wie Depressionen, Aggressionen, ansteigenden Krankheiten usw. Je höher die Zerstörung unserer Umwelt ist, umso höher ist auch die Unordnung auf energetischer Basis.

Das moderne Zeitalter konfrontiert uns mit negativen Schwingungen, die unsere Zellen überinformieren. Da wir über kein hochwertiges Trinkwasser, keine hochwertigen Lebensmittel und deshalb über keine Regenerationsmöglichkeit verfügen, können wir uns nicht erholen. Wenig Lebenskraft bedeutet gleichzeitig auch wenig Liebeskraft!

Achtsam zu sein bedeutet, innezuhalten.

Achtsam zu sein bedeutet auch klar zu sein.

Achtsamkeit erfordert den Blick nach innen, die Innenschau. Dadurch erlangt der Mensch die Fähigkeit, sich selbst und die Außenwelt klar und frei von Bewertung erkennen zu können.

Die negativen Schwingungen und Informationen steigen

Alle Gegenstände, wie z.B. Kunststoffteppiche, Polster, synthetische Wäsche, chemische Reinigungsmittel, lieblos hergestellte Ziergegenstände (Massenwaren) usw., beliefern uns mit negativen Informationen.

Die zerstörerisch wirkenden Informationen verdichten sich zunehmend, vor allem seit der Einführung der Funktechnologie! Ein immer noch unterschätzter Verwirrungskünstler ist der überall vorherrschende Wechselstrom. Versteckte Verwirrer sind in Wänden und Böden vorhanden. Z.B.: Leitungen, wie Rohre oder auch verlegte Kabel, Eisenträger bei Bauten (allgemein). Zusätzlich werden Energiesparlampen verwendet, die unser künstliches und modernes Leben abrunden.

Energiesparlampen entziehen dem Menschen Energie. Hier wurde der Name ganz richtig gewählt! Es gibt Lampen, die das gesamte Lichtspektrum aufweisen und so auch das Sonnenlicht am besten ersetzen.

Alle Erscheinungen in der heutigen Zeit führen immer weiter und tiefer in die negative Spirale hinein! Die negativen Schwingungen und Informationen häufen sich dort, wo der Mensch entgegen der Natur arbeitet. Beispiele sind: moderne quadratische Betonbauten, Hochhäuser, große Spiegelflächen (Büros, Wintergärten usw.), wenig Erholungsräume und so fort.

Die gleiche Zerstörung, ob energetisch oder auf der physischen (materiellen) Ebene betrachtet, finden wir auch in der Atmosphäre vor. Globale Erwärmung? Wen wundert's?

Das energetische

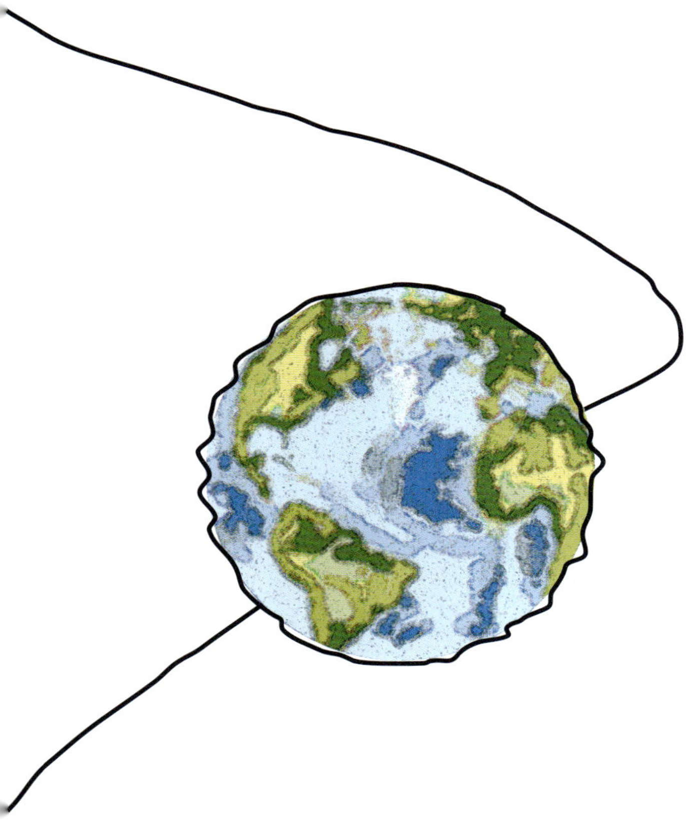

Ungleichgewicht der Erde

Wegen der weltweiten Zerstörung aller Lebensräume ist das Massenaussterben zu einem wichtigen Thema geworden.

Die größten ökologischen Lebensräume dieser Erde, die Regenwälder, werden bald schon der Vergangenheit angehören.

Die biologische Vielfalt ist vor allem für das natürliche Ökosystem wichtig. Jedes Jahr werden durch die Entwaldung etwa 17 Millionen Hektar Wald vernichtet!

Die Nutzung fossiler Brennstoffe konfrontiert die Menschheit mit einer Luftverschmutzung höchsten Grades und einer bisher noch nie erreichten Größenordnung. Schäden durch industrielle Schadstoffe treten hauptsächlich in größeren Entfernungen auf, die eine ernsthafte Bedrohung des mitteleuropäischen Waldbestandes darstellen. Viele Wälder in Mittel- und Westeuropa leiden an einem zu hohen Stickstoffgehalt, der ähnlich wie schwefelhaltige Stoffe zur Versauerung der Böden führt. Stickstoffhaltige Verbindungen entstehen größtenteils aus der Massentierhaltung, durch die Verbrennung fossiler Energieträger und durch Treibstoffabgase (Kohlenmonoxid, Stickoxide und Blei) von Fahrzeugen. Die weltweite Vernetzung des Wechselstroms verdichtet die negativen Energien. Die moderne Funktechnologie schädigte in den letzen Jahren die Bäume auf rätselhafte Art und Weise.

Bäume und Sträucher, die direkt im Strahlenkegel von Sendeanlagen stehen, weisen vermehrt Verfärbungen auf (braun bis schwarz), die wie Verbrennungen aussehen. Eingerollte Blätter (mitten im Sommer), sind typische Zeichen auftretender Krankheiten. Funksendeanlagen strahlen über weite Entfernungen und erreichen Bäume, die 1000 m und noch weiter entfernt stehen.

Ein weiteres schwerwiegendes Problem ist die Walddegradation, die eine Verminderung der Waldqualität darstellt.

Die naturwidrige Haltung gegenüber allen Lebensformen macht sich auf der ganzen Welt bemerkbar.

Das Ungleichgewicht der Erde offenbart den vorherrschenden Zeitgeist. Lieblosigkeit und unwürdige Verhaltensweisen der Menschen sind die Ursache.

Die Energiefrequenzen im destruktiven und negativ polarisierten Zyklus sorgen für ein stetig anwachsendes Chaos bei allen Lebewesen.

Unter Walddegradation versteht man das Auflösen natürlicher Waldbestände zugunsten anderer Waldformen.

Beispielsweise das Nachpflanzen eines von Eichen oder Buchen dominierten Waldes mit Fichten führt zur Auflichtung des Bestandes und in Folge zu starken Veränderungen in der Zusammensetzung der Tier- und Pflanzenwelt.

Das Lichtspektrum der Kleinstorganismen ist erholungsbedürftig. Die natürliche Lebensenergie in den Böden ist durch den Raubbau verloren gegangen. Werden weiterhin falsche Handlungen gesetzt, folgt der Anstieg von Katastrophen und Krankheiten.

Die Atmosphäre

Die Erde wird aus einem Gasgemisch, der Atmosphäre, vollständig umschlossen. Das Ozon ist eine dünne Schicht der Atmosphäre, welches das für die Lebewesen schädliche ultraviolette Licht der Sonne absorbiert.

Seit Ende des 20. Jahrhunderts sind die destruktiven, weitreichenden Auswirkungen auf die Atmosphäre kontinuierlich im Steigen. Die Erhöhung der Kohlendioxidwerte und andere chemische Substanzen in der Atmosphäre führten zur globalen Erwärmung und zum schrittweisen Abbau der Ozonschicht. Die Dauereinwirkung von negativen hochfrequenten Energieschwingungen und Strahlen aus Stromleitungen, Sendemasten von Radar-Funk-Handysendern in Höhen ab -35.000 BE in die negative Polarität steigend, gehen auf die Atmosphäre über und kehren über den Niederschlag zur Erde zurück!

Die destruktiven Energiekreisläufe haben globale, weit reichende Auswirkungen für die gesamte Menschheit!

Die Prognosen für die erste Hälfte des 21. Jahrhunderts

Ein Verlust von bis zu zwei Drittel des pflanzlichen Artenreichtums und etwa 12.000 gefährdete als auch aussterbende Tier- und Pflanzenarten!

Jede vierte Wirbeltierart ist vom Aussterben bedroht. Manche Fachleute sind der Ansicht, dass in den nächsten 100 Jahren über 50 % der heute lebenden Tier- und Pflanzenarten verschwunden sein werden, wenn nicht geeignete Maßnahmen ergriffen werden. Verdrängung und Verleugnung von Tatsachen sind keine Möglichkeiten, um sich vor drohenden Zerstörungen schützen zu können.

Der Verdrängungsmechanismus der Menschen führt zu psychischer Abstumpfung. Psychische Abstumpfung führt zum Aufhören unserer Gefühlsempfindungen. Hier zählen die Glücksgefühle ebenfalls dazu!

Ein schwerwiegendes Problem ist, dass wir als Einzelpersonen glauben, wir könnten die Erde, die Welt nicht verändern. Wenn jeder so denkt, dann ...

Es ist bereits 2 vor 12

Vor allem besteht ein bemerkenswerter Zusammenhang zwischen den beständig ansteigenden Gesundheitsbeschwerden und der Einführung des digitalen Mobilfunks – obwohl es ihn erst seit ca. 1992 gibt!

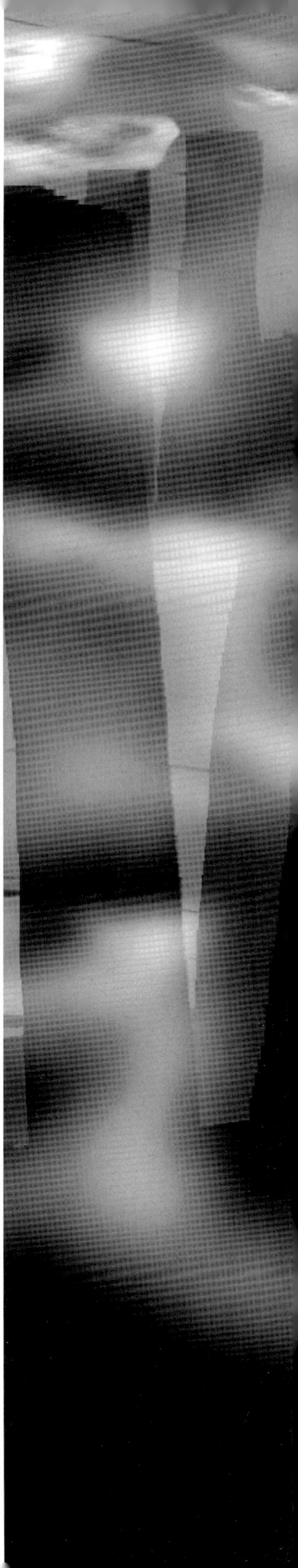

Strahlen

Stress

Wer hat die negativen Auswirkungen der Handys bemerkt?

Die Frequenzen sind unsichtbar, aber manche Menschen fühlen sie! Es kribbelt an der Schläfe, am Ohr? Schwindel oder Kopfschmerzen? Verwirrung? Muskelkater ohne Bewegung geleistet zu haben? Schlafschwierigkeiten?

Der menschliche Organismus ist hochsensibel! Hochfrequente Strahlen irritieren die empfindlichen Gerätschaften in Flugzeugen, Krankenhäusern, in Funk- und Radarstationen, weshalb sie dort auch nicht mitgenommen werden dürfen!

Wird dem Menschen weniger Bedeutung beigemessen, als einem Radar- oder Funkgerät? Die hochfrequenten Strahlen prallen nicht einfach bei einem Menschen oder vor der eigenen Haustüre ab. Sie gelangen überall hin und durchdringen Lebewesen genauso wie Gebäude. Handys, die meistens eingeschaltet sind, strahlen sehr hohe negative Frequenzen aus. Diese liegen bei -35.000 BE bis -220.000 BE. BE ist die Abkürzung für Boviseinheiten. Boviseinheiten von 0 bis in den Minusbereich zeigen den Grad der energetischen Belastung an.

Strahlen der Funktechnologie wirken sich auf alle Lebewesen und auf die Natur aus. Lebensmittel werden (für das Auge unsichtbar) nicht nur zerstört, sondern mit höchst aggressiven Schwingungen aufgeladen! Ein besonders schwerwiegendes Problem der Funkstrahlen ist ihre hohe aggressive Wirkung, die sehr schnell zu gesundheitlichen Schäden und zu Krankheiten führt. Das Mobilfunktelefon ist ebenso gefährlich wie ein Handy. Eine Mobilstation im Haushalt ist wie ein Sendemast in den eigenen vier Wänden!

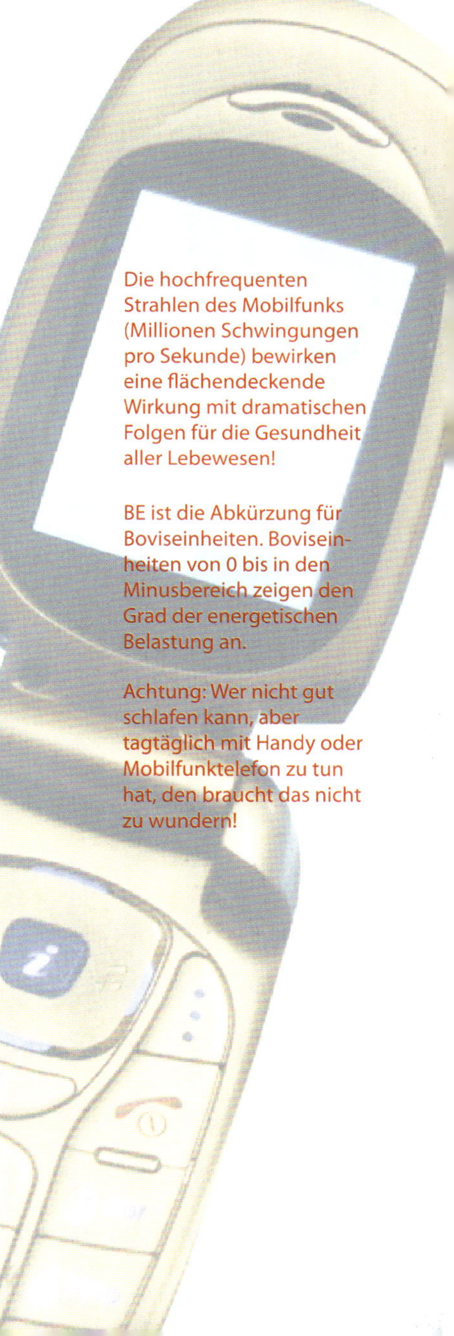

Die hochfrequenten Strahlen des Mobilfunks (Millionen Schwingungen pro Sekunde) bewirken eine flächendeckende Wirkung mit dramatischen Folgen für die Gesundheit aller Lebewesen!

BE ist die Abkürzung für Boviseinheiten. Boviseinheiten von 0 bis in den Minusbereich zeigen den Grad der energetischen Belastung an.

Achtung: Wer nicht gut schlafen kann, aber tagtäglich mit Handy oder Mobilfunktelefon zu tun hat, den braucht das nicht zu wundern!

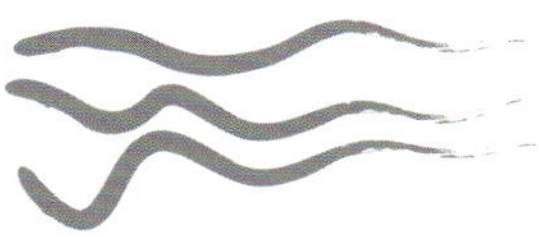

Die hochfrequenten Zerstörungs-Energien

Hochfrequente Energien setzen sich aus drei Frequenzen zusammen: aus einer niederfrequenten, einer hochfrequenten und einer noch höher liegenden hochfrequenten Energiewelle. Einerseits kann der Mensch die hohen Frequenzen mit seinen Millionen Schwingungen pro Sekunde (z. B.: 1.800 oder 2.500 MHz) überhaupt nicht verarbeiten, andererseits führen alle drei verschiedenen Frequenzen zu Störsignalen im biologisch hochsensiblen Kernbereich des menschlichen Körpers.

Das menschliche Gehirn, die Organe, die Haut und auch das vegetative Nervensystem arbeiten auf den Wellenlängen von 0 bis 30 Hertz. Hochfrequente Energien dringen in Bruchteilen von Sekunden bis zu 10 cm tief in unseren Körper ein und prägen den Rhythmus der Zellen innerhalb von ein paar Minuten! Es gibt (leider) nicht nur drei Kanäle oder drei Energiefrequenzen beim Mobilfunk, sondern viele Tausende und Abertausende, die auf uns einwirken und für Chaos sorgen! Und dieses Chaos steigt im Eiltempo immer weiter an!

Die Grenzwerte wurden international so hoch angesetzt, dass sie problemlos eingehalten werden können. Sie wurden nicht nach medizinischen Kriterien, sondern fast ausschließlich nach der technischen Machbarkeit und wirtschaftlichen Tragbarkeit der Mobilfunkindustrie festgelegt! Kinder sind aufgrund ihrer Sensibilität besonders gefährdet!

Weshalb sind hochfrequente Energien so schädlich?

Die hauptsächliche Störwirkung besteht aus den falschen elektromagnetischen Impulsen. Natürliche Energiefrequenzen drehen sich in einer rechtsdrehenden Spirale. Für die maximale Funktion aller Organismen spielt die rechtsdrehende Spirale eine Schlüsselrolle. Elektrische oder hochfrequente Energiewellen drehen sich nach links.

In der Natur sind rechtsdrehende Energiewellen die Regel! Seitdem es Leben auf der Erde gibt, haben sich ***alle*** Lebewesen auf diese natürliche Rechtsdrehung eingestellt. Die Auswirkungen hochfrequenter Strahlungseinflüsse lassen sich in den Gehirnströmen ganz genau nachweisen: Die Alpha-Welle bricht zusammen und die Delta-Welle reagiert unkontrolliert! Das menschliche Gehirn arbeitet am besten, wenn beide Energiewellen, Alpha- wie Delta, optimal zusammenarbeiten. Die Nebenwirkungen hochfrequenter Strahlen beeinflussen uns auch im Schlaf! Sogar nach Beenden eines Handy- (oder Mobilfunktelefon)gespräches, und auch wenn das Gerät abgeschaltet wird, halten die Auswirkungen noch über eine Stunde lang an! Ein weiteres schwerwiegendes Problem ist: mit zunehmender Entfernung eines Senders nimmt die negative Wirkung und Belastung der Funkstrahlen zu!

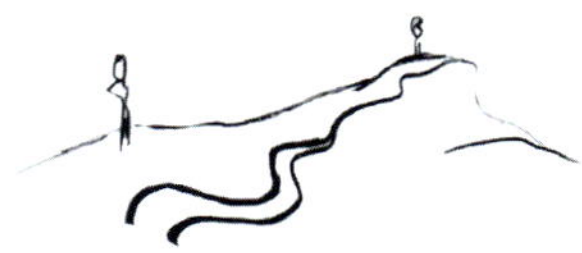

In üblichen Studien und Messverfahren wird in unmittelbarer Nähe der Sender nach den Auswirkungen gesucht. Die Fehlinterpretationen beruhen auf falschen Einschätzungen vieler Fachexperten. Die Untersuchungen richten sich nach geschätzten Grenzwerten, die keine Folgen nach längerer Gesprächszeit berücksichtigen! Das bedeutet, dass die stärkste Belastung an Orten auftritt, die hunderte bis tausende Meter vom Sender entfernt sind!

Entgegengesetzt zur abnehmenden Leistung (Feldstärke) nimmt die linksdrehende Welle mit zunehmender Entfernung immer mehr zu!

Achtung! Neuere Modelle: Babyfone nach dem DECT-Standard arbeiten mit Mobilfunkwellen!

Strahlungsstress bewirkt eine Veränderung der DNS!

Der menschliche Körper – ein hochsensibler Stromkreislauf

Strahlen verändern die DNS! Unser Körper wird über den Empfang und des Sendens elektrischer Signale über die Sinne und das Gehirn gesteuert. Unser Gehirn verarbeitet in jeder Sekunde tausende von Informationen, die als ebenso viele Steuersignale an unseren Körper weitergeleitet werden. Um den vielen Informationen nicht einfach ausgeliefert zu sein, hat der Mensch ein zuverlässiges Zustell-System, welches die

Der menschliche Körper ist hochsensibel! Werden unsere Organe durch äußere künstliche elektrische Frequenzen gestört, kommt es in Folge zu schweren gesundheitlichen Störungen!

Ein bereits bekanntes Symptom der Strahlenbelastung ist „Muskelkater" ohne eigene Kraftanstrengung!

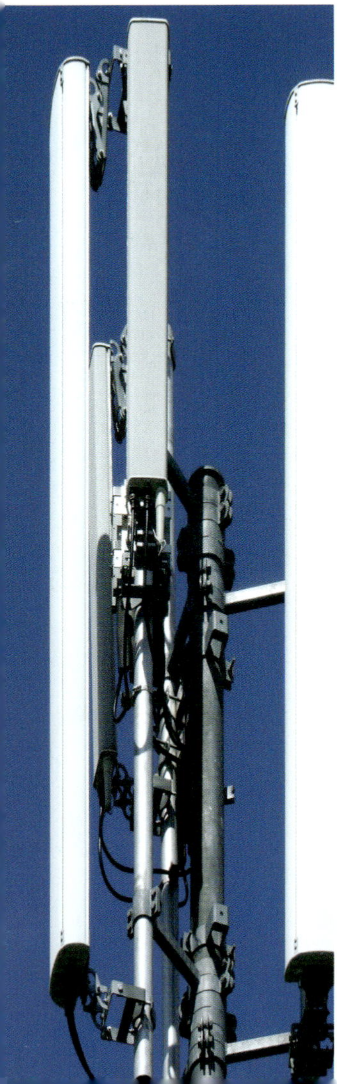

vorbeikommenden Signale überprüft. Jedes Organ hat seine ganz individuelle Kommunikationsfrequenz, auf der es seine Befehle empfängt und selbst bearbeitet.

Werden die elektrischen Frequenzen im menschlichen Körper durch äußere Einflüsse gestört oder auch zur Gänze blockiert, arbeiten Gehirn und Organ nicht mehr richtig zusammen. Der menschliche Körper ist hochsensibel! Können unsere Organe nicht mehr zuverlässig erkennen, ob die elektrischen Impulse für sie selbst bestimmt sind, kommt es in Folge zu schweren gesundheitlichen Störungen!

Schwerwiegende und bekannte Auswirkungen von Strahlen

Die ansteigenden und sich ballenden Energien, besonders auf öffentlichen Plätzen, wie beispielsweise in Messehallen, führen zu einer Art Muskelkater! Die in der Zelle angehäufte Glucose wird, durch die chaotisch einwirkenden Hochfrequenzen, nicht mehr bis zum Kohlendioxid abgebaut. Das Fehlverhalten der Zellen ist ein Notprogramm!

Die schwerwiegenden Folgen sind, dass der Körper auf sauerstofflosen Stoffwechsel umschaltet und die Glucose in Milchsäure verwandelt, die zum bekannten Muskelkater führt.

Der Körper kommt mit der Sauerstoffversorgung nicht mehr nach und die Lebensenergie schwindet!

Unser Immunsystem ist nicht fähig, sich gegen Funkwellen zu schützen! Bei Krebszellen läuft das gleiche Fehlverhalten der Zellen ab: Auch hier häuft sich Glucose an und wird nur noch bis zur Milchsäure abgebaut!

Die Aura eines Menschen schwingt in einem Frequenzbereich …

Die Aura schwingt, (je nach körperlicher Verfassung) zwischen 0 und 30 Hertz. Die menschliche Aura ist ein Energiefeld, das den Körper wie eine unsichtbare Hülle umgibt.

Es gibt Menschen, die die Aura sehen können. Menschen aber, die noch nie von einer Aura etwas gesehen oder gehört haben, sind bezüglich der unsichtbaren Energien (ganz allgemein) eher skeptisch.

Die Aura ist ein für uns unsichtbarer Mantel, die die Energie, auch die Informationen der Lebewesen aufzeigt. Sie hat eine schützende Funktion. Bei gesunder Verfassung umschließt dieses energetische Feld den ganzen Menschen.

Bei Störungen im Energiefeld kann es zu Löchern in der Aura kommen. Sind Löcher in der Aura vorhanden, können negative Störungen aller Art schneller die Substanz, (die Materie, wie z.B. den physischen Körper) angreifen.

Jeder Mensch, alle Tiere, ja, auch Gegenstände haben eine Aura. Auch unser Planet Erde hat eine Aura. Seitdem es Leben auf der Erde gibt, erzeugt das Erdmagnetfeld ununterbrochen sehr niedrige Energiefrequenzen im Bereich von 0 bis 30 Hertz. Diese Impulse sind der natürliche Takt der Erde, worauf alle Lebewesen ausgerichtet sind. Die Elektrosmogbelastung bei Schnurlostelefonen beträgt 1.900 Megahertz. Diese schnellen Frequenzen überlagern den menschlichen Körper. Sie wirken wie tausende kleine Lichtblitze in einer einzigen Sekunde, die hier den Körper des Menschen auf unsichtbare Weise durchzucken. Handys schwingen in einem Bereich ab 1 GHz (1 Milliarde Hertz). Schnurlostelefone schwingen ab 1,9 GHz (1 Milliarde und 900 Tausend Hertz).

Der Mensch ist auf den natürlichen Takt der Erde ausgerichtet: 0 bis 30 Hertz

Wer seine Kinder liebt, sollte sie unbedingt vor Funkstrahlen schützen!

Aufpassen: Ungeborene Kinder sind besonders gefährdet! In der Schwangerschaft auf Handy oder andere funkbetriebene Geräte verzichten!

In einer einzigen Sekunde durchdringen tausende kleine Lichtblitze den menschlichen Körper!

Geräte mit Funk strahlen multiple hochfrequente linksdrehende elektromagnetische Strahlen ab. Multiple Strahlen sind die Bezeichnung für das gleichzeitige Ausstrahlen einer niederfrequenten, einer mittleren und einer ganz hohen frequenten Welle.

Aber auch andere hochfrequente Funkstrahlen, wie die der Elektronik, Nachrichtentechnik, aller digitalen-pulsierenden Geräte, Mikrowellengeräte, Mobiltelefone, Radiowecker sind extrem hochschwingend! Die natürliche rechtsdrehende Welle steht in direktem Zusammenhang mit der biologischen Gesundheit eines jeden Lebewesens.

Was bewirken hochfrequente Strahlen im Körper?

Ein Handy schwingt im untersten Bereich ab ca. -35.000 BE.
Ein Fernseher im Vergleich schwingt mit ca. -3.500 BE.

Die hochfrequenten Energien sind flächendeckend!

Die hochfrequenten Strahlen bewirken eine Kommunikations*zer*störung der biologischen Zellen! Im Gehirn wird die lebenswichtige „Blut-Hirn-Schranke" geöffnet, die aber normalerweise geschlossen ist! Krankheiten wie Alzheimer, Parkinson, multiple Sklerose, sind nur ein paar (mögliche) Folgen.

Ein Handy hat eine Schwingung von ca. -35.000 BE bis über -200.000 BE, Tendenz steigend! Wird mit dem Handy gesprochen, so steigt die hochfrequente Schwingung noch weiter an. Bei längeren Handygesprächen tritt ein Zustand wie bei Mikrowellenherden ein, wo die in der Nähe befindlichen Organe einer Erwärmung ausgesetzt sind. Der Körper erwärmt sich um bis zu 2 Grad Celsius. Anschließend kann es über das vegetative Nervensystem wiederum zu einer Abkühlung des Körpers kommen. Der Handyboom bedeckt flächendeckend alles mit künstlicher Hochfrequenzstrahlung, mit bis zu 4000 mp/Sekunde. Das menschliche Ohr ist ein hochsensibles Organ. Gleichgewichtsstörungen, Ohrenbrennen, Ohrenpfeifen (Tinnitus!) Ach, das Gehirn liegt ja auch in unmittelbarer Nähe des Ohres: Auswirkungen? Aber natürlich! Das Gleichgewichtsorgan wird empfindlich gestört! Weitere Störungen sind: zunehmende Vergesslichkeit, Verwirrungszustände, Gedächtnissturz, Augenflimmern und so weiter und so fort!

Werden Handys regelmäßig im Pankreas-Thymusdrüsen-Bereich getragen, werden die wichtigen Steuerfunktionen des Zelldrucks gestört, die für die Versorgung der Lichtschwingungsenergie in den Zellen sorgen.

Reaktionen können sein: Energienotstand bis Krebs, Veränderung des Blutbildes, Einschränkung der Abwehrkräfte und Schwächung des Immunsystems! Wird das Handy in der Brusttasche getragen, wirken sich die Strahlen sehr negativ auf die Herzfunktionen aus! Kreislaufprobleme und Herzrasen sind nur einige der möglichen Auswirkungen. Auch der Beckenbereich (Hosentasche) ist sehr empfindsam. Regelmäßiges Tragen eines Handys in der Hosentasche kann zu schweren Erkrankungen des Unterleibes führen.

Begleiterscheinungen sind unter anderem: Lustlosigkeit, Unfruchtbarkeit, Impotenz usw.

Sensible Menschen fühlen die negativen Auswirkungen unsichtbarer Strahlungsenergien. So mancher Sensitive fühlt sich durch Handystrahlen irritiert, zappelig, unruhig oder nervös. Viele Menschen können neben Handys nicht schlafen. Die weniger Sensiblen leider schon, da sie die Strahlen nicht fühlen.

Die Wellen

Das Erdmagnetfeld bewegt sich in einer rechtsdrehenden Welle, auf die sich unsere Körperzellen und auch die Kleinstorganismen in den Böden eingestellt haben.

In der Natur kommen rechts- und linksdrehende Wellen vor.

Beinahe alle Wellen aus der Technik sind linksdrehend und wirken störend auf das menschliche Energiefeld ein.

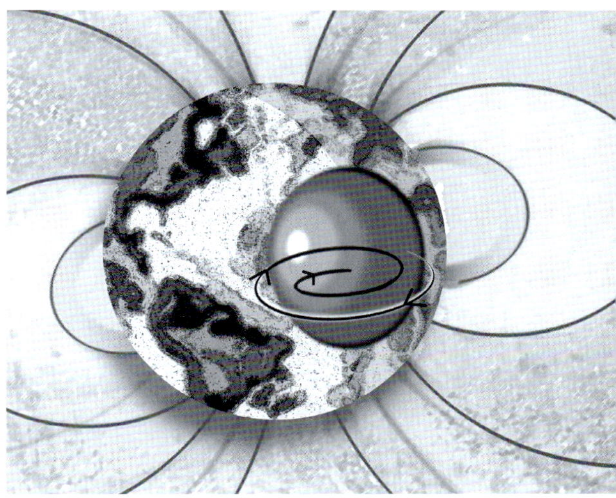

Rechtsdrehende Energiewellen sind in der Natur die Regel.

Zu hohe Energien bei linksdrehenden Wellen wirken sich negativ auf die Gesundheit aus.

Zu häufige Ultraschalluntersuchungen während der Schwangerschaft vermeiden!
In vielen Fällen, wo Probleme diagnostiziert wurden, waren keine vorhanden!

Rechtsdrehende Wellen wirken allgemein Energie anreichernd und fördern das Wachstum. Linksdrehende Wellen fördern die Auflösung. Z.B. fördern linksdrehende Wellen bei Heilmitteln die Ausscheidung, beschleunigen diesen Prozess, rauben aber Lebensenergie. Die Wellen bei unterirdisch verlaufenden Wasseradern sind dann bedenklich, wenn sensible Organismen wie die der Menschen, Tiere oder Pflanzen darauf reagieren.

Eine längere Verweildauer auf linksdrehenden Wasseradern ist für die Gesundheit aller Lebensformen bedenklich. Je nachdem, ob die Adern aufsteigende oder absteigende Energien besitzen, bewirken sie in erstem Falle Hitzesymptome und Erkrankungen wie Entzündungen, Kopfschmerzen, Aggressionen, Überaktivität usw. und im zweiten Beispiel bleierne Schwere, Müdigkeit, Energieverlust und schwerste Erkrankungen.

Elektromagnetische technische Energiewellen zerstören die Harmonie.

Alle Energiewellen liefern Informationen mit. Die Informationen bei linksdrehenden Wellen, je nach Störungsfeld und Informationsgehalt, sind dementsprechend negativ und vor allem sehr aggressiv in ihrer Auswirkung. Elektromagnetische technische Wellen sind linksdrehend. Ihre Informationen zerstören die Harmonie der vier Elemente.

Im Gegensatz zu elektrischen Feldern können elektromagnetische Impulse nicht abgeschirmt werden.

Elektrische Felder lassen sich abschirmen, elektromagnetische Impulse aber nicht. Um sich vor den elektromagnetischen Impulsen zu schützen, werden vielerlei Hilfsmittel angeboten, die größtenteils aus falschem Ansatz heraus keinen Schutz gegen die Wellen darstellen. Bei Handy- oder Mobiltelefongesprächen bestrahlen wir uns selbst mit 25.000 Milliwatt/cm^2. Das körpereigene Informationssystem arbeitet mit 0,001 Milliwatt/cm^2. Der amtliche Grenzwert liegt bei 10 Milliwatt/cm^2.

Der elektromagnetische Impuls

Der elektromagnetische Impuls entwickelt seine biologische Wirkung im direkten Wechselspiel mit dem Magnetfeld. Je nachdem, in welchem Winkel beide zueinander stehen, kann die Wirkung positiv, neutral oder negativ ausfallen.

Für die gesunde Funktion der Zellen, die als Basisbausteine unseres Körpers fungieren, ist in erster Linie die richtige elektrische Spannung wichtig. Bei falschen Signalen, die durch hochfrequente Energien an die Zellen abgegeben werden, verändert sich die Art der Energiegewinnung in der Zelle komplett. Die Zelle verliert an Energie und verändert dadurch ihren Stoffwechsel. Vor allem bei Kindern und Jugendlichen, deren Immunsystem im Aufbau ist, spielt die fehlerfreie Funktion der Zellen eine bedeutende Rolle. Unter den heutigen massiven Bestrahlungsdosen wird der Aufbau eines natürlichen Immunsystems empfindlich gestört, was als Folge zu einer angeschlagenen Gesundheit und einer verminderten Abwehr im Erwachsenenalter führt. Der negative elektromagnetische Impuls erreicht seine maximale negative Einwirkung durch die Umkehrung seiner Drehbewegung, eine Drehbewegung im Winkel zum Magnetfeld um 180 Grad, die sich viele Kilometer vom Sender entfernt vollzieht. Das bedeutet: Die größte Belastung und Zerstörung von Natur und Leben tritt nicht unmittelbar neben dem Sender auf, so wie Experten vermuten!

Handys rrraus aus dem Schlafzimmer!

Handys rrraus aus Lebensmittellagerräumen!

Handys wenn möglich nur in dringenden Ausnahmefällen benutzen und ansonsten ausschalten. Sie strahlen nach dem Abschalten noch über eine Stunde lang nach!

Je höher die Frequenz eines Senders ist, um so kürzer ist der Abstand, in der sich die maximale Linksdrehung des elektromagnetischen Impulses vollzieht.

Strahlenfreiheit ist ein Grundrecht für alle Lebewesen! Die extremen Auswirkungen sind zwar inzwischen wissenschaftlich anerkannt, trotzdem werden tausende Geräte ***täglich*** an Unwissende verkauft!

Je moderner die Geräte sind, umso gefährlicher sind sie auch!

Wie kann es sein, dass der Nachbar nichts fühlt?

Wo liegen die Unterschiede?

1) Beispiel für 1.800 MHz (E-Netz).

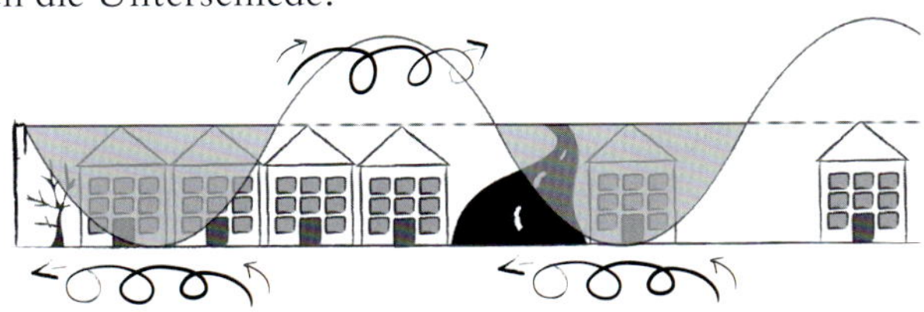

Je nach benutzter Frequenz des Senders unterscheiden sich die Wellenformen, die zwischen der negativen und positiven Polarisierung wechseln. Die stärkste Belastung erfährt derjenige, bei dem die Linksrotation am höchsten ist. In Abbildung 1) ist ersichtlich, weshalb der Nachbar möglicherweise nichts davon bemerkt.

2) Beispiel für 900 MHz (D-Netz).

3) Beispiel für 2.500 MHz (UMTS).

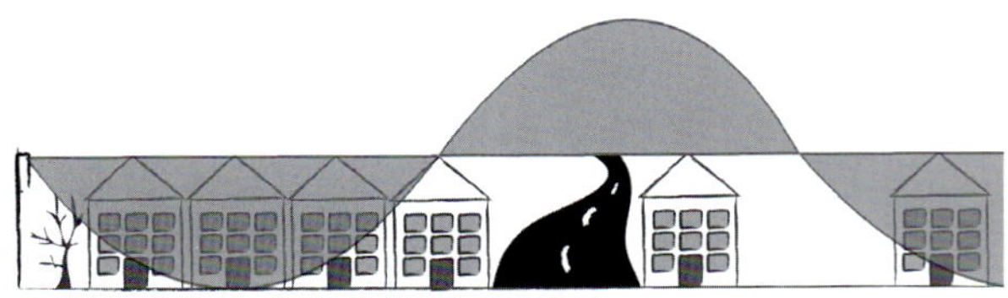

4) Beispiel für alle Frequenzen zusammen.

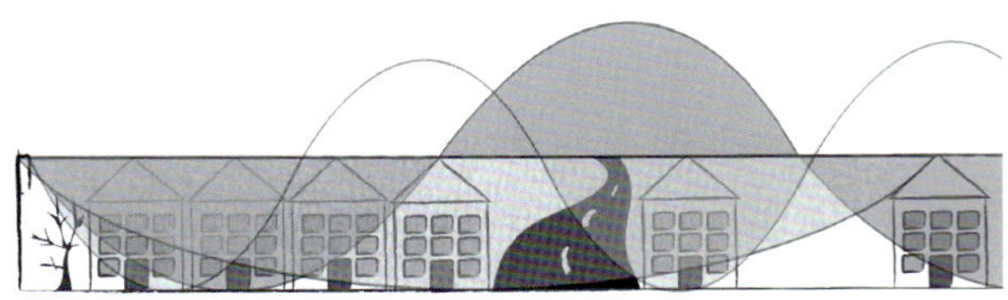

Durch die Zunahme an Mobilfunksendern sind bereits alle Orte von Funkstrahlen betroffen. Die Symbolik der Grafiken verdeutlicht die flächendeckende Wirkung (siehe Abbildung 4).

Darstellung von Senderstrahlungen

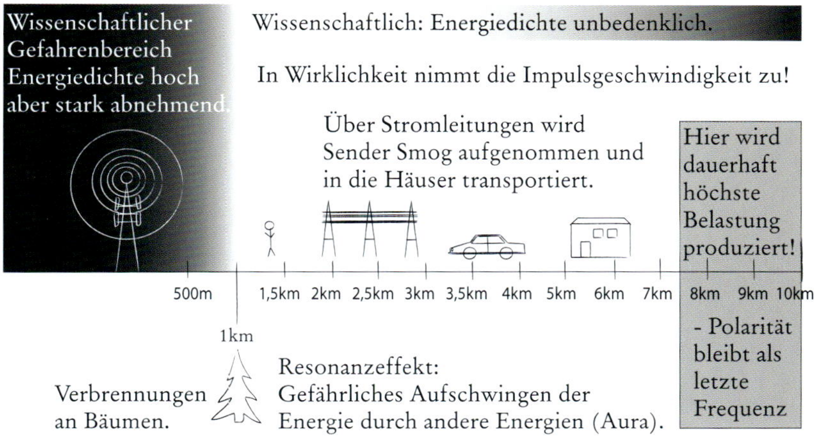

Merke: Die höchste Strahlenbelastung besteht (durch die entstehende Linksdrehung) bis zu 10 km vom Sender entfernt.

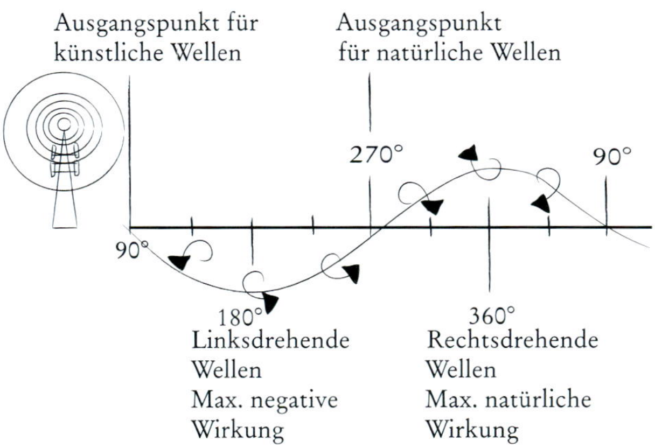

Die linksdrehenden Wellen ergeben sich durch den Winkel des elektromagnetischen Impulses zum Erdmagnetfeld. Die linksdrehenden Wellen lassen sich nicht abschirmen.

RRRrrraus:

Mikrowellenherde schwächen unser Immunsystem! Die mehrfachen kurzen nichtionisierten Strahlungsdosen sind nicht schmerzhaft, führen aber bei Wiederholung zu Krankheiten! Wer über keine StromHarmonisierung verfügt, sollte (der Gesundheit zuliebe) auf die Mikrowelle verzichten!

Mikrowellenherde

Schnell soll die Zubereitung von Speisen sein, genauso schnell werden diese durch das schnelle Erhitzen (von innen heraus) zerstört! Die regelmäßige Strahlendosis (Leckstrahlung) führt auf Dauer zu gesundheitlichen Schädigungen, die von Erblinden bis hin zu Krebs reichen.

Mikrowellen erwärmte oder zubereitete Speisen sind höchst verstrahlte Lebensmittel! Die Zellen des Gargutes werden durch die elektrischen Impulse negativ polarisiert und freie Radikale entstehen! Die Strahlen wurden, seit ihrem ersten Einsatz im 2. Weltkrieg, als sehr schädlich erkannt.

Russische Forscher warnten bereits in den 30er Jahren vor den Auswirkungen dieser Strahlen.

Die Grenzwerte von damals wurden heutzutage bereits um das Tausendfache überschritten!

Funkstrahlen Energie-Blocker oder Eliminierer

Abblocken ist keine Lösung gegen die Strahlenproblematik!

Die Ursache von Problemen ist zu eruieren, an der Wurzel zu packen und gänzlich auszureißen. Das Abblocken von Strahlen ist eine höchst brisante Angelegenheit! Sämtliche Gegenstände laden sich mit Energie (Strahlen) auf und strahlen diese in geballter Form wiederum an die Umgebung ab.

Die Lösung ist in der Transformation von Energie zu finden.

Stopp

Der

Feldformer

Der Feldformer wandelt Strahlen um

Damit Handy- oder Mobilfonierer auch unbelastet sind, können die Geräte in ihrer negativen Schwingung verändert werden. Das bedeutet, das Funkgerät wird auf eine positive Energieschwingung aufgeschwungen.

Der Feldformer bewirkt eine komplette Veränderung des Schwingungsfeldes.

Der kleine Energieträger (ca. 5 x 5 mm), der eigens für die Energieaufschwingung entwickelt wurde, „Feldformer", wird im Innengehäuse vom Handy (oder Mobiltelefon) oder bei Platzmangel am Gehäuse der Geräte angebracht.

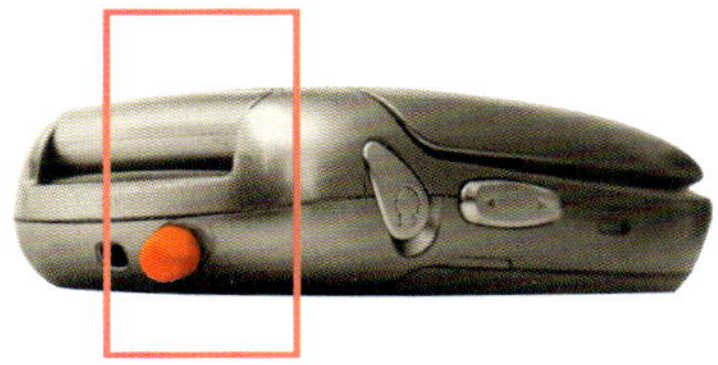

Die sich zuvor linksdrehenden Energiewellen polen sich in rechtsdrehende Energiewellen um.

Wer bereits unter sehr starken gesundheitlichen Beschwerden leidet, kann womöglich nach Anbringen des Feldformers immer noch leichte Beschwerden beim Handyfonieren haben. Diese Reaktion geschieht aufgrund des Erinnerungsvermögens der Zellen, die immer noch sensibel auf die Frequenzen reagieren.

Keine Angst: Auch Zellen können vergessen! Sind die Störquellen einmal mit dem Feldformer neu informiert, antworten unsere Zellen spontan und erleichtert und der Organismus regeneriert sich.

Ganz gleichgültig, wo wir uns aufhalten, Störfrequenzen aller Art sind schwerwiegende gesundheitliche Belaster. Im Privatbereich können wir da ganz leicht Abhilfe schaffen. Wir können uns z.B. wieder mit dem guten alten Haustelefon anfreunden. In Büros oder auf öffentlichen Plätzen sind wir den sich dort ballenden Energien ausgeliefert. Es wird noch viel Aufklärungsarbeit nötig sein, um frei von Funkstrahlung zu sein und dies als Menschenrecht einfordern zu können.

Die Transformation bewirkt eine Anpassung an das Natürliche.

Der Feldformer schützt nicht nur vor frequenten Energiewellen anderer Handyfonierer, sondern erreicht den Benutzer eines Handys oder Mobiltelefones mit einer positiv aufbauenden Energie von +17.500 BE.

Der Licht-Code ist der Informant. Er bestimmt den Ausgang, den Weg.

Heutzutage schwingen die ältesten Modelle, die mir bekannt sind, mit einer Energieschwingung von -35.000 BE. Neuere Handymodelle schwingen bereits über -200.000 BE.

Was bewirkt der Feldformer ?

- Die negativ linksdrehenden Energiefrequenzen werden in rechtsdrehende positiv wirkende Energiefrequenzen umgewandelt
- Die hohe Eigenenergie des Feldformers beträgt +28.000 BE und ist stabil. Die Stabilität der neuen Energie gewährleistet ein störungsfreies, strahlenfreies Telefonieren! Aber nicht nur das!
- Durch die hohe Eigenenergie baut sich ein positives Schwingungsfeld um das Gerät auf. Dieses Schwingungsfeld ist eine schützende Aura, die energetisch aufbauend wirkt
- Die Information 101 schwingt im Umfeld des mit Funk betriebenen Gerätes mit
- Die neueren Handys, vor allem seit der Nachrüstung auf UMTS, sind in Vergleich zu den älteren Modellen noch viel hochschwingender und weit aggressiver in ihrer Auswirkung. Die Ausgangswerte von Handys belaufen sich bei ca. -35.000 BE. Die neuesten Modelle erreichen auch Werte über -200.000 BE
- Nach Anbringen eines Feldformers am (im)Handy, Funkgerät oder Mobiltelefon bewirkt die Wandlung des Energieträgers eine positive Grundenergie von +17.500 BE

Die Reaktion eines Bekannten, der einen Feldformer für sein Handy benutzt:

„Mir kommt vor, als sei der Empfang besser geworden. Abgesehen davon fühle ich mich jetzt einfach sicherer und vor allem geschützt!"

Brennen und Kribbeln sind weg

Ein Kunde fühlte bei längeren Gesprächen, dass das Handy und auch die anliegenden Körperstellen sehr heiß wurden. Und auch das Kribbeln und Ziehen entlang der Schläfe bis in den Wangenbereich hinein störte ihn ganz besonders. Seine Erfahrungen mit diversen Aufklebern waren nicht positiver Art gewesen. Sie zeigten keinerlei Beeinflussung und führten nicht zur Reduzierung seiner Beschwerden, weshalb er das Handy nicht mehr verwendete. Als er vom Feldformer erfuhr, war er aufgrund seiner negativen Erfahrungen mit den Aufklebern sehr skeptisch und kaufte sich auch keinen. Im Zuge eines Gespräches erfuhr ich von seinen Handyproblemen und gab ihm einen Feldformer zum Ausprobieren. Ganz begeistert erzählte er ein paar Wochen darauf: „Ich kann jetzt das Handy eingeschaltet lassen ohne mich belästigt zu fühlen! Längere Gespräche sind jetzt von einer ganz anderen Qualität. Ich finde es fantastisch, dass jetzt das lästige und auch oft schmerzhafte Brennen, das Kribbeln und Ziehen aufgehört haben!"

Werden die negativen Wellen umgepolt und wird die Strahlungsenergie auf die der Ur-Ordnung entsprechend hoch angehoben, kann der Erde, der Umwelt und dem Menschen viel Leid und Krankheit erspart bleiben.

Wer sensibel ist, fühlt die Strahlen am Körper. „Brennen, Kribbeln, ziehende Schmerzen an der Schläfe oder im Wangenbereich, Kopfschmerzen, Ohrenschmerzen sind die bekanntesten Probleme!"

Die Tests und die Auswertungen für die Zuverlässigkeit des Feldformers sind immer gleich.
Bei jeder Harmonisierung eines Handys sind (nach der sofortigen Energieveränderung) Ausgangswerte in einer Mindesthöhe von +17.500 BE vorzufinden.

Um Handys oder Mobilfunktelefone erfolgreich harmonisieren zu können, benötigt der Feldformer eine enorm hohe positive Energie.

Fallbeispiel: Der kaputte Feldformer

Ein sensibler Handyfonierer erzählte mir: „Ich habe leider meinen Feldformer zerstört. Er hat nicht in das Gerät hineingepasst, darum habe ich ihn mit dem Messer etwas angeritzt. Seitdem hat er ***keine Wirkung** mehr!"

Die Wirkung des Feldformers

Ich verwende selbst oft ein Handy zu Testzwecken. Ich teste z.B. die Stabilität verschiedener Wasserproben, auch von „scheinbaren" Wasserbelebungsgeräten. Die Wasser- und Lebensmittelproben werden aufgestellt, daneben stelle ich ein Handy ohne Feldformer. Dann rufe ich das Handy per Telefon an.

Nach einem zwei- oder mehrmaligen Anpiepsen sinkt der Energiewert von Nahrungsmittel oder Wasser. Dabei verändern sich auch die Information, die Lebendigkeit und die harmonische Anpassungsfähigkeit des Wassers oder Nahrungsmittel. Wird bei einem Test das Handy zuvor mit einem Feldformer ausgestattet, dann verändern sich die Ausgangswerte nicht, was ich als handystabil bezeichne. Somit hat ein mit einem Feldformer bestücktes Handy keine negative Auswirkung mehr.

Der Feldformer weist eine sehr hohe, positive Energieschwingung von +28.000 BE auf. Wird ein Feldformer an einem Handy angebracht, beginnt ein Umwandlungsprozess. Die Boviswerte verändern sich dadurch geringfügig, weisen aber immer noch eine sehr hohe positive Energie von +17.500 BE auf. Diese Energie geht auf das Handy über und schützt dadurch den Handyfonierer. So sind der Bereitschaftsbetrieb (Stand-by), wie auch regelmäßiger Körperkontakt (das Tragen des Handy in Brust-, Hosen-, oder Handtasche) unbedenklich.

Ich konnte mein Handy früher nicht bei mir tragen, weil ich sehr leicht auf die Schilddrüse anspreche. Ich fühlte mich stets nervös, fühlte eine eigenartige Beklemmung und bekam Herzrhythmusstörungen.

Die Schutzhülle bei VollHarmonischen Energieträgern

Beim Feldformer (auch beim Glasformer) wird die Schutzhülle, die aus Kunststoff besteht, durch eine spezielle Behandlung der einzelnen Elektronen koordiniert.

Dadurch findet ein nachweisbarer Ausgleich von Sprüngen im äußeren Magnetfeld statt. Dieser Effekt ist durch Messung der räumlichen Verteilung der magnetischen Flussdichte nach dem IIREC Feldkohärenzmuster-Verfahren (FKM-Verfahren) objektiv nachweisbar und überprüfbar.

Die Ummantelung und Schutzhülle der Energieträger ist besonders hochwertig und unterliegt bei der Herstellung sehr hohen Kriterien, um die Schutzwirkung erfüllen zu können. Die Spritzgussmaschinen werden mit VollHarmonischem Strom betrieben.

Die Spritzgussmasse wirkt isolierend und verhindert so eine Entladung der Energie. Zusätzlich ist die Schutzhülle energetisch aufgeschwungen und stabilisiert, um eine langfristige Aufrechterhaltung der positiv einwirkenden Energie zu gewährleisten.

Kunststoff ist deshalb nicht gleich Kunststoff!

*Die Ummantelung darf nicht beschädigt werden. Der Feldformer verliert sonst seine Wirkung.

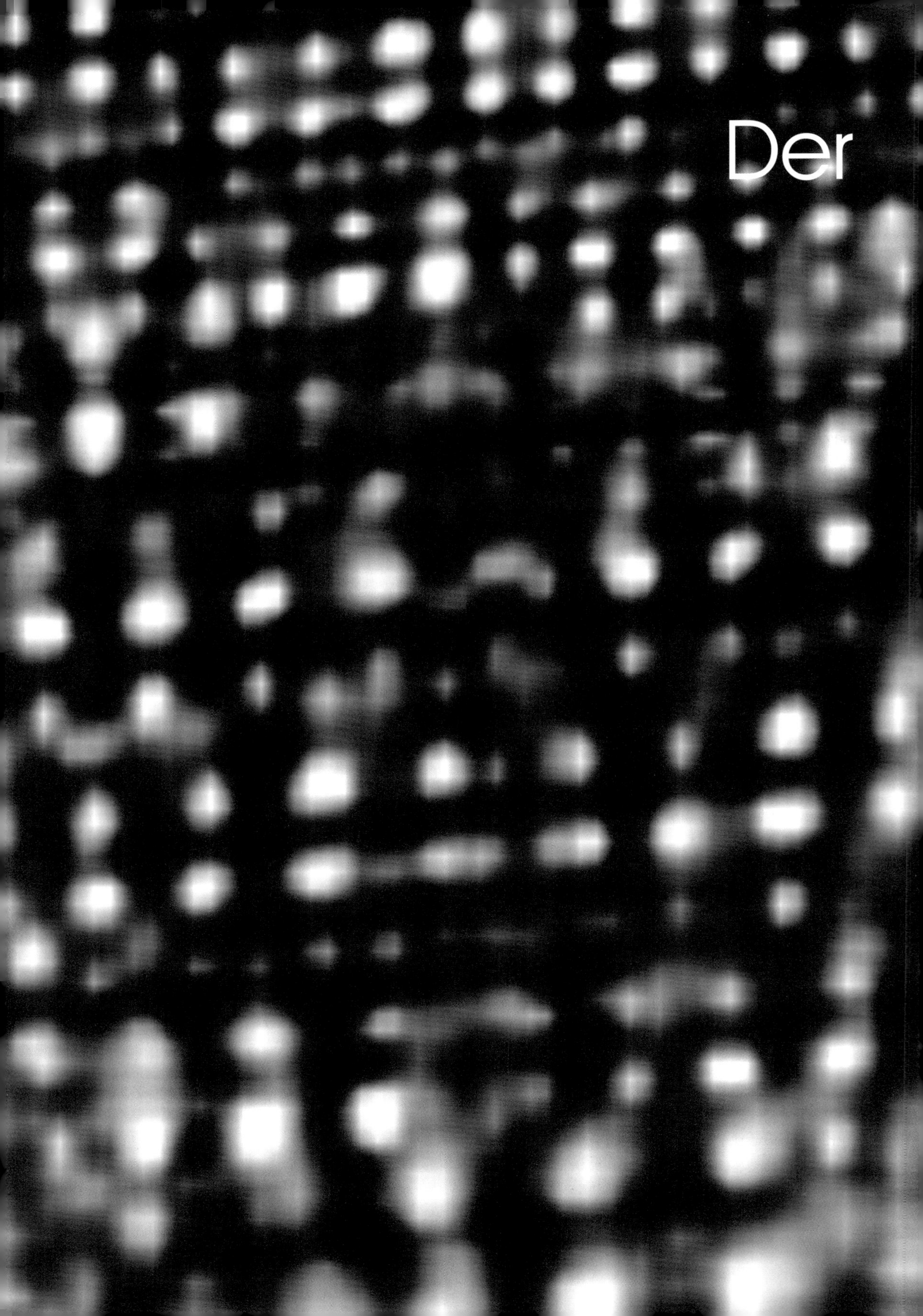
Der

Wechsel-Strom

Die niederfrequenten Strahlen

Strom ist nach dem Wasser einer der besten Informations- und Energieträger. Strom galt stets als die beste Erfindung von Nicola Tesla (19. Jahrhundert) und wird mit umweltschonendem Charakter verkauft und gepriesen. Wir können es nicht leugnen: Die Elektrifizierung ermöglicht dem modernen Menschen viele Bequemlichkeiten! Seine Wirkung wird unterschätzt, weshalb er bei Ungesundheit kaum die Beachtung erfährt, die ihm zusteht. „Ich fühle nichts", sagt der eine. „Wir haben schon so lange Strom, was soll da schon sein", der andere.

Hochspannungsmasten leiten eine Spannung bis zu 400.000 Volt weiter!

Wechselstrom ist ein Harmonie-Zerstörer

Wechselstrom verursacht eine große Einbuße an Harmonie. Er beeinflusst den Energiekörper des Menschen und dadurch sämtliche Abläufe im Organismus. Energieblockaden im energetischen Körper (in unserer Aura), die nicht aufgelöst werden oder unter Umständen jahrelang bestehen, führen in weiterem Sinne zu Symptomen, die wir als Krankheit erkennen. Künstliche Strahlendosen, vor allem die des Wechselstromes, führen zu schleichenden Verwirrungszuständen. Durch die Modernisierung wandern immer mehr mit Wechselstrom betriebene Geräte in unsere Haushalte.

Wechselstrom wirkt durch seine Erzeugung disharmonisch auf unseren Organismus.

Die gesamte Erdbevölkerung ist mit Elektrizität eingedeckt. Die Kinder spielen auf Spielkonsolen, der Fernseher oder Computer ist nicht mehr wegzudenken! Als der Fernseher als moderne Errungenschaft galt, gab es im Umkreis mehrerer Quadratkilometer vielleicht einen Haushalt mit einem Fernseher. Die Nachbarn trafen sich damals ab und zu, um gemeinsam einen Beitrag oder einen Film anzusehen.

Strom ist (so wie er heute verwendet wird), bei seiner Erzeugung, bei seinem Transport und seinem Verbrauch mit äußerster Vorsicht zu genießen.

Elektrischer Wechselstrom zerstört in seiner frequenten Un-Ordnung und Dichte alle natürlichen Energiefelder.

Heute haben viele Haushalte zwei Fernseher und oft mehrere Computer. Auch Kleingeräte machen viel energetischen Müll! Elektrischer Dosenöffner, Brotschneidemaschine, Mixer, Föhn, Rasiergerät, Lockenstab usw., und die Strahlendosis steigt immer mehr an! Nette Kraftverstärker sind insbesonders Fußbodenheizungen, wo der gesamte unterirdische Wohnbereich mit Eisenrohren verlegt ist. Die niederfrequenten Strahlen koppeln sich an die vielfach unterirdisch verlaufenden Rohre (Metall), (auch an Stromleitungen ohne Strom!) und verteilen die Strahlen im gesamten Wohnbereich, was zu sehr hohen magnetischen Aufladungen führt.

Die Produktion von Wechselstrom, egal ob mit Dampfturbine oder Wasserkraftanlage, bringt die Harmonie aus dem Gleichgewicht. Die Ur-Ordnung, die für Harmonie und das Schöpfen neuer Lebensenergie in unserer Umwelt zuständig ist, kann durch die hohe Dichte und dem Anstieg an negativen Schwingungsfeldern keinen natürlichen Ausgleich mehr bewirken.

Das Heimtückische an allen Strahlen ist, dass wir sie nicht sehen!

Hefezellen im Labor

Ein ungewöhnliches Phänomen sorgte 1980 bei Wissenschaftern für großen Aufruhr: Ein junger Biologe hatte vergessen eine Petrischale mit Hefekulturen wegzuschließen. Als er das Labor an einem Freitag verließ, blieb die Petrischale liegen und auch der Fernseher blieb bis am nächsten Montag, an dem er wieder das Labor betrat, eingeschaltet. Zu seiner Überraschung stellte der Biologe fest, dass viele Hefebakterien abgestorben waren.

Erst Jahre später wurde weltweit ein Schutz gegen Bildschirme entwickelt, die als Ursache für die Zerstörung der Hefebakterien nachgewiesen wurden. Inzwischen sind sich Wissenschaftler darüber einig: Kathoden-Bildschirme aller Art schädigen massiv unseren Körper!

Es gibt stromsensible Menschen! Viele Menschen leiden unter Schlafprobleme oder sind krank und wissen nicht einmal, dass der Wechselstrom hierbei eine zentrale Rolle spielen kann!

Wechselstrom zersetzt das menschliche Gehirn in heimtückischer Art

Hochspannungsleitungen
Die Abstandsempfehlung von Häusern:

Bei einer Leistung von
380 kV–130 m
220 kV–100 m
110 kV–80 m

Die Leistung der Energie bei Energieversorger nachfragen.

Wir werden zunehmend immer mehr und mehr unfähig klar zu denken. Wechselstrom erzeugt elektromagnetische Felder und führt zu einem schleichenden Degenerationsprozess, weshalb auch die Gefahr nicht so auffällig ist.

Die Eindringtiefe der niederfrequenten Strahlen auf den menschlichen Organismus beträgt zwar nur ein paar Millimeter, aber es gibt bereits sehr viele Menschen, die durch Wechselstrom krank wurden.

Viele Menschen wissen oft überhaupt nicht, woher ihre gesundheitlichen Beschwerden rühren! An den Wechselstrom denken hierbei die wenigsten!

Generatoren haben ein besonders negativ wirkendes elektromagnetisches Schwingungsmuster! Hochsensible Menschen reagieren auch bei schwachen elektromagnetischen Magnetfeldern mit Symptomen wie:

- Kopfschmerzen, Konzentrationsstörungen und Verwirrungszustände
- Herzrasen, Herzrhythmusstörungen
- Schlafprobleme allgemein bis zur Schlaflosigkeit
- grundlose innere Unruhe bis zur Hyperaktivität
  Störung des Immunsystems

Viele Geräte benötigen die Leistung des Wechselstroms. Durch die StromHarmonisierung eines Privathaushaltes wird der ganze Wohnbereich in ein komplett neues Schwingungsfeld gebracht.
Die StromHarmonisierung ist die einzige mir bisher bekannte Methode, die Strahlen zuverlässig in ein ruhiges und behagliches Schwingungsfeld zu transformieren.

Mikrowellenherde sind Energie-Verunreiniger! Wer keine StromHarmonisierung hat, sollte unbedingt auf die Mikrowelle verzichten!

Die Summe meiner Erfahrungen zeigt, dass es sehr viele Energie-Schwindler und Unwissende gibt.

Es ist nicht sinnvoll ...

Es macht wenig Sinn, Wechselstrom auf Gleichstrom umzuwandeln, da viele Geräte die Leistung des Wechselstromes benötigen. Der Lichtblick liegt in der energetischen Veränderung des Wechselstromes. Die StromHarmonisierung ist eine zuverlässige Methode, den Wechselstrom in eine für den Menschen ungefährliche Schwingung zu bringen.

Durch das Anbringen einer StromHarmonisierungsschleife an der Hauptstromleitung (zumeist beim Schaltkasten), wird der gesamte Haushalt in eine ruhige und angenehme Atmosphäre gebracht, was sich insbesonders bei strombedingten Schlafstörungen sehr schnell angenehm bemerkbar macht.

Der Wechselstrom nimmt die hohe (neue) Energie und Information des Ur-Codes 101 auf und wird von seiner Linksdrehung in die rechtsdrehende Polarität umgepolt.

Die Energiequalität ist sehr harmonisch und es kommt zu keinerlei Nebenwirkungen. Auch sind sämtliche an den Strom-Haushalt angeschlossenen Geräte an diesen Kreislauf gebunden, was die Strom-Sensibelchen sofort zu spüren bekommen!

„Aggressionen ohne ersichtlichen Grund?“ Soferne keine versteckten Muster dahinter stecken, kann der Strom die Ursache dafür sein! Übertrieben? Keineswegs! Ich bin stolz darauf, sagen zu können, dass ich zu meiner Harmonisierungsmethode stehen kann. Meine Erfahrungen mit Menschen, die bereits vielen Energie-Schwindlern und Unwissenden auf den Leim gingen, sind sehr vielfältig.

Wer meint, „nicht“ auf den Wechselstrom zu reagieren, den bitte ich sogar darum, sich nicht bei mir zu melden. Es gibt sehr viele Menschen, die meine Hilfe dringend benötigen!

Wer auf sein Bauchgefühl, auf seine Intuition achtet, wird bei meiner Methode, die Harmonie wieder herzustellen, sehr zufrieden sein. Wer von Herzen bereit ist, sich selbst Gutes zu tun, den erreichen auch die guten Dinge!

Entscheidungen, die dem Bauchraum, der Intuition entstammen, weisen klar und deutlich darauf hin, was wir wirklich wünschen und unser Unterbewusstsein bereits weiß!

Fallbeispiel
Arbeit am Computer

Die prägnante Aussage von F. Haubner:
„Seit der StromHarmonisierung bekomme ich keine Kopfschmerzen mehr, auch wenn ich den ganzen Tag über beim Computer sitze".

Wesentlich ist die innere Ebene unseres Daseins, die uns den Weg zeigt!

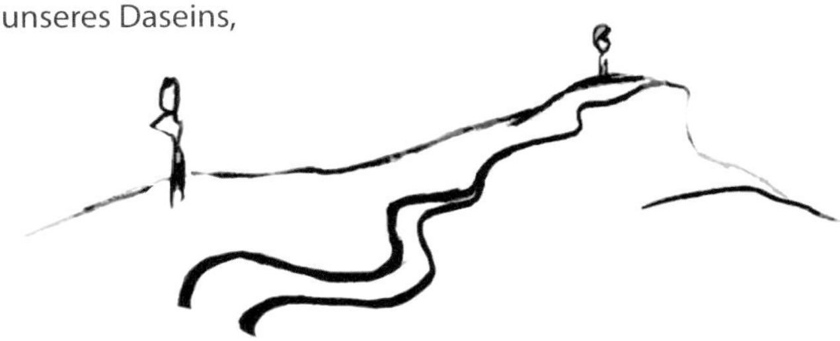

Künstliche Strahlen, so bezeichne ich ...

Künstliche Strahlen, so bezeichne ich sie, sind Strahlen, die der Mensch in der heutigen Zeit zu- bzw. eingeführt hat.

Überlagerungen von künstlichen Strahlen wirken auf die Steuerungsvorgänge organischer Systeme ein.

Alle Systeme, die mit der heutigen Technik zusammenhängen und mit Wechselstrom oder Funk betrieben werden, wirken auf das vegetative Nervensystem ein und sind künstliche Strahlen.

Fallbeispiel: Stromsensibilität

Anita wusste nicht, dass sie so massiv auf Strom reagierte, aber intuitiv tat sie wohl das Richtige.

Als sie mich um eine StromHarmonisierung bat, dachte sie eher an ihre drei Kinder, die alle mit PCs, diversen Spielkonsolen und DVDs eingedeckt waren. Dass sie selbst unter Schlafproblemen bezüglich des Wechselstromes litt, erfuhr sie erst im Zuge der Harmonisierung. Gleich am Folgetag rief sie mich an und erzählte mir: „Ich bin ja so froh, dass ich den Strom harmonisieren ließ.

Ich habe in letzter Zeit, wegen der Schnarch-probleme meines Mann im Wohnzimmer geschlafen. Und besonders gut schlief ich da nicht gerade. Aber seit gestern wirkt es so still im Haus. Ich kann es mit Worten nicht anders beschreiben. Auf jeden Fall wollte ich Ihnen sagen, dass ich heute Nacht besonders gut schlief, was mich doch sehr wunderte, denn so tief schlafe ich normalerweise nicht einmal im Schlafzimmer."

Nach einer weiteren Woche war sich Anita zu 100 % sicher, dass sie auf den Strom reagiert hatte, da sie an ein so ruhiges und tiefes Schlafverhalten nicht gewöhnt war.

„Probehalber habe ich mich zu meinem Mann ins Schlafzimmer gelegt, um auszutesten, ob ich nicht nur ruhiger und besser schlafe, weil ich ja den nervenaufreibenden Schnarchgeräuschen nicht mehr ausgesetzt bin. Ich dachte, vielleicht bildest du dir das Ganze auch bloß ein? Aber trotz der üblichen Sägegeräusche (sie lachte), schlief ich tief und gut.

Das habe ich in all den Jahren, seitdem wir hier wohnen (18 Jahre), noch nicht erlebt."

Jeder Mensch bestimmt selbst, was ihm gut tut!

Rücksichtslosigkeit in der Außenwelt bedeutet nicht zwangsläufig „Wir können nichts tun". Jeder Mensch bestimmt für sich selbst, was ihm gut tut, oder was ihm nicht gut bekommt.

Viele Entscheidungen trifft der Mensch aufgrund unbewusster Gedanken. Jede Entscheidung, ob für oder gegen etwas, bewirkt einen Erfahrungswert, der unser weiteres Handeln beeinflusst. Auch **keine** Entscheidung, ist eine Entscheidung!

Jede Handlung, auch das Nicht-Handeln, trägt ein großes Potential der Veränderung in sich.

Alle Schritte, die wir setzen, zeigen eine Wirkung. Oftmals erkennen wir die Auswirkung nicht sofort oder sie erscheint uns zu unwichtig, weshalb wir sie nicht erkennen können.

Der Mensch neigt dazu, das eigene Wohlbefinden von äußerlichen Dingen, von Menschen, dem Partner, den Kindern, den Eltern usw. abhängig zu machen. Wie gerne schieben wir Lasten oder Negatives den anderen in die Schuhe.

Jeder Mensch setzt aber Ursache und Wirkung zugleich, weil jeder Gedanke, jede Handlung als Ursache zu einem Resultat führt. Wer gerne über seine Rückenschmerzen klagt und sein Leben nicht verändert, wird weiterhin an Rückenschmerzen leiden. Jeder Schmerz hat eine Ursache.

Wird die Ursache behoben, verändert sich dadurch die Eigenenergie. Energetische Blockaden im Körper sind Zeichen eines Mangels an Energie oder eines Überschusses. Wer sich für sein Wohlbefinden und seine Gesundheit interessiert und auf sein Wohlbefinden achtet, wird mit mehr Lebenskraft und daher mit mehr Energie versorgt. Jeder Mensch ist für sein eigenes Wohlbefinden und seine Gesundheit selbst verantwortlich.

Auf der Erwachsenenebene sind wir alt genug unser Leben selbst in die Hand zu nehmen. Trotzdem laufen (auch bei Erwachsenen) oft viele Muster (Programme) im Unterbewusstsein mit, die uns mitunter erheblich beeinflussen und einschränken! Dennoch sind wir selbstverantwortlich, aus unseren Anlagen und den vielen unbewussten Depots das zu machen, was wir selbst als das Beste erachten! Und diese Möglichkeit haben wir!
Wir können unbewusste Programme verändern bzw. auch ganz auflösen.

Die natur-widrige

Technik

Bewegungsmethoden, wie wir sie bei Verbrennungsmotoren, Propeller, Schrauben, Turbinen und anderen technischen Geräten vorfinden, bewegen sich naturwidrig. Daher schaden sie der Natur und auch dem Leben. Technik benutzt die lebensabbauende Bewegung, die in der Natur zum Abbau von organischen Resten benutzt wird, für den Wirtschafts-„Aufbau(?)!"

Druckturbinen beispielsweise zersetzen Wasser und führen zu einem Qualitätsverlust. Zentrifugale Pflüge, wie sie heute in der Landwirtschaft verwendet werden, entladen sich und zersetzen den Boden. Der Bewegungswiderstand aller Maschinen wächst im Quadrat zur Beschleunigung. So ist die heutige Zerstörungstechnologie nicht nur Abgase fördernd, sondern auch immens teuer! Die moderne Technik nutzt die lebensabbauende Bewegung (Explosionsprinzip), wo Druck und Wärme entstehen. Hochwertige Rohstoffe wie z. B. Erdöle bestehen aus abgestorbenen Tieren, die seit Millionen von Jahren im Erdinneren lagern. Im energetischen Sinne bilden sie die Rohstoffe, die für die Kraft der Erde und somit für das Wachstum notwendig sind. Mit der heutigen Technik werden diese Rohstoffe verbrannt, um daraus Bewegungsenergie zu gewinnen, wodurch diese Rohstoffe zerstört werden. Die chemische Zusammensetzung von Wasser und Luft wurde vom Menschen ebenso nachhaltig geprägt wie die Gemeinschaft mit anderen Organismen.

Natürliche Abläufe durch die Implosion Struktur

Implosionen wirken verkleinernd, verdichtend und daher abkühlend, was eine Abnahme des Reibungszustandes bewirkt. Wachstum ist das Ergebnis von Implosion und der Struktur-

Es ist lebenswichtig, das Wasser, den Boden und die Luft zu erhalten, um den Niedergang der menschlichen Zivilisation aufzuhalten.

verdichtung. Jede Energie besitzt die Eigenschaft, sich weiter auszudehnen. Energie ist Bewegung. Bewegung wirkt sich in den Molekülen aus und verändert dadurch ihre Schwingung. Daraus entstehen Strahlungen atomarer Art, die entweder aufbauend oder abbauend auf die Umgebung wirken. Die bedrohlich anwachsende ökologische Zerstörung weist den modernen Menschen auf sein fehlendes Bewusstsein für ganz natürliche Abläufe hin. In der Natur gibt es beide Energien (Implosion und Explosion), und dort erfüllen sie auch ihren Zweck.

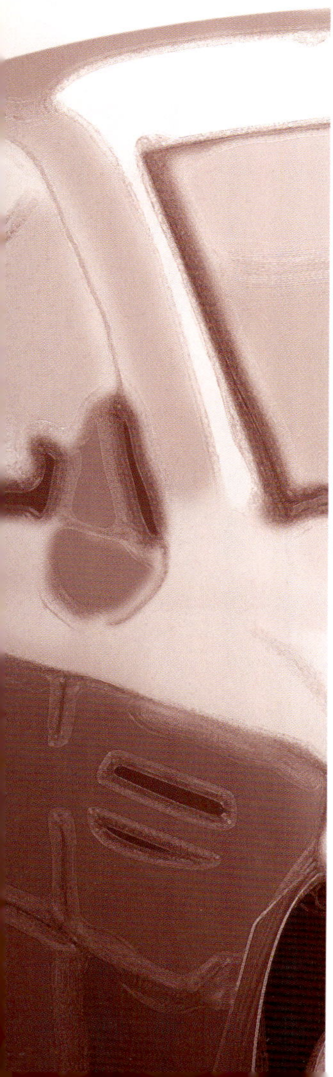

Kraftfahrzeuge

Mit der steigenden Ausstattung eines Autos steigt gleichfalls die elektromagnetische Belastung. Vor allem moderne Autos sind mit vielerlei (oft versteckten) Hilfsaggregaten und Elektronikbauteilen ausgestattet. Treibstoffe sind deshalb schädigend, weil sie bereits durch die falsche Rohstoffgewinnung linksdrehend polarisiert sind. Über die Verbrennung bei Automotoren steigen die negativen Energie- und Boviswerte auch in der Atmosphäre an.

Die Verbrennungsmotoren

Verbrennungsmotoren verursachen eine rasche, explosionsartige Verbrennung. Die Stromquelle ist eine Wechselstromlichtmaschine, ein Generator, der das gesamte Energiefeld vom Verbrennungsraum des Motors bis zur Innenraumenergie des Fahrzeuges negativ beeinflusst. Motoren und deren gasförmige Rückstände bringen energetisches Chaos.

Auf der materiellen Ebene wirken Chaosenergien global auf die gesamte Erdatmosphäre ein. Damit sich bei Verbrennungsmotoren (besser: Explosionsmotoren) eine positive Veränderung ergibt und die Vergiftung der Atmosphäre sich in eine völlig andere chemische, physikalische, und hochfrequente positive B-Reaktion entwickeln kann, darf noch einiges getan werden.

So gut gemeint der Katalysatoreinbau war, wurden gleichzeitig ab Ende der 60er, Anfang der 70er Jahre die alten Gleichstromlichtmaschinen entfernt und so genannte, „*viel bessere*“ Wechselstrom-Lichtmaschinen eingebaut.

Durch die von ihnen ausgehende hochfrequente, negative Energie entsteht eine derartige Beeinflussung des gesamten Treibstoff-, Luft- und Verbrennungsprozesses, der den positiven Energiekreislauf unserer Umwelt zerstört.

Laut Wissenschaft und Technik sollte durch den Katalysator eine Verbesserung der Abgaswerte erreicht werden. Immer wieder tauchen nur scheinbare Verbesserungen auf, die nicht auf fundiertem Wissen feinstofflicher Energien und Informationen basieren.

Die Stromumwandlung im hochfrequenten Energiebereich wurde und wird immer noch nicht berücksichtigt. Die Entziehung von Schadstoffen über die so genannte Filtertechnik (auch bei Wasserverschmutzungen) ist überhaupt keine Lösung. Hierbei werden nur riesige Kosten verursacht!

Die Schadstoffe werden durch Filter zurückgehalten, konzentrieren sich hier und kommen in konzentrierter Form in die Materie zurück.

Schadstoffe können auf diese Weise nicht umgewandelt werden, um für die Umwelt in unschädlicher Form in den natürlichen Kreislauf zurückgeführt zu werden.

Die Umwandlung und Umkehrung der Polarität bei Treibstoffen (oder auch bei Fabrikemissionen) und die Informierung mit dem Licht- und Urcode 101 der Quinta Essentia verwandelt giftige Rückstände in der Atmosphäre.

Alchemie

Mein Problem mit den Problemen

Quantität steht vor Qualität!

Negative Energiefrequenzen in unserer Umwelt werden zwar von vielen Forschern gemessen, doch hier fehlen in vielen Fällen nicht nur dem Laien Grundkenntnisse der Alchemie.

Ich werde immer wieder von Menschen angesprochen, die mich fragen: „Stimmt es wirklich, dass die Handys so gefährlich sind?" Oder: „Stimmt es tatsächlich, dass unsere Nahrungsmittel und sogar die Gewässer zerstört sind?" Ich persönlich habe ein Problem mit Antworten, denn einerseits finde ich es sehr wichtig, den Tatsachen ins Auge zu blicken und nicht zu tun, als ob, und andererseits gibt es natürlich viele Menschen, die bereits um die vorherrschenden Probleme wissen und Angst vor der Zukunft haben. Trotz der gängigen Wertvorstellung, die sich auf die materielle Existenzabsicherung, ein langes Leben und auf Güter beziehen, sind die Menschen bereits sehr verunsichert. Fragen wie „Wie wird es weitergehen? Was können wir als Einzelperson tun?" werden immer wieder an mich gestellt. Meine Antworten sind immer wieder ähnlich. „Habe Vertrauen!". „Tue dir selbst Gutes", oder „Mache für dich das Beste, was dir möglich ist!" Jeder Mensch besitzt die Gabe, sein Leben zu verändern. Alchemie in der Praxis ist Veränderung. Die eigene geistige Einstellung und Handlungsbereitschaft für sich selbst das Beste zu tun, sind die tiefgreifendsten Möglichkeiten, die jeder Mensch hat! Die Alchemie schöpft ihre Kraft aus den höchsten Schwingungen. Der Schlüssel zur Alchemie liegt im Verständnis von Energie und Materie. Das Gegenteil der Alchemie stellt die Fixierung auf die Materie dar. Der auf Materie behaftete Mensch zählt auf seinen Verstand, der logisch nachvollziehbaren Regeln folgt. So werden aus eins und eins eben zwei. Die Lebendigkeit folgt ihren ganz eigenen Gesetzen, die für Logiker nicht nachvollziehbar sind. Aus eins plus eins wird plötzlich drei? „Das Lebendige ist nicht von Menschenhirnen berechenbar!" Erst, wenn die Mysterien keine mehr sind, werden wir alle in der Lage sein, unser Leben als das zu begreifen, was es ist: „Ein unendliches und freies Liebesspiel des Schöpfers."

in der Praxis

Das freie Liebesspiel des Schöpfers

Jeder Mensch ist Schöpfer seines eigenen Lebens. Die Wahlen, die wir treffen, sind größtenteils fremdbestimmt, da wir von unseren Vorfahren unser Gedankengut geerbt haben.

Trotzdem liegt es an uns selbst, wie wir uns in dieser Welt bewegen und auch bewegen wollen. Wir können uns dafür entscheiden, übernommenes Gedankengut zu leben, oder wir können uns davon auch befreien und neue Wege gehen.

Wir können uns in jeder Sekunde unseres Lebens für neue Wahlmöglichkeiten entscheiden oder uns auch weiterhin mit alten Einstellungen und Ärgernissen quälen.

Wir dürfen wählen! Und das ist hier der entscheidende Punkt, der uns immer wieder neue Erkenntnisse liefert.

Die geistige Welt hilft uns

Die zunehmenden Energien konfrontieren uns mit vielen Problemen. Die geistige Welt hilft uns: Sie schenkt uns Licht, Liebe und eine sehr große Bandbreite an Wahlmöglichkeiten, die wir nutzen können. Wir benötigen Vertrauen zu uns selbst, um uns positiv verändern zu können.

Die geistige Welt kann uns ermuntern und Hinweise liefern, aber handeln kann sie nicht für uns. Die Auseinandersetzung mit der geistigen Welt ist nicht nur für Esoteriker wichtig, sondern hilft im Allgemeinen mit, die Lebendigkeit und das Leben als Energie verstehen zu lernen. Das Verständnis für die unsichtbaren Energien bewirkt, dass wir uns immer mehr von Materie loslösen können.

Die innere Alchemie ist ein metaphysischer Sprung in das, was als Glauben bezeichnet wird.

Innere Alchemie ist ein metaphysischer Sprung, der auch als Glauben bezeichnet wird.

Dadurch werden nutzlose Glaubenssysteme und Wahrnehmungsweisen überflüssig und lösen sich auf. Destruktive Energien verwandeln sich in konstruktive Lebens-Energien. Ärger und Hass verwandeln sich in Liebe. Sexualität und Besitzgier verwandeln sich in Sensibilität und Freiheit usw. Die Alchemie und ihre Gesetze sind dem Menschen nur insofern ein Rätsel, da ihm seine verschiedenen Bewusstseinszustände selbst ver-

„Sind wir offen für positive Veränderungen?"

Alles ist Schwingung und Information

Unsere Welt, das Universum, unser Leben, alles ist Schwingung und Information. Schwingungen begleiten uns, ob bewusst oder unbewusst bei Farben, Formen und Klängen aller Art. Die unsichtbaren Strukturen, die Schwingungen darstellen, sind ineinander verwoben und stehen miteinander in Verbindung. Harmonie und Ordnung ist auch: „Ein sinnvolles, in Proportionen zueinander Gefügtes." Die Ordnung lässt sich z.B. über Musik begreifen. Viele fühlen die Beseelung, die manche Musikstücke ausstrahlen. Musik kann heilend wirken, wie beispielsweise Musik von Mozart oder Beethoven. Harmonische Klänge bewirken Ruhe und vor allem das Gefühl von „In Einklang sein". Kühe, die im Stall Mozart oder Beethoven hören, geben mehr Milch! Die Polarität in der Welt der Schwingungen ist ein Spannungsfeld, das sich im geordneten Ur-Zyklus harmonisch auswirkt. Hier sind natürliche Spannungen zwischen den Polen vorhanden, die sich von selbst anziehen und sich gegenseitig auf sinnvolle Weise ergänzen.

Der Mensch versteht die Polarität als Trennung zwischen Gut und Böse, Hell und Dunkel, Kälte und Hitze oder auch männlich und weiblich. Diese vom Menschen erdachte Trennung ergibt sich aus der Spannung in den für uns nicht verinnerlichten

Strukturen, die bei den Menschen den Wechsel zwischen Liebe und Hass, Freude und Leid usw. aufzeigen. Ein tiefer Blick in die für uns verschlüsselte Welt des Kosmos ermöglicht das Aufheben der Abspaltung vom Ganzen. Die Erfahrungen, die der Mensch zwischen den Polen der Polarität sammelt, sind die Lernfelder des Menschen.

Wir kennen die vom Menschen selbst gemachte Polarität in Form vom Wechsel zwischen Liebe und Hass oder Frieden und Krieg usw. Aus diesen Konflikten heraus wünscht sich der Mensch das Absolute, die Einheit oder auch das Licht, die Liebe und Ganzheitlichkeit zu erreichen.

Das Sein oder die Schöpfung ist reines Licht. So ist der Ur-Schöpfungsgedanke die Ur-Quelle der Göttlichkeit die Liebe. In diesem Ur-Gedanken ist alles eins und nichts voneinander getrennt. Der Mensch trennt und bewertet, um sich selbst und die Welt begreifen zu lernen und die Erlösung, die Einheit wiederherstellen zu können.

Die Polarität schenkt dem Menschen die Möglichkeit, sich über beide Pole zu erfahren, um alle Anteile der Schöpfung zu verinnerlichen und über diese Verinnerlichung und der Auflösung von negativen Strukturen die Ur-Energie und Ordnung wiederherzustellen. Der Mensch bewegt sich liebend gerne in gewohnten Bahnen, seien sie auch negativer Art, denn diese sind ihm vertraut. So ergibt sich ein Spannungsfeld, ein Konflikt im Menschen, der einerseits das Licht, die Liebe wünscht, andererseits aber lieber in alten negativen Strukturen verhaftet bleibt, obwohl er diese nicht wünscht oder sogar Angst vor ihnen hat.Trotz der Angst vor Negativität ist der Mensch dazu geneigt, alles, was er noch nicht kennt, abzulehnen, zu blockieren. Die Liebe kennt der Mensch aus früheren Erfahrungen. Die Begriffe „absolute Liebe oder das Licht“ sind aber für den Menschen nicht nachvollziehbar, weil er sich als duales Wesen in dieser Welt der Polarität begreift und bewegt.

Über die Be-Wertung wird eine Trennung oder das Blockieren, in Form von Festgefahren sein, erreicht. Bewertungen bewirken eine Anhaftung. Zulassen bewirkt Auflösung!

Deshalb ist auch zu verstehen, weshalb der Mensch Neues anzweifelt. Neues und vor allem Gutes kann als solches nicht erkannt werden, solange der Einzelne das Gute aus seinem Leben auszuschließen vermag. Die Geheimnisse aller Mysterien sind über das eigene Bewusstsein aufzulösen.

Licht und Liebe sind erreichbare Ziele, die uns alle angehen, um ein paradiesisches Leben in Erfüllung und in Einklang mit dem Kosmos zu erleben.

Der Stein des Anstoßes

Einer meiner glücklichsten Momente im Leben war jener, als ich den richtigen Energieträger mit seinem Ur-Code fand, der einerseits die hohe Lichtschwingungsenergie aufweist, andererseits auch die hohe, harmonische Lebensenergie stabil trägt, um sie kontinuierlich und langlebig weitergeben zu können.

ewigkeit

göttliche funken
immerwährend – pulsierend – liebend
gottes liebende hand sei immer dir gereicht

VollHarmonische
... einer gesunden Umwelt zuliebe!

Kraftstoffe

VollHarmonische Kraftstoffe

- VollHarmonische Kraftstoffe sind energetisch veränderte Kraftstoffe
- Durch den Energieumschwung ändern Kraftstoffe ihre Schwingungsrichtung. Normale Kraftstoffe sind linksdrehend. VollHarmonische Kraftstoffe sind rechtsdrehend
- Die Eliminierung der aggressiven Frequenzen und die Erhöhung der Energie auf +17.500 BE ist ein Beitrag für den Anstieg der hohen Lichtschwingungsenergie und der positiven Information 101 in der Atmosphäre. Die Lichtschwingungsenergie der Quinta Essentia verwandelt auch hier schädigende Umwelteinflüsse und hilft dabei mit, die natürliche Ozonschicht wieder zu heilen
- Je nach Höhe der Eliminierung schädigender Beeinflusser, kann der positive Umwandlungsprozess (der für uns so wichtigen und lebensfunktionellen Bereiche) vorangetrieben werden.

  Besonders der heutige saure Regen und die dadurch schädigende Belastung für Flora und Fauna, der Erde (Äcker) selbst usw., sind in diesen positiven Kreislauf miteingeschlossen

Diesel, Benzin, Heizöl, Kerosin und andere Kraftstoffe, können wie der Strom und das Wasser von ihren negativen Frequenzbegleitern befreit werden.

Die Umwandlung der Polarität und Rückinformierung mit dem Ur-Code löst gasförmige Komplexe auf, die den wetterbildenden Charakter der Atmosphäre und den Niederschlag bedingen.

Meine Idee, Kraftstoffe wie Diesel, Benzin, Heizöl, Kerosin zu energetisieren

Aus vielen Gründen glaubte ich, auf diesem Gebiet eine totale Nebensächlichkeit im Auge zu habe, bis zu dem Zeitpunkt, an dem ich Dr. Reich und Orgonenergie in der Atmosphäre näher betrachtete. Wichtig war für mich, jene Verursacher zu finden, welche die

Die B-Reaktion ist die Bezeichnung der rechtsdrehenden positiven Polarität (nach Reich). Der DOR-Zustand ist der komplette energetische Stillstand.

B-Reaktion zerstören und eine DOR-Situation, den Stillstand hervorrufen. Mein Interesse galt dem atmosphärischen Bereich mit Wasserdampf, seiner linksdrehenden Energie, in Berührung mit den vielen Einzelstoffen des Schadstoffausstoßes, welche nicht nur als saurer Regen, sondern vielmehr in unterschiedlichen, giftigen, neuen Verbindungen auf die Erde zurückfallen.

Ich begann verschiedene Auspuffabgase zu überprüfen. Ich wollte eruieren, ob Unterschiede bei den Automarken bestehen, ob Unterschiede bei den Verbrennungsmotoren oder deren Kraftstoffen auftreten, denn ich glaubte nicht daran, dass Treibgas als alleiniger Verursacher für das Ozonloch verantwortbar gemacht werden konnte. Ich erkannte mehrere Störfaktoren im Energiebereich, die das Ozon nicht nachbilden, sondern auflösen. Ich fand heraus, dass an sich zwischen Marken oder diversen Kraftstoffen keine markanten Unterschiede vorkommen. Die Lebenskraft der Atmosphäre hat sich genau so negativ verändert, wie sich auch die Energie auf der Erde verändert hat. (Wie unten, so auch oben!) Eine visionäre Vermutung (etwa 1997) von mir war: „Wenn die positive VollHarmonische Lichtenergie über die Harmonisierung der Äcker, der Gewässer, der Kraftstoffe und auch der des Stromes (inklusive aller Hoch- und Niederfrequenzen) in die Atmosphäre zurückkehrt, würde hier die Energie-Anreicherung und Informierung über die Lichtschwingung 101 bei Wasserdampf und somit auch im Niederschlag positive Auswirkungen zeigen.“

Die Lichtschwingungsinformation 101 tritt bei jeder Harmonisierung nach JFR auf.

Eine wichtige Lektion in meinem Leben war: „Den Wechselstrom beachten“!

Von der Energetisierung zur Harmonisierung

Nach einem Test, den ich bei einem Dieselkraftstoff (am 23. 1. 1999) durchführte, fand ich endlich die hohen Messwerte vor, die ich mir so sehnlichst gewunschen hatte. Der Ur-Code übertrug sich auf den Kraftstoff und wies bei allen weiteren (auch späteren) Messproben die Werte von +43.000 BE oder +12 JFR auf.

Veränderungen durch die Diesel-Harmonisierung

- Dieselkraftstoff verliert seinen Geruch
- Die Laufruhe der Motoren verändert sich, bessere Energieentfaltung im unteren Drehzahlbereich deutlich erkennbar
- Bedeutend weniger Verrußung
- Langlebigkeit der Motoren (sie laufen lockerer, auch geschmeidiger in den Reibungsbereichen) (Peugeot 309 GDR, 260.000 km bei 5 l / 100 km Verbrauch)

Die VollHarmonisierung bei Motoren

Grundsätzlich ist es ganz gleichgültig, welche Bauart von Motoren verwendet wird. Auch unnötig sind Veränderungen oder Umbauten am Fahrzeug. Das Öffnen der Motorhaube genügt!

Alle Motoren sind energetisch harmonisierbar!

- Die Wechselstromlichtmaschine wird durch einen angebrachten Impulsträger der Ur-Energie zur Strom-Harmonisierung angeregt
  Die Höhe dieser harmonischen Energie beträgt nach Bovis +17.500 BE. Eine höhere Energie zur Harmonisierung ist nicht nötig
- Die Kraftstoffzufuhrleitung wird vor der Einspritzpumpe (Vergaser) mit einer Energiemanschette umgeben, damit der Kraftstoff positiv, hochenergetisch, rechtsdrehend stabil und VollHarmonisch wird

Geruchloser Treibstoff

Als ich harmonisierten Diesel vom Tank in den Traktor einfüllte, dachte ich mir überhaupt nichts dabei, als ich meine Hände, die vom Treibstoff etwas feucht geworden waren, in meiner Jacke abwischte. Bald darauf traf ich eine alte Bekannte, die ich an meinen Händen und auch an der Jacke riechen ließ.
Sie war erstaunt darüber, keinerlei Dieselgeruch festzustellen.

- Als Unterstützung wäre das Kühlwasser ebenfalls zu harmonisieren, was eine bessere Kühlleistung bewirkt. Dadurch entstehen harmonische Prozesse, die für die negativen Energien insbesonders die größte Bedeutung haben. Der gesamte Verbrennungsraum wird durch die Kühlkanäle mit harmonisierender Energie umspült

Das Gute daran

- Treibstoff- und Ölwechseleinsparungen bei allen Fahrzeugen um bis zu 15 %
- Der hohe positive Energiezustand ist auch rundherum gegeben, wodurch eine höhere Laufruhe und harmonischere Reibungsabläufe in den bewegten Teilen erkennbar sind. Dadurch wird der Verschleiß von Drehteilen abgeschwächt, was eine längere Lebensdauer des Fahrzeuges bewirkt
- Die Teilaufhebung der magnetischen Anziehungskraft bewirkt eine leichtere Fortbewegung mit Fahrzeugen.
- Die Auspuffgase werden in energetischem Sinne positiv und schaden nicht mehr der Atmosphäre
- Vor allem Selbstversorger haben sich bereits mit dieser neuen Energetisierungsmethode angefreundet, zumal der hofeigene Acker bei der Bearbeitung mit Geräten (Traktoren usw.) und somit auch in Folge alle darauf wachsenden Pflanzen von der harmonisch einfließenden Energie profitierten

- Interessant ist vor allem die mögliche Hilfestellung bei Anwendung allgemeiner und öffentlicher Transportmittel wie Busse oder auch Flugzeuge, bei längeren Transportwegen (Import/Export) oder Freizeit- bzw. beruflichen Reisewegen
- Die Innenraumenergie steigt durch die Harmonisierung auf konstant anhaltende +17.500 BE. Selbst nach längeren Fahrten bleibt ein konstant anhaltender geistiger wie physischer Energiepegel aufrechterhalten. Die ansonsten übliche Belastung unseres Körpers und Geistes schwindet und es entstehen keine energetischen Blockaden. Wer daran gewöhnt war, von langen Reisen müde zu werden, wird sich über das neue Energieklima freuen
- Sensible Menschen verspüren ein neuartiges Fahrverhalten. Sie fühlen sich leichter und schlicht und einfach wohl
- Erfahrungsberichten zufolge ist die neue Energie des Fahrzeuges so gut, dass sie vor allem bei Campingausflügen oder Wohnwägen einen entscheidenden Vorteil bietet. Die gute Energie liefert hier hochwertige Stromqualität für die weitere Nutzung diverser an das Stromnetz des Fahrzeuges anbindbaren Geräte

Müdigkeit und Schwere sind nicht ausschließlich auf die langfristige Konzentration zurückzuführen, sondern auf die disharmonischen Energien, denen wir beim Fahren ausgesetzt sind.

Zur Ergänzung: dazugehöriger Abgastest (Tecnotest Werkstätte) unter www.quinta-essentia.cc

Die Umwandlung von giftigen Rückständen aus Industrie oder auch von Flugzeugen ist möglich!

Die

Geomantie

Die Geomantie, auch Feldstrahlenlehre, ist wie das bei uns bekanntere Feng-Shui ein uraltes Wissensgebiet. Früher einst als Wahrsagekunst bekannt, beinhaltet die Geomantie heute das Aufspüren unsichtbarer Energien auf mehreren Ebenen.

Einerseits zählt hier das Aufspüren elektromagnetischer Felder, die unter der Erdschicht verlaufen, zur Kunst der Geomantie, andererseits sind hier auch Bauweisen (beispielsweise frühere Sakralbauten) miteinbezogen. Karlsruhe ist die jüngste erbaute Stadt, die nach geomantischer Ordnung gebaut wurde. Ihr Symbol ist die Pyramide am Rathausplatz.

Bei der Qualität der unsichtbaren Energien handelt es sich nicht nur um Erdstrahlen, wie z.B. Wasseradern, sondern auch um ganz spezielle, ortsabhängige Abweichungen des Erdmagnetfeldes. Jeder Ort schwingt mit individuellen Schwingungswellen, weshalb Ort nicht gleich Ort ist! Das selbe Beispiel gilt ebenfalls für Gebäude, Gerätschaften, Pflanzen, Tiere und zuletzt auch für jeden einzelnen Menschen.

Die positive Möglichkeit der Geomantie ist das Wissen aller Beeinflusser und das (Wieder-)Herstellen von Wohlbehagen und Harmonie. Das Phänomen unterschiedlicher Energien und elektromagnetischer Felder und deren Schwingungen, auch geopathogene Störfelder genannt, ist heute noch mit keiner Messtechnik einwandfrei erfassbar. Radiästhesie, lateinisch *radius*, „Strahl“, griechisch *aisthanomai*, „empfinden“.

Die Radiästhesie ist demnach die Lehre der Strahlenfühligkeit des Menschen. Damit ist die Fähigkeit gemeint, zumeist mithilfe einer Rute oder eines anderen Instrumentes, die unsichtbaren Ausstrahlungen feinstofflicher Energien erspüren zu können. Beispielsweise von Wasseradern, Gitternetzen, Curryadern, Kraftorten usw. Praktizierende der Radiästhesie werden daher als Radiästheten, Geomanten oder auch als Rutengänger bezeichnet.

Die Feldstrahlen

Wasseradern

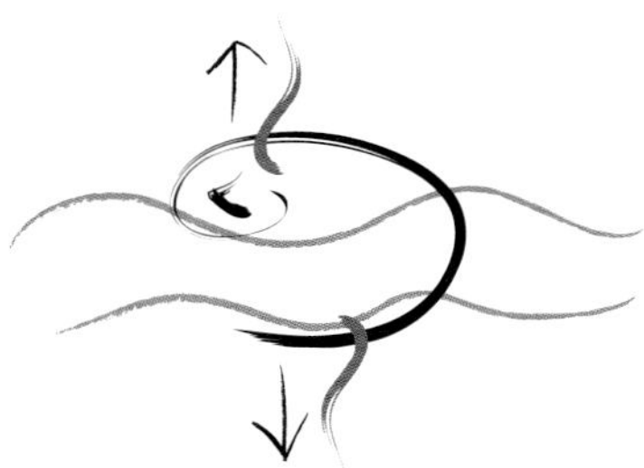

Aufsteigende oder absteigende Energien bei Wasseradern bewirken unterschiedliche Symptome und Erkrankungen.

Wasseradern bilden sich aus dem im Erdboden versickerten Regenwasser, wo es sich sammelt und schließlich in unterirdischen Strömen abfließt. Sie kommen mehr oder weniger überall vor und stellen einerseits einen natürlichen Einfluss auf unser Umfeld dar, andererseits aber wird die oberirdische Ausstrahlung der Wasserader als Irritation auf das menschliche Wohlergehen betrachtet, wobei ihr Einfluss von vielen Faktoren abhängig ist. Die meisten, etwa 80 % der Wasseradern, sind linksdrehend und laden ihre Energien ab.

Linksdrehende Energien auf einem Schlafplatz sind auf Dauer gesundheitsschädigend und schwächen das Abwehrsystem. Ein Nachteil der Leitfähigkeit des Wassers, die sich bei negativer Schwingung auch wesentlich verstärken kann, ist, dass die überwiegende Zahl dieser unterirdischen Wasseradern (die ein weit verzweigtes Netz bilden) mäßig schlechte bis starke Informationen in Fülle mittransportieren. Hier dürfen Strom, Stromleitungen, eben physikalisch hochfrequente Energien als negative Beeinflusser solcher Störfelder nicht vergessen werden.

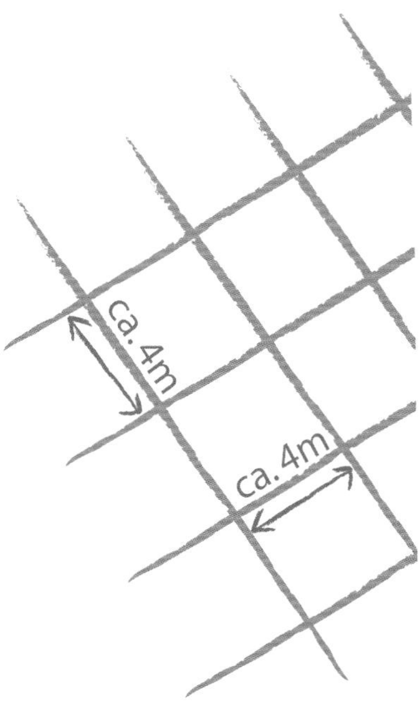

Kreuzungen

Liegt die Schlafstelle oder der Arbeitsplatz auf einer sich kreuzenden Wasserader oder auch auf einem Kreuzungspunkt eines Gitternetzes, sind diese Zonen sehr bedenklich für die Gesundheit. Auch Materialien von Gebäuden, wie z.B. Eisenträger oder Überlagerungen mit anderen Einflüssen, wie beispielsweise Verwerfungslinien und vieles mehr, führen bei längeren Aufenthalten auf Dauer zu körperlichen und oft auch psychischen Beeinträchtigungen.

Gitternetze

Gitternetze sind Strahlungsstrukturen, die sich gitterförmig über die Erdoberfläche ziehen. Es gibt verschiedene Gitternetzstrukturen, die zumeist kreuzweise verlaufen und in etwa in gleichen Abständen auftreten. Die bekanntesten Gitternetzstrukturen sind das Hartmann-Gitter (auch Globalnetzgitter genannt), das Kubensystem nach Benker oder auch das Currynetz. Die Abstände der sich kreuzenden Linien variieren je nach Gitternetzart.

Bei bestehenden Krankheiten und ständigem Kontakt mit negativen Energiewellen, schreiten Symptome unaufhaltsam immer weiter voran.

Verwerfungen

Verwerfungen sind Bruchzonen und werden auch Erdbruch genannt. Es handelt sich in der Radiästhesie um geologische Bruchlinien oder um eine Verschiebung in der Oberfläche der Erdkruste, wie z.B. Sprünge in benachbarten Gesteinsschichten oder um Höhendifferenzen im Erdschichtenaufbau.

Diese geologische Störung kann, wie eine Wasserader, bei entsprechender Intensität, die Gesundheit der darüber schlafenden oder auch arbeitenden Personen (von wenig bis sehr stark) beeinträchtigen.

Feldstrahlen umpolen

Die FeldstrahlenHarmonisierung bringt vorhandene Strahlen in einen hohen Lichtschwingungsbereich und bewirkt eine natürliche und entspannte Atmosphäre, wo sich jeder, Mensch wie Tier, erholen kann. Wer durch Strahlen im Schlaf gestört wurde, kann nun Energie tanken. Der gesundheitliche Aspekt der StrahlenHarmonisierung ist hier deutlich im Vordergrund.

Die Mutter einer Bio-Bauernfamilie über die VollHarmonisierung

Nach langer Überlegung hat sich unsere Familie für die VollHarmonisierung unseres Hofes entschieden. Inbegriffen waren hier die WasserHarmonisierung, die FeldstrahlenHarmonisierung sowie die StromHarmonisierung vor dem Zählerschrank.

Da wir im Betrieb eine Unterwasserpumpe verwenden, ließen wir auch diese harmonisieren. 1999 wurde, weil im Stallbereich mehrere Standplätze von Erdadern betroffen waren, eine FeldstrahlenHarmonisierung durchgeführt, wobei sich herausstellte, dass unser Schlafbereich ebenfalls von Erdstrahlen durchquert wurde.

Seit diesem halben Jahr hat sich bereits sehr vieles verändert. Wir sehen nun viele Entwicklungen ganz anders.

Trotz einer biologischen Wirtschaftsweise ist der Reinigungsbedarf von Giftstoffen sehr hoch.

Vor allem, dass Verluste und Krankheiten Sinn haben können. Trotz der biologischen Wirtschaftsweise (Verband Ernte seit 1987), gibt es trotzdem einen hohen Reinigungsbedarf von Vergiftungen und Blockaden im Organismus. Seit der Harmonisierung reagieren wir allgemein anders als früher. Es zeigt sich ein gefühlsmäßiges Verlangen nach unserem Trinkwasser. Durch das Trinken unseres Wassers wurde die Ausscheidung angekurbelt.

Ein kleiner Schock war der Ausbruch alter Krankheiten.

Ein kleiner Schock waren der Ausbruch alter verdrängter allergischer Krankheiten und Stoffwechselstörungen. Ekzeme, Schuppen und ein offener Fuß verunsicherten uns im ersten Moment zutiefst. Herr Reisinger vermittelte uns, wir sollten uns nicht beunruhigen, da diese Reaktionen ganz normal und vor allem heilend seien, was sich auch schließlich zeigte. Die Störungen reduzierten sich allmählich, die Hautschäden verheilten.

Seither ist die Wundheilung besser geworden, die, wie Herr Reisinger erwähnte, durch den neuen Energiepegel im Allgemeinen schneller verläuft. Eine Veränderung zeigte sich auch beim Genuss herkömmlich kaufbarer Fleischprodukte. Wir bekamen Durchfälle und das verdorbene Fleisch verließ schneller, als wir es jemals früher erlebten, wieder den Körper. Wir kaufen seither viel bewusster ein, um uns vor minderwertigen Waren zu schützen.

Interessant ist die Steigerung des Erkennungs- und Abwehrsystems, infolge von Reaktionen im Magen und Darm, bei Genuss von fremden Speisen und Getränken (Industrieprodukten).

Die Umstellung erhöhte unsere Achtung und Wertschätzung gegenüber unseren eigenen Produkten. Außerdem schmecken jetzt unsere hochwertigen Lebensmittel ganz anders. Sie sind appetitlicher, ja, voller und runder im Geschmack, weshalb wir überzeugt sind, dass hier der Energiewert (wie uns Herr Reisinger erklärte) eine große Rolle spielt. Die Kinder trinken nun auch gerne Wasser pur. Wir erfreuen uns eines besseren Appetites und das Familienleben wurde auffällig ruhiger. Bei einem meiner Söhne war (vor der Harmonisierung) fast regelmäßig (und dies bereits wöchentlich) mit Bauchschmerzen zu rechnen. Er litt an einer Entzündung der Bauchspeicheldrüse. Die Entzündung war bereits zwei Wochen nach den Harmonisierungsmaßnahmen verschwunden.

Wir fühlen uns jetzt viel ausgeglichener und vitaler als früher.

Die Entzündung der Bauchspeicheldrüse verschwand bereits nach zwei Wochen.

Auch die Rinder haben sich verändert. Ihr Haarkleid ist sauber und es glänzt mehr als früher. Was mich schon freut, ist, dass ich seither keine Parasiten mehr gefunden habe und sich die Pflegearbeit der Tiere viel einfacher gestaltet. Die Tiere trinken, wie wir, jetzt mehr und es traten seitdem keine Durchfallerkrankungen auf. Mir fiel auf, dass das Wasser an der Tränke klar bleibt und nicht wie früher, schnell zu faulen beginnt. Es gibt sicher Veränderungen, die uns noch nicht so aufgefallen sind, die sich

Wir freuen uns sehr, denn unsere Lebensmittel schmecken nicht nur bekömmlich und gesund, sie sind es auch.

aber mit der Zeit noch zeigen werden. Für mich und meine Familie sind die bereits eingetretenen Verbesserungen schon sehr wichtig gewesen. Unsere Erwartungen haben sich erfüllt und unser Wohlbefinden hat sich massiv verbessert.

Wir als Bio-Bauern haben uns immer ersehnt, gute und wirklich hochwertige Lebensmittel erzeugen zu können. Wir sind sehr zuversichtlich, dass auch andere Selbstversorger die neue Qualität solcher Bio-Produkte zu schätzen wissen werden.

Das Problem im 21. Jahrhundert sind die vielen uns umgebenden Belastungsfelder der Funktechnologie, des Wechselstroms, der geopathogenen Störzonen usw.

Der zeugungsunfähige Zuchtstier

Bei meinem Zuchtstier stellte sich heraus, dass er keine Kühe decken konnte. Das war ein sehr großer Schock!

Ich beanstandete beim Zuchtverband, dass der Stier zur Zeugung unfähig sei. Da stellte sich aber heraus dass er bei seinem Vorbesitzer erfolgreich eingesetzt worden war. Um die teuren Kosten einer Fruchtbarkeitsprüfung zu vermeiden, fiel mir ein, doch einmal den Standplatz genau zu untersuchen. Dort waren früher Kälberboxen und wir hatten immer Probleme mit Rachitis (Einknicken der Vorderbeine). Auch der Tierarzt konnte dem nicht viel beikommen. So machten wir damals aus dem schlechten Platz der Kälber einen Standplatz für die Bullenzucht. Seitdem war einige Zeit vergangen und niemand dachte mehr darüber nach, bis die Probleme mit dem Zuchtstier begannen. Ich griff zum Pendel und siehe da, eine starke Wasserader durchquerte den Bullenstand.

Räume oder Plätze, die wir Menschen oder Tiere nicht mögen, sind oft strahlenbelastet.

Zuerst harmonisierte ich die Wasserader, dann wusch ich mit meinem neuen homöopathischen Wasser +8 dreimal den Hodensack des Bullen. Binnen 14 Tagen war das Problem gelöst. Heute funktioniert alles bestens und der Stier wurde seit der Harmonisierung auch ruhiger und folgsamer.

Die energetische Qualität all unserer Berührungspunkte entscheidet darüber, über wieviel Lebensenergie wir verfügen.

Die Schlafstelle

Die dort notwendige positive Energie soll mindestens +7.500 BE, (+6) betragen. Die Schlafstelle ist von Zusatzstörungen frei zu halten, um morgens fit sein.

Durch eine VollHarmonisierung der Wohnräume entsteht eine Raumenergie von +17.500 BE und aufwärts.

Die Anpassung an höhere Energien sind üblicherweise linear. Deshalb passt sich der Mensch ganz von selbst an die Energieerhöhung an.

Die Schlafstelle benötigt Lebensenergie, um unsere Geisteshaltung zu stimulieren. Der Schlaf dient dem Menschen dazu, sich ausreichend vom Stress erholen zu können und neue Lebenskraft zu tanken. Die gute Energie des Schlafplatzes ist für alle wichtig, aber ganz besonders wichtig für Kranke, für Sensible, für Kinder oder auch für ältere Menschen, die über eine nicht so hohe Lebensenergie verfügen.

Bei der Zeugung eines Kindes beeinflussen die Informationsmuster aller vorherrschenden Energien das weitere Lebens- und Energieschwingungsbild.

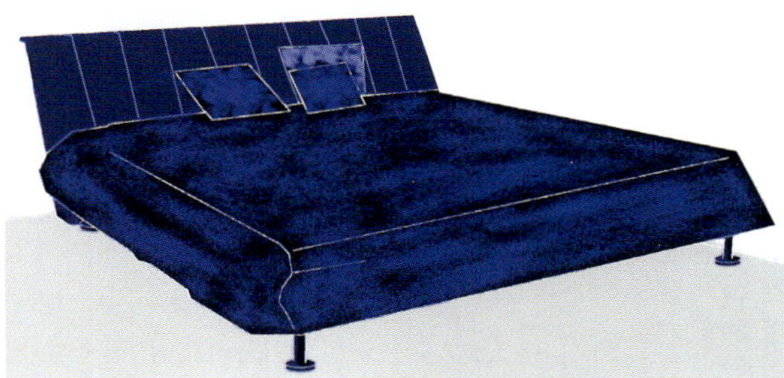

Auf Schlafstellen, die eine hohe negative Energieschwingung aufweisen, können Tumore am Fötus, zellbildende Hindernisse, wie offene Körperteile, zu weit offene Fontanelle, nicht ausgewachsener Herzmuskel, fehlende Knochenteile und andere gesundheitlichen Auswirkungen auftreten. Die vielen Erfahrungen bedeutender Wissenschafter und Radiästheten bezeugen den Zusammenhang zwischen Krankheiten und dem längeren Verweilen auf geopathogenen Störzonen.

Die Liegestatt der Pharaonen – Das Wasserbett

Aus alten Hochkulturen wie z.B. denen der Griechen und Perser, können wir durch neueste aktuelle Forschungen die wundersamsten Ideen aus Luxusleben und Heilerkunst entdecken.

Zu ihrer Zeit haben ihre Ideen eine unendliche Wirksamkeit verursacht. Diese Wirksamkeit müssen wir heute leider als überholt zurücklassen. Durch den Fortschritt in Technik und Informationsvernetzung haben wir einen Störfaktor geschaffen, der alle positiven Energieschwingungen vernichtet. Viele Benützer sind von ihrem Wasserbett begeistert, bis zu jenem Tag, wo sich die Vorteile umkehren.

Negative hochfrequente Störfaktoren machen aus dem Wasserbett ein Totenbett. Da hilft es auch nichts, wenn das Bett mit hochenergetischem Wasser gefüllt wird. Alleine der Wechselstrom, mit welchem die Heizdecke des Bettes betrieben wird, zerstört die positive Struktur energetisierten Wassers. Auch wenn die Stromzufuhr abgeschaltet wird, kann die negative Strahlung nicht eingedämmt werden. Geopathogene Störzonen erhöhen vorhandene Energien!

Gegenstände die zum Abschirmen angepriesen werden, wie Kork, XP-Platten, Pyramiden, Keramik, Kastanien usw., sind in ihrer Eigenschaft entweder giftig oder besitzen nicht nur die Fähigkeit, Strahlung abzuschirmen, sondern gleichfalls aufzunehmen. Durch das Aufnehmen vorhandener negativer Energien entsteht ein noch größeres negatives Energieschwingungsfeld und eine höhere Strahlenbelastung. Materialien wie Glas, Metall oder Steine verstärken und zerstreuen die Strahlendosen. Diverse mit Wechselstrom betriebene Geräte gegen vorherrschende Erdadern sind einerseits durch die negative Schwingung des Stromes nicht zu empfehlen und andererseits

Gegenstände laden sich mit Energien auf.
Sie strahlen diese erneut, und dann in geballter Form an die Umgebung ab.

Glas, Metall oder Steine sind extreme Energieverstärker.
Aufpassen: Auch Pyramiden verstärken die vorhandenen Energien!

Mit Wechselstrom betriebene Geräte bewirken energetische Überlagerungseffekte und schaffen somit neue Probleme!

auch deshalb nicht, da sie oftmals die vorherrschenden Energien durch andere, für uns momentan vielleicht nicht einmal fühlbare Frequenzen, überlagern. Dieser Überlagerungseffekt bewirkt, dass die Probleme der Grundenergien zwar nicht mehr erkannt werden, dafür werden neue Probleme geschaffen! Im ersten Moment kann es schon sein, dass wir kurzfristig eine Verbesserung verspüren, da ja die uns zuvor belastende Situation verändert wurde. Längerfristig aber haben wir mit einer Vermehrung negativer Energiefrequenzen zu tun!

Allgemein ungeeignete Maßnahmen zur Schlafplatzsanierung

- Der oft teure Kauf einer neuen Matratze
- Der (einst gute) Strohsack
- Das Überspannen der Liegestätte mit Lammfell, Leinen, Seide usw.
- Teure Abschirm- und Entstörungsgeräte
- Abschirm- und Entstörungsgeräte, die mit Wechselstrom betrieben werden
- Kastanienmatten, Holzplatten, XP-Platten, Styropor, Kork, Mandalas oder Symbole
- Keramik, Teller, Pyramiden, diverse Edel- und Halbedelsteine etc.

Aufpassen:

Viele Menschen glauben, Pyramiden unter dem Bett würden die Strahlen abwenden. Pyramiden verstärken vorhandene Energien. Wer noch dazu eine Pyramide aus Metall, Glas oder Steinen hat, kann sich hier über eine zusätzliche Verstärkung und Zerstreuung der Energien erfreuen.

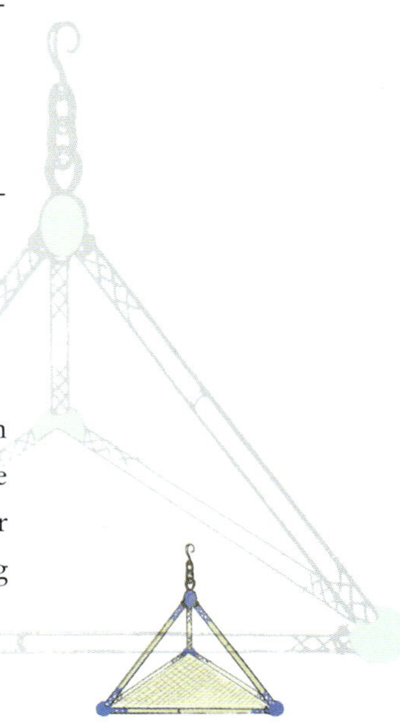

Geopathogene Störzonen fördern vorhandene Störungen wie beispielsweise Energieblockaden, Krankheiten, Missstimmung und negative Denkweise(n).

Symptome für Belastungen
im Schlaf- oder Arbeitsbereich

Um gesund zu werden oder gesund zu bleiben, ist es wichtig, alle lebenswidrigen Störfaktoren aus dem Weg zu räumen.

Eine Übersäuerung des Körpers tritt ein, wenn wir zu saure Speisen und Getränke konsumieren und nicht entgegensteuern. Auch unsere Psyche belastet den Körper. Missstimmungen können unseren Körper genauso vergiften und den sauren pH-Wert steigen lassen.

- Schlechte Laune, vorwiegend auftretend nach dem Schlaf oder nach getaner Arbeit
- Schleichende Krankheiten, die sich nicht positiv verändern
- Massive Erkrankungen sollen als Alarmzeichen angesehen werden. Sie müssen nicht unbedingt von Belastungen am Schlaf- oder Arbeitsplatz herrühren. Um sicher zu gehen, ist es dennoch sehr empfehlenswert, die Plätze, wo wir uns regelmäßig länger als eine Stunde täglich aufhalten, radiästhetisch überprüfen zu lassen. Der menschliche Körper ist sehr sensibel für negative Schwingungen jeglicher Art, aber vor allem bei schwereren Erkrankungen besonders geschwächt. Wer gesund sein will oder gesund werden will, der sollte daher auch auf sich achten!
- Nächtliche Ruhestörungen: Aus dem Bett fallen, unruhiger Schlaf, auch zu tiefer Schlaf mit gleichzeitigem Symptom des nicht Ausgeschlafenseins sind hier als Zeichen anzusehen. Wer nachts oft munter wird und nicht mehr schlafen kann, sollte dies auch als wichtigen Hinweis werten

Die VollHarmonisierung

Elektromagnetische Felder werden zur Gänze transformiert. Es entsteht ein hohes positives Raum- und Landschaftsklima ohne elektromagnetische Belastungen.

Gesundheitliche Beschwerden

Frau Anna und ihre drei Kinder litten an Schlafstörungen. Sie war aufgrund ihrer Probleme zu einem bekannten Pendler gefahren, dem nachgesagt wurde, er könne ihr helfen.

Dieser pendelte geopathogene Störzonen aus, die genau unter ihrem Bett verliefen. Die Störlinien verliefen durch die Wohnräume und geradewegs dort, wo die Betten der Kinder aufgestellt waren. An ein Umstellen der Möbel war aus Platzgründen nicht zu denken. Was konnte getan werden? Der Mann gab Frau Anna mehrere mit Symbolen bedruckte Plakate mit, die die Adern abschirmen sollten. Frau Anna probierte diese sofort aus, konnte aber keine Veränderungen zum Guten feststellen. Verzagt kaufte sie sich mehrere Bücher und suchte hier nach Lösungsmöglichkeiten. Sie kaufte sich XP-Platten, die in einem Feng-Shui-Buch für die Abschirmung beworben wurden.

Diese Platten bewirkten ebenfalls keinerlei bemerkbare Veränderungen. Als ich Frau Anna zum ersten Mal besuchte, fanden sich unter den Betten, übereinander gestapelt, eine XP-Platte, eine Korkplatte und ein Plakat mit Symbolen vor. „Das Zeug bringt wohl nichts", meinte sie. Frau Anna war gegenüber der Art, wie ich geopathogene Störzonen harmonisiere, sehr aufgeschlossen.

Zuerst überprüfte ich die Störlinien, die ich auf eine Skizze übertrug. Dann zeigte ich ihr, wo sich die Linien überkreuzten. Auf den Kreuzpunkten dieser Linien klebte ich den Geoformer mit einem kleinen Stück doppelseitigem Klebeband an der Zimmerdecke fest.

Bei Möbel am besten auf natürliches Holz umsteigen. Kanten die auf Körperteile weisen, abdecken oder abschleifen.

Beim Geoformer handelt es sich um ein harmonisiertes Holzkästchen, worin sich der Energieträger befindet. „Und das kleine Ding da kann helfen?", fragte Frau Anna skeptisch. Ich lächelte in mich hinein. Viele Menschen zweifeln an einfachen Möglichkeiten. Oftmals fehlt schlicht und einfach nötiges Hintergrundwissen, um das Natürliche in seiner Einfachheit zu begreifen.

Schließlich harmonisierte ich noch den Strom. Dieser Eingriff verblüffte Frau Anna, die mir dabei genau auf die Finger sah. Ich umwickelte mit der Harmonisierungsschleife die Stromkabel beim Sicherungskasten. „Sie werden sehen, ab jetzt wird es bergauf gehen!", sagte ich aufmunternd zum Abschied. Die Skepsis in ihrem Gesicht war dabei nicht zu übersehen. Bereits eine Woche später rief mich Frau Anna an: „Ich kann Ihnen ja gar nicht sagen, wie dankbar ich bin! Meine Kinder liegen seit der Harmonisierung nicht quer, sondern gerade im Bett! Sie schlafen ruhig, wälzen sich nicht während des Schlafes und sind am Tag besser gelaunt. Ich selbst schlafe auch sehr gut und neuerdings schlafe ich sogar ein, wenn der Fernseher läuft! Das habe ich bisher nie gekonnt.

Das Lagern von Gegenständen oder Kleidungsstücken mit Metallteilen ist im Schlafzimmer allgemein sehr ungünstig.

„Wissen sie", erklärte sie mir, „ich bin sehr sensibel. Aber seit der VollHarmonisierung weiß ich erst so richtig, wie sensibel ich auf die äußeren Störeinflüsse reagiert habe!"

Massive negative Energieverstärker sind: Spiegel, Glasflächen (aller Art), unterirdisch oder versteckt in den Wänden verlaufende Rohre oder Kabel (Leitungen aller Art!), Metallgegenstände, und Pyramiden (gleichgültig aus welchem Material sie bestehen).

Die Schlafplatz-Sanierung

Alle Geräte und Gegenstände, die im Schlafbereich gelagert, aber hier nicht gebraucht brauchbar werden – rrrrrraus!

Beispiele sind: Ziergegenstände, Spiegel, Gegenstände aus Metall, Teller, diverse technische Geräte, auch Radiowecker usw. Kleiderhaken aus Metall, moderne Kunst (auch Bilder!), Fotos, Erinnerungsstücke an Verstorbene usw., Gegenstände, die aus Platzmangel im Schlafbereich gelagert werden sind ebenfalls fehl am Platz! Auf die Farbwahl der Einrichtung (wie Bettwäsche, Tapete usw.) achten. Farben haben eine ureigene Schwingung, die den Schlaf negativ wie positiv beeinflussen können.

Rot-Orangetöne wirken aktivierend und können zu nächtlichen Störungen führen. Alle Gegenstände, die spitz sind bzw. Ecken aufweisen (z. B.: Möbel und andere diverse Einrichtungsgegenstände), geben eine punktförmige geballte Ladung an aggressiver Energie ab. Vor allem im Schlafbereich sind wir diesen Energien längerfristig ausgesetzt! Kanten bei Nachtkästen entschärfen (z. B.: abschleifen, abhobeln oder ganz einfach mit einem Tuch bedecken). Der Schlafplatz soll ein ruhiger Ort sein, wo die Gedanken abschalten und der Verstand zur Ruhe kommt. Der Mensch achtet zum Teil nicht bewusst auf Beeinflusser. Er geht ins Bett, zuvor fällt der Blick auf das Foto (womöglich auf das des verstorbenen Lieblingssohnes, Neffen, Gatten etc.). Die Gedanken, wenn auch unbewusst, laufen und lassen uns nicht zur Ruhe kommen.

Blumen sowie Vasen im Schlafzimmer vermeiden!

Eine Satellitenschüssel, die sich am Kopfende des Schlafbereiches befindet, (auch wenn sie auf der Außenmauer befestigt ist), kann zu schweren gesundheitlichen Beeinträchtigungen führen.

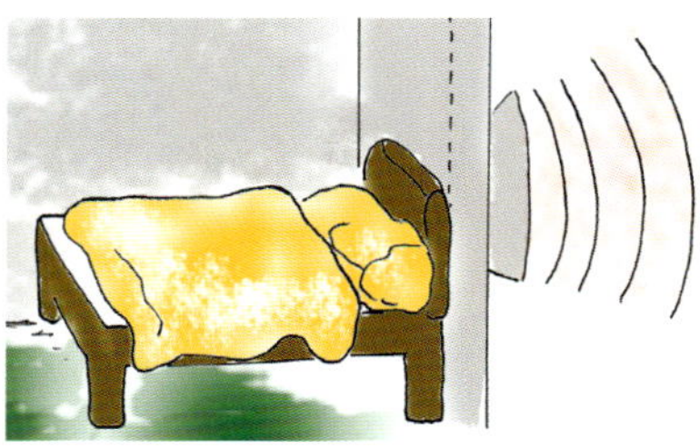

Auch Dinge die wir nicht sehen, beeinflussen uns!

Kleiderbügel aus Metall sind oft in den Kleiderschränken verstaut. Trotzdem laden sie sich mit Energie auf und strahlen diese erneut in den Raum ab. Besser: Kleiderbügel aus Holz verwenden!

Jede Tätigkeit, die geistig anregend wirkt, kann nachher den Schlaf rauben. Anregende Gespräche, Kaffee oder Alkoholkonsum, Essen oder Naschen, Filme, Literatur, Musik usw.

Veränderungen sollten stets hinterfragt werden, um die Ursachen feststellen zu können, bevor man Verbesserungen vornimmt oder gar viel Geld (oftmals umsonst) ausgibt. Das Zusammenspiel unterschiedlich einwirkender Energien und deren Berücksichtigung bedeutet, dass negative Energien wirkungsvoller und großräumiger beseitigt werden können, um sich dadurch einen positiven und vor allem harmonischen Wohnbereich zu verschaffen.

So funktioniert´s

Mit dem Anbringen eines Geoformers werden die Feldstrahlen einerseits eliminiert, andererseits wird die Raumenergie auf +17.500 BE aufgeschwungen.

Die Bezeichnung „eliminieren" ist rein symbolisch, denn bei meiner Art der StrahlenHarmonisierung werden die Strahlen nicht vernichtet, sondern verändert.

VollHarmonische Energieträger sind in der Lage die vorherrschenden Energien, auf natürliche Weise auszugleichen, um so für den Menschen eine gesunde und vitale Lebens- und Raumenergie zu erschaffen. Wichtig ist hierbei, den Strom ebenfalls umzupolen, um sämtliche Strahlenbelastungen auszuschalten.

Künstliche Strahlungsdosen bringen unsere Zellen aus ihrem natürlichen Gleichgewicht!

Übliche Störfrequenz-Beseitiger
und Überlagerer

Alle mir derzeit am Markt bekannten Möglichkeiten zur Besserung der Strahlensituation sind, wenn auch noch so hoch gepriesen, zeitlich äußerst begrenzt.

Da ich selbst auf der Suche nach stabilen Verbesserungsmöglichkeiten negativ wirkender Ausgangslagen war, überprüfte ich die angebotenen Möglichkeiten und Geräte, die zur Entstörung oder auch zur Energetisierung angeboten werden. Immer wieder kam ich zu den gleichen Ergebnissen:

- Die Vertreiber (Verkäufer) wiesen unzureichende Kenntnisse über Strahlen und Informationen auf. Die Vertreiber (Verkäufer) konnten daher auch keine folgerichtigen Maßnahmen ergreifen
- Die vom Laien erworbenen Geräte, Materialien usw. waren giftig, für Strahlen höchst aufnahmefähig und daher auch wieder ableitfähig
- Gekaufte Geräte waren nicht nur teuer in der Anschaffung, sondern stellten sich als größere Belaster dar, als die zuvor vorherrschenden negativen Frequenzen
- Manche Geräte gaben extrem hohe Energien ab, was ebenfalls wiederum zu negativen Auswirkungen führte!
- Die Veränderung der Schlafstelle konnte nicht vollzogen werden, da alle Räume belastet waren
- In manchen Fällen waren alle Punkte gleichzeitig aufzufinden!

Feinstoffliche

Wahrnehmungen

Die Wahrnehmung feinstofflicher Energien ist ein uraltes Wissensgebiet. Seitdem es Menschen auf dieser Erde gibt, ranken sich viele Geheimnisse um mysteriöse, unsichtbare Energien. Die feinstoffliche Wahrnehmung ist für manch moderne Menschen immer noch ein anzuzweifelndes Thema, weil bei diesen Menschen die eigene Wahrnehmungsfähigkeit blockiert ist. Die größten Zerstörer, die des Menschen angeborene Feinfühligkeit vernichten, sind:

Der Verstand und die Fremdbeeinflussung

Überbetonung des Verstandeswissens und Weitergabe dieses Wissens (zumeist unbewusster Programme), die von Eltern, Urgroßeltern und anderen Verwandten geistig weitervererbt werden. Die über die eigene Persönlichkeit gestülpten Meinungen und unbewussten Grundmuster führen zu Glaubensmustern, an denen nicht einmal Gott selbst rühren darf.

In den letzten Jahrhunderten, aber insbesonders in den letzten Jahrzehnten, hat sich die Radiästhesie erneut einen Namen gemacht. Die vielen Untersuchungen und übereinstimmenden Ergebnisse namhafter Forscher haben selbst Wissenschafter davon überzeugt, dass es mehr zwischen Himmel und Erde gibt, als wir oftmals mit unseren fünf Sinnen begreifen mögen. Ein Projekt (unter den vielen bislang durchgeführten Forschungen) war unter anderem ein Krankenhaus, wo alle verstorbenen Krebspatienten nachweislich auf geopathogenen Störzonen gelegen waren.

Der Mensch selbst ist der sensitivste Sensor überhaupt. Es gibt kein technisches Gerät oder Hilfsmittel, dass den Menschen ersetzen könnte!

Pendel wie Rute werden durch (oft unbewusste) Signale beeinflusst.

Menschen mit höherem Bewusstsein benötigen keine Hilfsmittel, um die Energien zu orten und sie bestimmen zu können.

Natürliche, harmonische Lebensbedingungen fördern das eigene Bewusstsein.

Ohne die ständige Arbeit des Radiästheten/der Radiästhetin an der eigenen spirituellen Entwicklung, kann keine vernünftige und hochwertige Rutenarbeit möglich sein.

Das Werkzeug des Radiästheten (z.B. Rute, Pendel usw.) ist eine Verlängerung der eigenen feinen Antennen.

Über den Radiästheten werden unbewusste Signale (Energieschwingungen) an das Werkzeug geleitet, die dort bewusstgemacht (gesehen) und abgelesen werden. Die feinstoffliche Wahrnehmung ist bei besonders feinfühligen und sensitiven Menschen auch direkt über den Körper und die Sinnesorgane möglich.

Deshalb können z.B. die Aborigines (Ureinwohner Australiens) Wasser ohne eine Wünschelrute finden. Sie verständigen sich auf beliebige Distanzen per Telepathie und geben die Himmelsrichtungen exakt und ohne Kompass an.

In der Radiästhesie gibt es **Unterschiede**

Die Qualität der Resultate unterscheiden sich je nach Reifegrad und Erfahrung der Radiästheten.

Profis, die geistig (spirituell) pendeln, arbeiten mit einem hohen ethischen Reifegrad und manche erhalten u. a. Auskünfte von jenseitigen Meistern. Da es auch den Sonderzweig „Das spiritistische Astralpendeln“ gibt, hierzu zählen das Tischrücken, die Abfrage von Glücksspielnummern, die Abfrage von Todeszeitpunkten, Unfallereignissen usw., ist die berechtigte Skepsis bei Menschen gegeben, dass es auch in der Radiästhesie die Kehrseite der Medaille gibt. Hier und gerade im metaphysischen Bereich, ist die qualitativ hochwertige Arbeit für den Laien schwer erkennbar.

Die Reproduzierbarkeit eines Versuches, d. h. die Unabhängigkeit von Person, Ort und Zeit, bei beliebiger Wiederholbarkeit war in der Radiästhesie bisher nicht gewährleistet. Das kann ab heute anders sein!

Fehlerquellen bei radiästhetischen Vergleichsmessungen

Radiästhetische Vergleichsmessungen unterscheiden sich oftmals erheblich in den Messwerten. Jetzt stellt sich die große Frage: „Wodurch werden diese Messwerte beeinflusst?"

Menschen unterscheiden sich in ihrer Eigenenergieschwingung!

Jeder Mensch hat eine andere Eigenenergie. Je nach Eigenenergieschwingung und einfließenden Störeinflüssen, wie z.B. die eigene geistige Haltung während der Messung, sind verschiedene Ergebnisse erklärbar. Die geistige Freiheit ist bedeutsam für ein zuverlässiges Resultat. Überprüfungen sind immer nötig, da jede feinstoffliche Arbeit von eigenen unbewusst laufenden Programmen irritiert und daher beeinflusst sein kann.

Nicht jeder Radiästhet ist auch ein guter Radiästhet. Wir wissen, dass es in allen Lebensbereichen, in sämtlichen Berufszweigen, unterschiedliche Qualitäten gibt.

Zuverlässige Vergleichswerte

Zuverlässige Vergleichswerte werden erreicht, wenn alle Personen vor Messungen die Eigenenergie auf dieselbe Energiehöhe anheben. Dies wird beispielsweise über das Trinken eines Glases VollHarmonischen Wassers erreicht. Wer mag, kann zusätzlich (aus Sicherheitsgründen) einen in gleicher Energiehöhe liegenden stabilen Energieträger bei sich tragen, z.B. einen VollHarmonischen Apfel. Ich wende gerne diese einfache Möglichkeit während meiner Arbeiten an, um mich zusätzlich zu stabilisieren und um ausgeglichen zu bleiben. Bei der Leitung radiästhetischer Untersuchungen führte diese Methode zu einer hohen Übereinstimmung der Vergleichswerte.

Muster und Programme laufen mit.

Seriöse Radiästheten, wie auch seriöse Heilkundige, seriöse Pendler usw., die sich in metaphysische Bereiche einbringen, sind immer wieder gefordert, sich selbst als freier Kanal zur Verfügung zu stellen.

Die Mess-Skala nach JFR

Ähnlichkeiten zur Bovis-Skala

Im Grunde ähnelt die Mess-Skala der Bovis-Skala, wobei bei null nach rechts gehend, die rechtsdrehende und positive Polarität (mit +) dargestellt, und ab null nach links gehend, die linksdrehende und negative Polarität (mit -) dargestellt wird.

Ich verwende die Bovis-Werte bei meinen Auswertungen und gleichzeitig die Bezeichnung der Polaritätsausrichtung nach Reich.

Die Polarität (nach Wilhelm Reich)

Die B-Reaktion bedeutet: rechtsdrehende Energiewelle und steht für die positive Polarität, die aufbauend und lebensfördernd wirkt.

Die T-Reaktion bedeutet: linksdrehende Energiewelle und steht für die negative Polarität, die abbauend und lebensverneinend wirkt.

B-Reaktion	T-Reaktion
natürlich	krankhaft
energiereich	energiearm
Bewegung	Stillstand
Zuversicht	Resignation
Glanz	„stumpfe" Farben
Sauerstoff (basisch)	Stickstoff (sauer)
Klarheit	Vernebelung, Dunst
Mikroorganismen, Würmer	Parasitäre Lebewesen usw.

Die Energiestufen (JFR-Werte)

Die JFR-Werte wie +3, +6, +8, usw. oder in der negativen Polarisierung -3, -6, -8, usw. zeigen eine Art der Energiestufung auf, wie sie durch die atomare Ordnung oder Unordnung entstehen und speziell bei Wasser oder auch bei Lebensmitteln vorkommen.

Stufen-Sprünge oder 0BE

Ich stellte fest, dass sich manche Energien in Stufen entwickeln. Die Sprünge zwischen 3, 6, 8, sind Zwischenenergien. Diese Zwischenenergien sind sehr beweglich und fixieren sich an den JFR-Stufen (Werten).

Der DOR-Zustand

DOR-Zustände die mit 0 BE bezeichnet sind, treten nur bei atomaren Katastrophen auf und zeigen den absoluten Stillstand an. Eine JFR-Energie von +3 kann demnach nicht auf 0 fallen, sondern springt im negativen Falle sofort auf mindestens -3.

Bei Raumenergien, Strom, niederfrequenten und hochfrequenten elektromagnetischen Energien wird durch die enorme Energiehöhe in Bovis-Einheiten gemessen.

Die Schlüssel

Die erforderlichen Schlüssel (Parameter) siehe auf Seite 118 und 119

Die Mess-Skala nach JFR

Energiewerte:

0 Stillstand

-17.000 BE dest. Wasser

-17.000 BE bis -200.000 BE
Leitungswasser (Trinkw.)

-30.000 BE
Raumenergie mit geopathogenen Störzonen

-8.000 BE bis -200.000 BE
Raumenergie mit Strom

-200.000 BE bis -420.000 BE
Raumenergie mit geopathogenen Störzonen, nieder- und hochfrequenten Strahlen und Spiegelungen (z.B.: in Büros).

-35.000 BE (unterste Grenze) bis -200.000 BE
Handys, Mobiltelefone

-400.000 BE aufwärts
Sende- und Funkanlagen (z.B. Handymasten)

Die Bovis-Einheiten
(Abkürzung: BE)

Die Radiästhesie bedient sich der Bovis-Einheiten (BE), die von dem französischen Physiker und Radiästheten Bovis (1871–1947) als Stärke der Lebens- und Lichtschwingungsenergie angegeben wurden.

Die Bovis-Werte und was sie bedeuten

Alte Holz- oder Bauernhäuser, die vor dem 19. Jahrhundert gebaut wurden, haben zwischen +13.000 BE bis +21.000 BE. Kraftorte können bis zu +75.0000 BE (und höher) erreichen. Menschen benötigen in der heutigen Zeit +13.000 BE bis +21.000 BE. Solche Werte kommen nur bei Menschen vor, die in alten Holz- und Bauernhäusern wohnen und keinen elektrischen Strom verwenden. Die meisten Werte, die heutzutage bei Menschen auftreten, bewegen sich zwischen -150.000 BE und -280.000 BE. Werden der Fernsehapparat oder der Bildschirm des Computers eingeschaltet (ohne StromHarmonisierung), verliert der Organismus langsam an Energie und gleicht sich somit der negativen Abstrahlung an. Der Übergang bei einer Angleichung an Energien verläuft fließend. Werden in einem Haushalt z.B. geopathogene Störzonen aufgelöst, so ergibt sich daraus eine Umgebungs- oder Raumenergie von +6.000 BE bis ca. +7.000 BE. Diese Werte sind leicht positiv und bereits vitalisierend oder lebensfördernd. Der gesunde Mensch in einem VollHarmonisierten Lebensfeld und bei gesunder Lebensweise weist einen Energiewert von +17.500 BE auf. Dieser Wert ist nach oben hin offen und kann sich (im positiven Sinne) auch erhöhen.

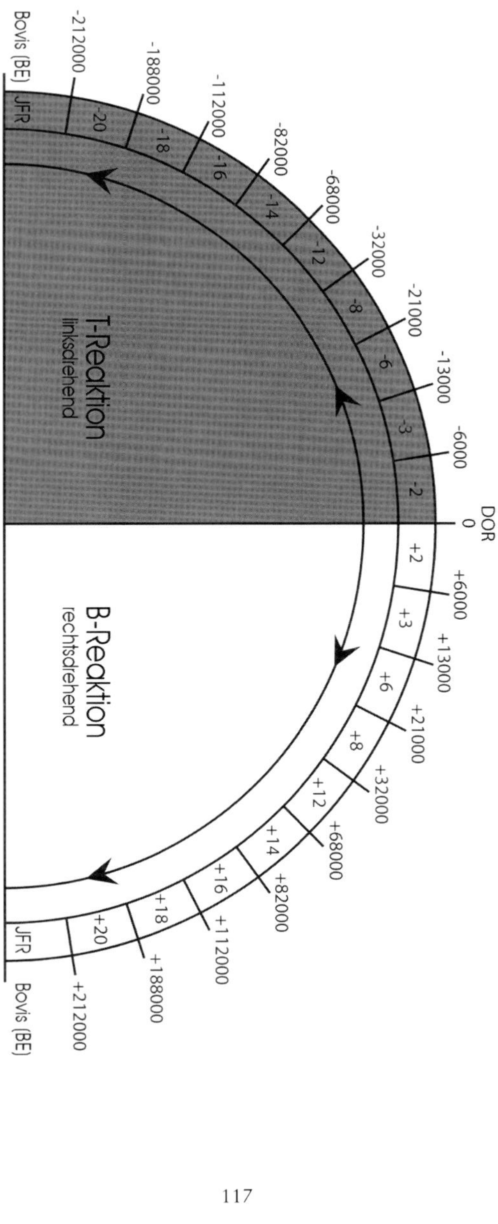

-500.000 BE
Atomkernspaltung

+1.600 BE
(bei Menschen und Tieren):
Keine Lebenskraft

+7.000 BE bis +8.000 BE
Störungsfreie Zone

+13.000 BE bis +21.000 BE
Gute (selten vorkommende) Energie bei alten Holz- und Bauernhäusern

+17.500 BE
Heilwasser von Lourdes, Raumenergie bei VollHarmonisierung, VollHarmonisches Wasser.

+21.000 BE bis+32.000 BE
Kirchen, Moscheen, Kraftorte (wo gebetet wird). Energiekorn-Wasser.

+42.000 BE
Mykernios-Pyramide

+170.000 BE
Cheops-Pyramide (Königskammer).

Die Schlüssel (Parameter) nach JFR

Schlüssel 1

Die 101 als Lichtschwingungsenergie informiert die 5 Elemente und bewirkt die Ausrichtung an Harmonie und immerwährenden Ausgleich

Schlüssel 2

Die Lebendigkeit ist für den natürlichen Fluss im Leben nötig. Die Lebendigkeit und Beweglichkeit der Quinta Essentia bewirkt eine enorme, intelligente Anpassungsfähigkeit, die für alle Abläufe nötig sind, die Harmonie aufrechtzuerhalten. Die Lebendigkeit bei Wasser zeigt z.B. dessen Tragfähigkeit von Mineralien an, die Sauerstoffbindung und auch die Entgiftungseigenschaft (Aufnahme, Transport, Reinigung und Entsorgung)

Schlüssel 3

Die Harmonie ist das harmonische Zusammenspiel aller Energiekräfte. Sind die Energiekräfte in Harmonie, bewirkt dies eine konstante, sich selbst aufrechterhaltende Struktur

Schlüssel 4

Die innere Stabilität weist auf die harmonischen, intelligenten Abläufe der Elemente untereinander hin

Schlüssel 5

Die Freiheit, sich den erforderlichen Gegebenheiten anzupassen, mit der Ausrichtung am göttlichen Ziel

Schlüssel 6

Der radiästhetische pH-Wert ist ein energetischer Wert, der nicht immer mit dem physikalischen pH-Wert konform gehen muss, aber kann. Er pendelt sich bei 7 (neutral) ein

Schlüssel 7

Die Erdung ist der Maßstab oder der Wert, der anzeigt, inwieweit sich die feinstofflichen Ebenen auf der materiellen Ebene realisieren lassen

Schlüssel 8

Die rechtsdrehende Polarität (B-Reaktion) ist der Maßstab für die natürliche Drehrichtung der Energien

Schlüssel 9

Alle Abläufe folgen dem Auftrag der Geistesenergie der Quinta Essentia. Die hohe Energie der Quinta Essentia bleibt durch die Ausrichtung an der Lichtschwingungsenergie 101 stabil aufrechterhalten. Niedrigere Energien werden laufend transformiert

Schlüssel 10

Durch die Transformation niedriger Energien verändern sich Stoffe, wie z.B. Nitrate, Schwermetalle, Pestizide, Bakterien und Keime, oder auch radioaktive Belastungen werden neutralisiert. Vor allem sind diese Stoffe auf energetischer und informativer Ebene veränderbar und der göttlichen Ur-Ordnung gemäß harmonisierbar

Schlüssel 11

Die Offenheit für höhere (göttliche) Lichtschwingungsenergien und die Freiheit, sich an der göttlichen Schöpferordnung (nach oben hin) auszurichten

Die angegebenen Schlüssel und Parameter beziehen sich auf die zu erreichbaren Werte der VollHarmonisierung.

Die neue Art der

Harmonisierung

Die FeldstrahlenHarmonisierung

Die FeldstrahlenHarmonisierung ist die Bezeichnung für das Aufspüren negativ wirkender Energien aus dem Erdbereich und deren Umwandlung auf eine schonende und unschädliche Weise. Zugleich wird die Energie des ganzen Wohnraumes auf +17.500 BE angehoben.

Die FeldstrahlenHarmonisierung ist ***kein*** Abschirmverfahren!

Durch das Ausmessen von Störzonen und Energielinien werden die sich kreuzenden Punkte ermittelt und ein Geoformer angebracht. Der Geoformer ist ein kleines, aus Holz angefertigtes Kästchen, wo der Energieträger inne liegt. (Kann an der Raumdecke befestigt werden, wo er nicht im unmittelbaren Sichtbereich ist. Platzbedarf ca. 5 x 8 cm.) Er wandelt Energien um, wodurch eine rechtsdrehende Schwingungswelle entsteht, die ganz natürlich auf alle Lebewesen wirkt.

Die Raumenergie wird ruhig und harmonisch, weshalb sich auch der Name VollHarmonisch davon ableitet. Die FeldstrahlenHarmonisierung ist ein einzigartiges neuartiges Verfahren, die Feldstrahlen umzuwandeln. Geopathogene Störzonen werden so zur Gänze aufgelöst.

Kein Möbelrücken mehr, keine Abschirmmaterialen sind nötig. Die Energie ist stabil und wirkt auf anliegende Nebenräume harmonisierend. Jede FeldstrahlenHarmonisierung wird regelmäßig überprüft, um eventuelle Veränderungen im Erdinneren korrigieren zu können. Wandernde Wasseradern oder Veränderungen in der Erdkruste sind stets zu berücksichtigen, um eine konstant aufrechterhaltende Umwandlung der Energien zu gewährleisten.

Die FeldstrahlenHarmonisierung wirkt auf den gesamten Wohnbereich ein. Das bedeutet, dass ein Haushalt zur Gänze von Feldstrahlen befreit wird und somit die gesamte Wohnung, das Einfamilienhaus oder der Stall usw., von der neuen und harmonischen Energie profitieren.
Regelmäßige Nachprüfungen gewährleisten die Aufrechterhaltung des Schutzes.

Schlafprobleme

Frau Huber klagte über massive Einschlafschwierigkeiten. „Ich liege oft stundenlange wach im Bett und kann nicht richtig abschalten. Komisch ist, dass mir überhaupt nicht bewusst wäre, dass ich bestimmten Gedanken nachhänge." Nach der VollHarmonisierung, die eine FeldstrahlenHarmonisierung beinhält, kam die überraschende Wende. „Ich schlafe wie ein Baby!", strahlte die junge Frau voller Freude. „Ich kann es gar nicht fassen, aber seit der Harmonisierung schlafe ich schnell ein und fühle mich seitdem viel frischer!"

Herkömmlicher Wechselstrom wirkt sich auf die Lagerung von Lebensmitteln negativ aus.

Die Sanierung von Lagerräumen – Keller, Garage oder Speicher

Ein besonderes Augenmerk ist auf die Lagerräume zu lenken, worin Lebensmittel aufbewahrt werden.

Oft gehen Energielinien durch das ganze Haus oder die Wohnung. Bei Fußbodenheizungen verlaufen unterirdisch und gitternetzartig verlegte Metallrohre durch den ganzen Wohnbereich. Sie zerstreuen sämtliche Energien, zum Beispiel Strom oder hochfrequente Energien des Funks, die sich an das Metall koppeln und ein Energiechaos sondergleichen bewirken.

Verlegte Kabel sind Energieverstärker!

Im Prinzip gilt bei der Sanierung dieselbe Vorgangsweise wie bei der Schlafplatzsanierung. Angrenzende Räume, wie Keller, Garage und andere Lagerräume, sind oft Herde geballter negativer Energien, die in die Wohnräume strahlen.

Metallene Gegenstände wie Kanister, Dosen, Fahrräder, Bauteile, Werkzeuge, technische Geräte, Autos usw., laden sich mit Umgebungsenergien auf.

Alles, was nicht entfernbar ist, selbst Brenn- wie Treibstoffe und diverse Chemikalien können harmonisiert werden.

Der Tank unter dem Schlafzimmer

Maria P. klagte über starke Schlafschwierigkeiten: „Ich halte das nicht mehr aus. Ich liege vor dem Einschlafen oft noch stundenlang wach. Ich schlafe gerade mal drei bis vier Stunden lang, dann werde ich komplett müde und schwach, wieder munter. Ich wälze mich danach bis zum Morgengrauen im Bett hin und her.

In der Früh habe ich den Eindruck, dass ich schlafen könnte, aber ich muss um 7 Uhr aus dem Bett, weil ich arbeiten gehe. Am Wochenende könnte ich ja liegen bleiben, aber was nützt mir das? Da wird bei den Nachbarn regelmäßig die Musik laut aufgedreht, dass ich kein Auge mehr zu bekomme. Ich will auch nicht jammern, ich war schließlich auch einmal jung. Wenn ich wenigstens in der Nacht gut schlafen könnte!" Maria wohnt in einem Mietshaus mit 12 Parteien. Auf ihre Bitte hin untersuchte ich ihre Wohnung zuerst auf geopathogene Störzonen. Am Schlafplatz kreuzten sich zwei Adern. Auf meine Frage, ob sie gesundheitliche Probleme hätte, antwortete sie: „Ich habe oft Blasenentzündungen und leide generell seit Jahren an Unterleibsentzündungen."

Bei Bildern auf die Motivwahl achten! Hier beeinflussen Farben, Formen und Dynamik unser Gemüt.

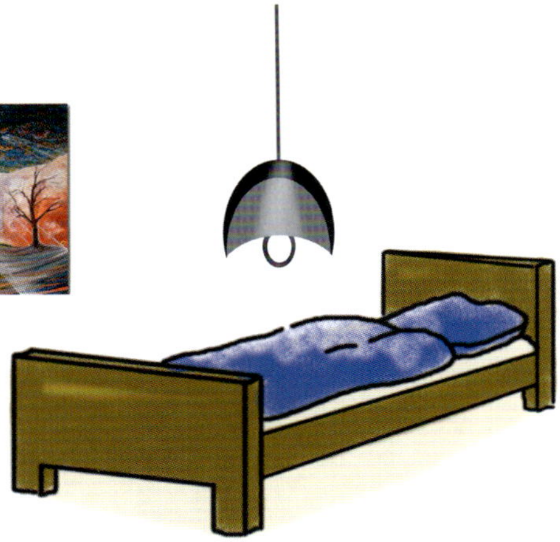

Bei der VollHarmonisierung werden die Wellenfunktionen der Elektronen insofern beeinflusst, dass sie einen Ausgleich der Störungen bewirken. Dazu wird kein zusätzliches Magnetfeld angewandt und unerwünschte Nebenwirkungen bleiben deshalb aus.

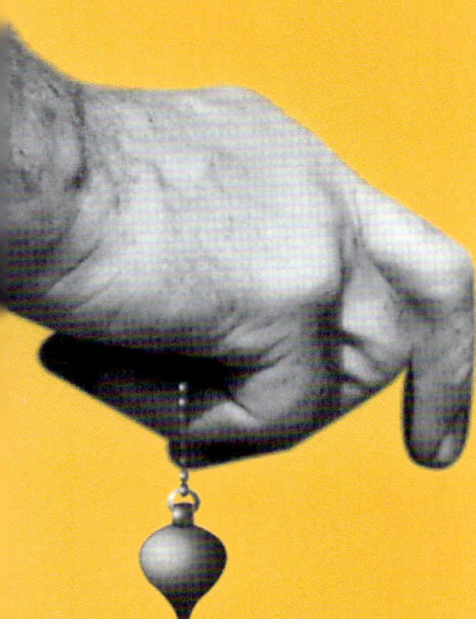

Exakt oberhalb des Strahlungskreuzes befand sich überdies eine metallene Hängelampe, die ebenfalls auf ihren Schlafplatz und auf ihren Unterleibsbereich einwirkte.
Das Schlimmste aber sollte erst kommen.

Nachdem ich die Störzone harmonisiert hatte, fragte mich Maria: „Irgendwo im Keller ist ein Heizungstank. Er wird zwar nicht mehr betrieben, aber ich frage mich, ob er auch strahlt?"

Ihre scheinbar belanglos wirkende Frage stellte sich als besonders wichtig heraus. Wir erhielten von der zuständigen Hausmeisterin den Schlüssel für den Heizungskeller und begutachteten den Tank. Es war Wahnsinn! Er war in etwa so groß wie die halbe Wohnung, in der Maria wohnte. Sein Wirkungsbereich reichte geradewegs in das Schlafzimmer hinein.

Ich harmonisierte daraufhin den Tank, harmonisierte dann den Strom in der Wohnung und schließlich auch das Leitungswasser. Nach ein paar Wochen rief ich sie an und erkundigte mich nach ihrem Befinden.

„Ich glaube, so gut habe ich hier überhaupt noch nie geschlafen! Sogar am Wochenende, in der Früh schlafe ich, obwohl die Nachbarn wie sonst auch, die Musik laut aufdrehen. Ich hör's jetzt auf jeden Fall nicht mehr!"

Im Wohn-, Schlaf-, Arbeitsbereich
unbedingt vermeiden

- Bausünden mit hochverstrahlten Bauelementen vermeiden (z.B. in elektrischen vollautomatischen Durchlauföfen hergestellte Ziegel; Armierungen mit Betoneisen; Glas; Stahlkonstruktionen und Isoliermaterialien)
- Vorsicht: Isolier-Materialien, Schaumstoffe bei Dachausbau bis -40.000 BE. Natürliche Schafwolle verwenden! Sie weist einen Energiepegel von +2.000 BE auf, was noch verbessert werden kann
- Möbel, Ziergegenstände, Spiegel, konisch geformte Elemente, Pyramiden: Sie alle können, und das oft um ein Vielfaches verstärkt, negative Strahlen verbreiten
- Auch sind nicht alle Blumen für die Wohnung geeignet. Es gibt Verbesserer im guten Sinn: Grünlilie, Efeuarten, Topfrosen, Kakteen usw. Es gibt aber auch so genannte Verschlechterer, wie Gummibaum, Bonsai oder Pflanzen mit spitzen Blättern
- Sat-Anlage/n, Handys, Funkgeräte allgemein, Schnurlos-Telefone, Mobil-Telefone, Mikrowellenherde, Babyfone nach dem DECT-Standard, Wireless LAN, Bluetooth, Computer, TV und Bildschirme
- Diverse Beleuchtungskörper, wie Halogen- oder Energiesparlampen, Neonröhren usw. Keine Lampe über dem Schlafplatz!
- Heizungssysteme, insbesonders Fußbodenheizungen, denn sie transportieren Strahlungsenergien kreuz und quer durch die Räume
- Elektrisch betriebene Geräte. Z.B. Bräunungsgeräte, Geräte, die angeblich die Strahlen mindern, usw. Hier gilt der Grundsatz: „Je weniger, desto besser!"

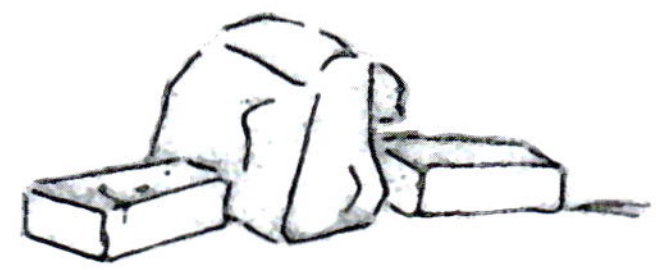

Hübsche Kristalle am Fenster oder neben dem Bett? Sie verstärken alle vorhandenen Energien!

Energiesparlampen verdienen ihren Namen zu Recht! Sie (sparen) entziehen dem Menschen Energie! Das selbe gilt für Neonröhren! Die gute alte Glühbirne ist kein Elektrosmog-Verursacher!

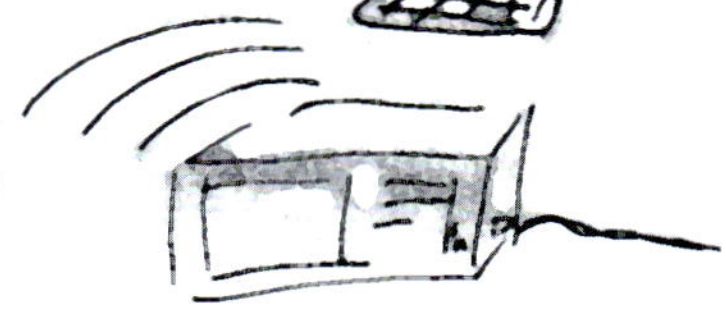

Mein erster Kontakt mit Dr. Walter Medinger ☺

Ich ging, aus persönlichen Interesse für die Umwelt, zum Magistrat Linz, wo ich Herrn Dr. Walter Medinger antraf. In seinem Büro hingen farbige Grafiken, die sofort mein Interesse weckten. Nachdem wir uns eine geraume Zeit unterhalten hatten, ich ihm über meine Person und Gaben erzählt hatte, fragte er mich, ob ich wisse, welche Bedeutung die Grafiken haben könnten. Daraufhin gab er mir eine Grafik, die ich eingehend studierte. Ich fühlte mich wie auf dem Prüfstand. Nach einer schweißtreibenden halben Stunde war ich mir der Bedeutung bewusst geworden.

Ich erklärte Herrn Medinger, wie die Farben in ihrer Art der Energie und wie die Höhenlinien verlaufenden Abgrenzungen der Energien sich darstellen. Dies verblüffte den Wissenschafter, der für die Erklärung seiner Grafiken extra einen Radiästheten aus England herangezogen hatte, denn meine Wahrnehmungen stimmten exakt mit den Aussagen dieses Radiästheten überein.

Das Feldkohärenzmusterverfahren ist ein patentiertes Verfahren nach Dr. Walter Medinger, das feinstoffliche Energieveränderungen in grafischer Form darzustellen vermag.

Magnetfeldmessungen zeigen subtile Effekte

In seiner Zeit als Leiter des Linzer Amtes für Natur- und Umweltschutz empfing Walter Medinger die Anregung, subtile Umorganisationseffekte im Magnetfeld messtechnisch zu erfassen und auszuwerten. Ausgehend vom Werk pionierhafter Vorgänger wie des Biophysikers Ludger Mersmann, entwickelte Walter Medinger, beginnend ab 2002, ein Messverfahren, das biologisch störende oder harmonisierende Einflüsse in magnetischen Feldern hinlänglich genau anzeigt (FKM = Feldkohärenzmuster). Dazu wird eine besondere mathematische Auswertetechnik angewandt, die Störstellen gleichsam wie in einem Röntgenbild darstellbar macht und ihre exakte Quantifizierung ermöglicht (FGD = Feldgradientendivergenz). Mittlerweile wurden in zahlreichen Seminaren Messpartner des IIREC (Internationales Instituts für EMV*-Forschung) in dieser Technik ausgebildet und praktizieren sie unter anderem bei der Vermessung von Schlaf- und Arbeitsplätzen. Ein im Internet angebotenes Messportal ermöglicht eine standardisierte Auswertung und Beurteilung der Messergebnisse.

*EMV = Elektro-Magnetische-Verträglichkeit

Die FeldstrahlenHarmonisierung

Magistrat Linz, technisches Büro für Schutz und Umwelt, Dr. Walter Medinger, am 8. Juli 2003.

Die gemeinsame Arbeit nach dem Messverfahren „Feldkohärenzmus-ter“, sowie, radiästhetische Mess- und Datenwiedergabe nach meinen Messkriterien, zeigten übereinstimmende energetische Einfluss- und Wirkungsbereiche an. Die Grafik a) wurde vor, Grafik b) nach der FeldstrahlenHarmonisierung gemacht.

In den voneinander sich abgrenzenden Energiebereichen zeigen sich in verschiedener Dichte und Breite zueinander stehende Energiebänder, die sowohl positive und negative als auch harmonische und disharmonische Einwirkungsbereiche aufweisen.

Je stärker der negative Einfluss (durch herkömmlichen Wechselstrom) ist, wird dies durch rote Felder (verschiedener Ausbreitung) im Feldkohärenzmuster sichtbar gemacht. In Grafik b) sind sichtbare Veränderungen (größere blaue Felder) zu erkennen, die mit positiven Bereichen in Berührung sind (grüne Felder), welche wiederum an neutrale gelbe Felder angrenzen.

Zur Feldkohärenzmusterbildmessung wurde der Kreuzungspunkt mit einem Geoformer der Stärke +6 harmonisiert. Zum 2. Prüfbefund wurde auch der Strom für CD (Computer) harmonisiert.

Die StromHarmonisierung des Gesamtgebäudes (Hauptstromzufuhr) würde zu einer weiteren Verbesserung der Raumenergie führen.

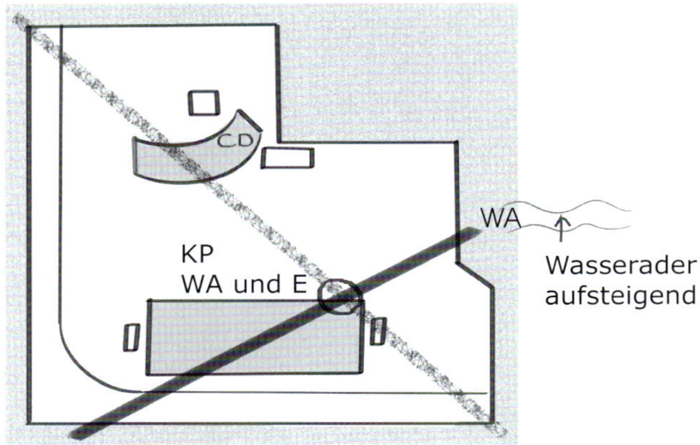

Büro: Walter Medinger

Kreuzungspunkt (KP)
Wasserader aufsteigend, mit Erdlinie (E)

WA vorher	-10.500 BE linksdrehend
WA nachher	+3.000 BE rechtsdrehend
E vorher	-12.000 BE
E nachher	+4.000 BE

Raumenergie

vorher	-96.000 BE, -87 Harmonie
nachher	+3.000 BE, +60 Harmonie

Die Grafiken (Feldkohärenzmuster)

Die Abbildungen zeigen farblich abgestuft gemessene Werte der magnetischen Flussdichte in vertikaler Richtung, angegeben in der Einheit Mikrotesla (μT). Die Linien verbinden errechnete Punkte gleicher vertikaler Flussdichte. Wo diese Linien eng beisammen liegen, besitzt die Messgröße in physikalischer Sprache einen starken Gradienten (vergleichbar einem Steilhang im Gelände). Daneben liegen manchmal Bereiche mit sehr geringen Gradienten. Die Übergänge zwischen solchen unterschiedlichen Bereichen (die Physik spricht von einer Divergenz des Feldgradienten) können biologische Reizwirkung ausüben. Die Messungen wurden an Stellen in Medingers Büro mit stark gestörtem Magnetfeld durchgeführt. Auch nichtmagnetische Energieträger (in physikalischer Sprache: Informationsträger) zeigten Einflüsse auf die räumliche Struktur des Magnetfeldes, ohne dessen Stärke insgesamt maßgeblich zu verändern.

Prüffelder: Büro Neues Rathaus Linz Zimmer 1115, am 8. 7. 2003

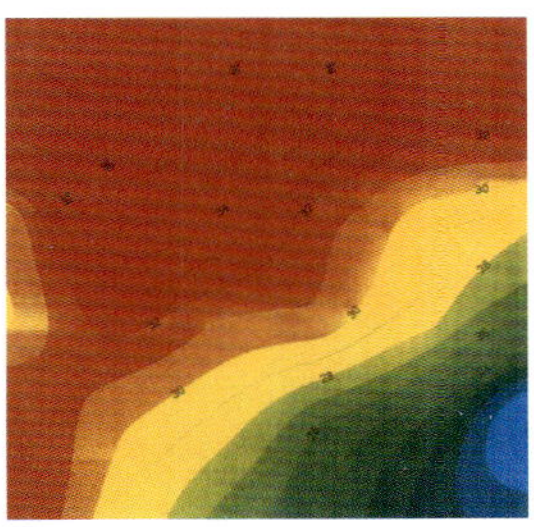

a) Vor der Harmonisierung

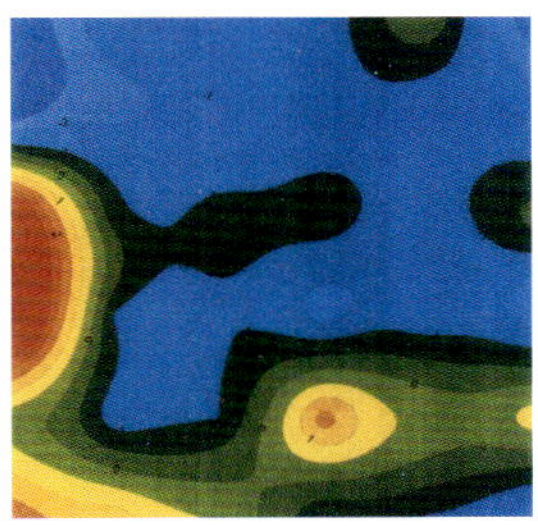

b) Nach der Harmonisierung

Die Farben der Grafiken

Rot: Negative Energiekonzentration, in Höhenlinien verschiedener Ausbreitung sichtbar.
Gelb: Neutrale Pufferzone. Starke Einwirkungszone mit hoher Dichte und verschiedener Ausbreitung.
Grün: Bereits etwas positiv beeinflusste Zone mit verschiedener Dichte und Ausbreitung (sichtbare Unregelmäßigkeit).
Blau: Harmonische, höhere, der Ur-Energie und göttlichen Ordnung sehr nahestehende Energieräume (Punkte).

Infos zum Feldkohärenzmusterverfahren: www.iirec.at

Sensibilität ist ein Vorteil, da sie uns Hinweise auf Verborgenes liefert.

Empfindsamkeit ist eine besondere Stärke. Jeder, der mit feinstofflichen Energien arbeitet, ist gleichzeitig auch besonders sensibel.

Besser empfindsam sein, als **nichts zu fühlen**

Wer empfindsam und sensibel auf Störungen reagiert, hat einen Vorteil: Er kann sich bewusst machen, was störend ist und sich dagegen schützen. Derjenige, der nichtsahnend auch nicht sofort etwas fühlt, kann jahrelang negativen Strahlen ausgesetzt sein und irgendwann kommt dann einmal das böse Erwachen. Meine Devise ist daher: Besser empfindsam sein, einen Liegeplatz nicht auszuhalten und daraufhin sofort Maßnahmen zu setzen, als: „Ich spüre ja eh nichts, demnach ist da auch nichts!"

Mein Heim, **mein Reich**?

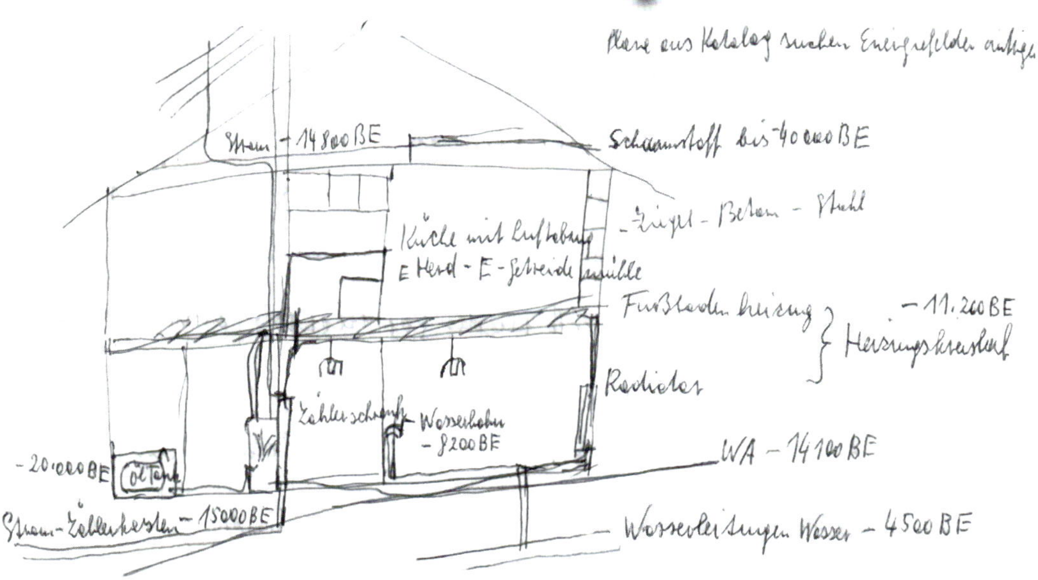

Beispiel: Einfamilienhaus
Die Belastungsfaktoren

- Heizungswasser für die Fußbodenheizung: -23.500 BE. Das in den Rohren geführte und als Wärmeträger verwendete Heizwasser kommt mit negativ belasteten Strahlungszonen, wie Stromleitungen, Umwälzpumpe, Ventilsteuerungen in Berührung und in den Wohnbereich.
  Diese Energien kreuzen sich, tauschen negative Energien untereinander aus und verteilen sich im Wohnbereich
- Strom-Zählerkasten: -15.000 BE
- Angrenzend eine Autogarage mit darin befindlichem Öltank (erhöhte Geruchsbelästigung), sehr heftige Ausstrahlungen in die Wohnräume: -20.000 BE
- Radiator: Strombelastung -14.800 BE
- Trinkwasser bei Wasserhahn neben dem Zählerschrank: -8.200 BE
- Wasserleitungen allgemein: -4.500 BE

Bei diesem Wohnhaus waren weitere negative Belastungen, wie Hochspannungsleitungen, funkbetriebene Geräte (eine Satellitenschüssel), ein Computer, Telefonleitungen und eine Wasserader vorhanden.

In einem Schlafraum befand sich ein moderner Spiegelschrank. Die Bewohner litten unter Beschwerden wie Ohrensausen und hatten viele schlaflose Nächte erlebt. Auch fanden sich belastende Baumaterialien aus der Wärmedämmung, den Ziegeln, Klebern, Verputzen und bei Möbeln vor.

Einzelmaßnahmen hätten hier den Zweck verfehlt!

Bei VollHarmonisierungen ist auf die Einbeziehung „aller" Lebensräume zu achten, um zu besten Resultaten zu gelangen.

Öltanks, auch leere Tanks, wirken besonders belastend auf Menschen.

Beim Bau eines Hauses ist darauf zu achten, dass die Schlafstelle nicht neben oder oberhalb von Lagerräumen, Garagen oder Heizkeller usw. angelegt wird.

Die allgemeine Trinkwasserbelastung „heute" ist mit dem hier angeführten Beispiel Einfamilienhaus, nicht mehr vergleichbar. Durch den drastischen Anstieg der Belastungen, vor allem durch die Strahlen der Funktechnologie, sind die Negativwerte ums x-fache gestiegen.

Spiegel oder Gläser sind aus Schlafräumen unbedingt zu entfernen, weil sie unnötig Energie herbeiführen und der Ruhe und dem Schlafbedürfnis entgegenwirken.

Die Strom- und Feldstrahlen-Harmonisierung sind zuverlässige Harmonisierer des Eigenheimes.

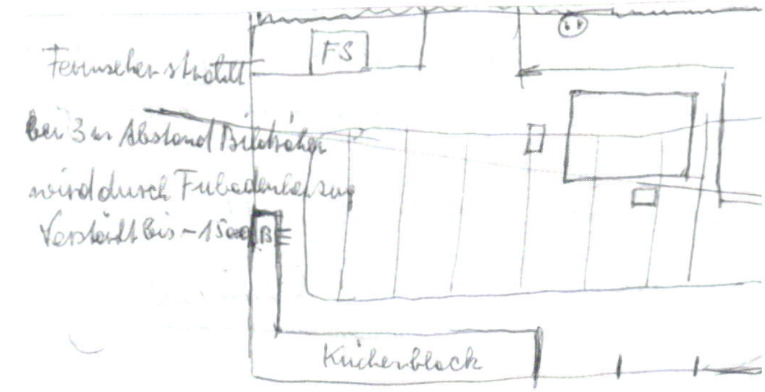

Hier ist der Essplatz durch die Fußbodenheizung massiv belastet. Weitere Elektrosmog-Belaster in der Küche sind der Fernseher, der Elektro-Herd und alle mit Wechselstrom betriebenen Geräte. Sowohl die Wasserader als auch die Fußbodenheizung, genauso die zahlreich verlegten Stromkabel, zerstreuen die negativen Energien im ganzen Wohnbereich.

Harmonisierung von
Zentral- & Fußbodenheizung

Wie schon bei der FeldstrahlenHarmonisierung erwähnt, ist es bei der VollHarmonisierung wichtig, die Heizungsanlagen mit einzubeziehen. Energetisch betrachtet ist eine alte Holzheizung am gesündesten. Bei elektrischen Heizungen ist die negative Strahlungsenergie nur auf den Stromfluss zurückzuführen. Wird dieser unterbrochen, so entstrahlen sich die verwendeten Geräte (Fernseher strahlen sehr lange nach). Die Höhe der negativen Strahlung, auch Elektrosmog, reicht bei elektrischen Heizungen von -14.000 BE bis -18.000 BE. Hier gibt es Unterschiede, die sich durch Materialien und durch verschiedene Konstruktionen ergeben. Die angegebenen Werte beziehen sich auf Strahler, Radiatoren und Speicheröfen.

Bei der Zentralheizungsanlage **gibt es zwei Typen**

Heizkörper und Fußbodenheizungen

Heizkörper bringen keine ganzflächige Feldstrahlung, können aber negative Informationen von Erdstrahlen und Wasseradern mitführen. Die Höhe solcher negativen Abstrahlungen liegt zwischen 0 und -27.000 BE. Fußbodenheizungen strahlen ganzflächig und zerstreuen die Strahlen ums x-fache, die dann die Menschen enorm belasten. Metallene Rohre oder auch Kabel ziehen Energien an und verstärken diese! Fußbodenheizungen können ermüden und zum Anschwellen der Füße (Beine) beitragen.

Kakteen sind optimale Energieverbesserer!

Die Höhe negativer Energien **ergeben sich durch**

- Störfelder, die die Energie im Heizwasser zerstörenden negativen Energiezustand des Wassers
- Zusatzstoffe wie Frostschutz, Rostschutz usw.
- Umlaufpumpen und Steuerungen, die durch den Wechselstrom das Heizungswasser belasten

Harmonisiertes Heizungswasser hält Frostschutzzusätze aus. Es ergibt sich eine spürbar bessere wohltuende Wärmeabstrahlung, weil durch den hohen Energieanstieg auch die Wärmespeicherfähigkeit im Heizungswasser steigt. Dies wirkt sich auf die Heizkosten aus und bewirkt Einsparungen bis zu 5 %. Die WasserHarmonisierung hält ohne StromHarmonisierung etwa 2 Jahre lang, ist aber dauerhaft, wenn der Elektrosmog durch eine StromHarmonisierung beseitigt ist.

Ein VollHarmonischer Privathaushalt kann sich bis zu 5 % der Heizkosten einsparen, da VollHarmonisches Wasser eine höhere Dichte und deshalb eine höhere Energietragfähigkeit aufweist. Solches Wasser speichert die Wärme besser als herkömmliches Wasser.

Das Schlafen auf einer geopathogenen Zone war für Johann insofern ein Problem, da er zwar extrem tief und gut schlief, aber nie wirklich ausgeschlafen war. Die Müdigkeit steigerte sich, je länger der junge Mann auf der gestörten Zone schlief. Nach der Harmonisierung ergaben sich neuartige Schlafstörungen. „Ich kann lange nicht einschlafen und wache in der Nacht regelmäßig auf." Im Laufe der Folgewoche ließen diese Störungen allmählich nach und hörten nach ca. 10 Tagen auf. Seither schläft Johann gut, hat keine Schlafstörungen mehr und ist am nächsten Tag fit und gut ausgeruht.

Veronikas Bett stand auf einer geopathogenen Störquelle. Die Frau litt an Schlafstörungen. Nach der Harmonisierung aber schlief sie zum ersten Mal durch. Es war sogar so, dass sie besser schlief als jemals zuvor. „Ich habe so tief geschlafen wie ein Stein." Diese Erstreaktion hielt etwa eine Woche an. Danach veränderte sich ihr Schlafverhalten. Veronika: „Ich habe das Gefühl, dass ich jetzt ganz normal schlafe. Ich schlafe ruhig, werde nicht munter und im Ganzen betrachtet, fühle ich mich einfach gut beim Schlafen, wenn man das so mit Worten erklären kann."

Hier geschieht etwas!

Eine Erstreaktion nach einer VollHarmonisierung ist eine sehr positive Reaktion, da sie aufzeigt: Hier geschieht etwas! Falls es zu einer Erhöhung von Schmerzen kommt, so bitte ich um ein wenig Geduld. Viel VollHarmonisches Wasser trinken

Vorsorgen:

Viele Menschen fühlen sich durch den ansteigenden Leistungsdruck, aber auch durch die vielen unsichtbaren Energien sehr angespannt. Im eigenen Heim kann vorgesorgt werden. Ein harmonisches Umfeld trägt zur Harmonie im Familienkreis bei. Alle Maßnahmen, die zur Harmonie beitragen, sind wichtig!

trägt dazu bei, die körpereigene Schwingung an die positive Erhöhung der Raumenergie anzupassen. Dadurch kann die Umstellung an die veränderte Raumenergie wesentlich schneller erfolgen.

Wer gesund sein will, der sollte auch seinen Haushalt von krankmachenden (giftigen) Stoffen befreien.

Chemische Belastungen im Haushalt

Giftige Stoffe sind vor allem in

• schmutzabweisenden Teppich- oder Möbelappreturen (beim Kauf nachfragen, womit sie behandelt wurden!)
• chemischen Spülmitteln, Waschmitteln, Reinigungsmitteln (alle chemischen Mittel, auch die aus der Drogerie!), Shampoos mit Farbauffrischer und Duftaromen, Nagellacken, Haarsprays, Farben, Lacken, diversen Handreinigungspasten, handelsüblichen Zahnpasten, Vitamin- und Nahrungsergänzungsmitteln, Teebeuteln, Deodorants (auch wenn sie als natürlich angepriesen werden!), Mundwasser, Kölnisch Wasser, Lotionen, Eyelinern, Augenbrauenstiften, Aftershaves, Zahnpasten, Lippenstiften, Dosen, Getränkemixzubereitungen, Schaumstoffen (Möbel, Matratzen, usw.), Teekesseln, Lockenstäben, Petroleumlampen, und in vielen Arzneimitteln (gleichgültig ob sie rezeptfrei oder mit Rezept erhalten werden).

Shampoos, Zahnpasten, Mundwasser oder Nahrungsergänzungsmittel werden über die Berührung mit VollHarmonischem Wasser neutralisiert. Natürliche Kosmetika, Reinigungsartikel usw. sind energetisch betrachtet positiv!

Natürliche Zahnpasta verwenden. Natron ist ein optimaler Zahnreiniger. Hochwertiges Salzwasser reinigt genauso vorzüglich die Zähne und wirkt zugleich desinfiszierend.

Wir können auf viele Haushalts- und Kosmetikartikel verzichten, ohne einen Mangel zu erleiden!

In Berührung

In einem VollHarmonischen Haushalt kommen Shampoos, Zahnpasten, Spülmittel usw. mit VollHarmonischem Wasser in Berührung. Chemisch hergestellte Spülmittel, Waschmittel, Reinigungsmittel und allgemeine Kosmetikartikel werden durch die Berührung mit VollHarmonischem Wasser energetisch neutralisiert.

Vor dem Hausbau bereits auf giftige Baustoffe Einfluss nehmen!

Das eigene Grundstück

Vor dem Hausbau erliegen wir bereits der Qual der Wahl: Wie soll ein Grundstück für den „Häuserlbauer“ beschaffen sein?

Vorweg ein paar Tipps

Strahlenbelastete Grundstücke sind durch Naturbeobachtungen einfach festzustellen. Ameisenbauten weisen auf Strahlenzonen hin, ganz gegensätzlich zu Schwalben und Störchen, die solche meiden!

Wer auf seinem Kamin oder am Dach des Hauses Storch- oder Schwalbennester beherbergt, darf sich daher glücklich schätzen! Tanzende Mückensäulen auf dem Baugrund? Erfahrene Radiästheten raten vom Hausbau auf solchen Grundstücken ab! Auch Bienen fühlen sich mit Strahlen sehr wohl!

Die Erfüllung eines Wunschtraums ist möglich: „VollHarmonische Häuser sind natürliche, harmonische und vor Umgebungsenergien schützende Häuser, die den Erhalt unserer Gesundheit unterstützen.“

Das private Schwimmbad – ein Biotop oder Teich

Im energiearmen Badewasser von -3 bis -6 vermehren sich Bakterien und Keime zum Quadrat. Umgekehrt verhält es sich bei energiereichem Wasser von +17.500 BE.

Badewasser kann in eine gleich hohe energetische Schwingung gebracht werden wie früher die begehrenswerte Stutenmilch. Durch die VollHarmonisierung werden Trink- und Badewasser zur labenden Energiequelle. Normalerweise können hochfrequente Strahlen von Handys die Lichtschwingungsenergie von Wasser brechen. Durch die VollHarmonisierung (Strom, Wasser und geopathogene Störfelder) ist das hauseigene Wasser handystabil und wird nach meinen langjährigen Erfahrungen nicht durch äußere Einflüsse gestört. Die hohe Stabilität des Wassers wird durch das Miteinbeziehen aller vorhandenen Störzonen und deren Eliminierung im Zuge der VollHarmonisierung erreicht. Beim Planen eines eigenen Schwimmbades, Biotops oder Teiches ist besonders wichtig, im Zuge der VollHarmonisierung den Strom für die Beheizung (oder elektrolytische Entkalkung), für etwaige Beleuchtungskörper, die Belüftung und die Umwälzpumpe miteinzubeziehen. Dadurch werden zerstörerisch wirkende Schwingungen von vornherein eliminiert. Der Effekt beim Baden ist ein weiches natürliches Badewasser und die eigene Selbstanreicherung mit hoher positiver Energie. Solches Wasser ist radiästhetisch bewertet pH-neutral und schont Haut und Schleimhäute. Das Wasser ist selbstreinigend! Deshalb siedeln sich keine Krankheitskeime, keine Bakterien, Pilze, Algen und sonstige Erreger an. Der Vorteil ist, dass Schwimmbäder, Biotope, Teiche oder auch Aquarien langfristig ohne Zusätze und Reinigung auskommen.

VollHarmonisches Badewasser:

Die hohe Stabilität und Reinheit dieses Wassers bedeutet: Öffentliche Schwimmbäder, Privatbesitzer von Biotopen etc., sparen sich erhebliche Kosten für chemische Reinigungsmittel und diverse Zusätze wie z.B. Filter! Das Wasser weist eine sehr hohe Selbstreinigungskraft auf. Der Arbeitsaufwand für die Anlagenreinigung reduziert sich auf ein Minimum. Badeseen, Teiche und Biotope veralgen nicht mehr.

Das Aquarium

Christa schwärmt: „Seitdem ich die VollHarmonisierung habe, ist das Aquarium beinahe auf unheimliche Weise lange sauber. Früher war es eine Qual für mich, die Fische raus, den Inhalt ausleiten und ...", sie stöhnte und verdrehte ihre Augen. „Ich wollte das Aquarium schon aufgeben, aber da es jetzt um kein bisschen verschmutzt, behalte ich es lieber!" Die VollHarmonisierung war etwa drei Monate vor diesem Gespräch erfolgt.

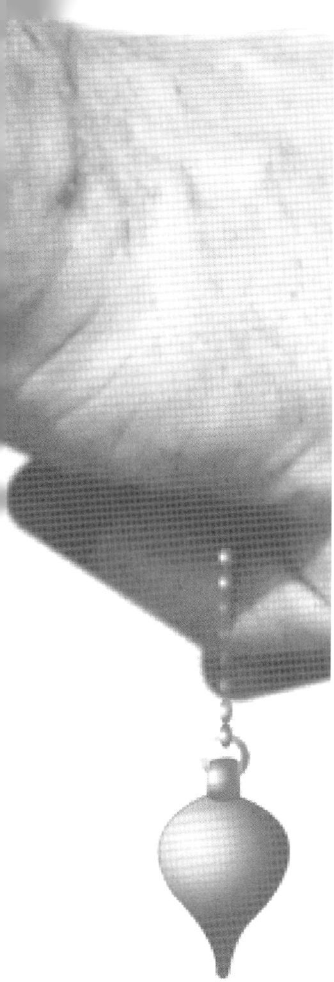

Wie kam ich zur Radiästhesie?

Die Generationen am Großmiesenbergerhof

Bereits vor mehr als 40 Jahren wurde ich durch die schweren Leiden meines Vaters, der auf die negativen Auswirkungen von Wasser- und Erdstrahlen reagierte, auf die unsichtbaren Energien aufmerksam. Ich erinnerte mich an diese Zeit zurück und verstand erst so viele Jahre später das Leben der Menschen, die hier auf dem Großmiesenbergerhof lebten und gelebt hatten. Mein Ururgroßvater, der damals nicht verehelicht, kinderlos und hoch verschuldet war, kaufte das Gut für meinen Urgroß-vater. Die Belastungen, bedingt durch den negativen Standort des Hofes, hatten fatale Folgen für die Familie gehabt. In der Folge litten alle Generationen, besonders die Kinder darunter. Einmal in einem Jahr starben 3 Kinder, eines mit einem Monat, eines mit 4 Jahren und ein weiteres Kind mit 16 Jahren. Mein Großvater litt sehr unter Rheuma und war von Schmerzen gebeugt. Meine Großmutter starb mit 33 Jahren an Tuberkulose und hinterließ ein Mädchen und einen Jungen (mein Vater). Damals gab es keine Heilmittel für diese Krankheiten. Sich den Dingen, die vor sich gingen, geduldig ergebend, weil nicht zu ändern, lag man eben von Generation zu Generation in der Kammer, wo man immer lag. Mein Großvater heiratete ein zweites Mal. Die Kinder aus dieser Ehe starben ebenfalls. Mein Großvater war des Lebens müde geworden und beendete es mit Selbstmord. Meine zweite Großmutter starb im Alter von 73 Jahren an mehreren aufeinander folgenden Herzinfarkten. Mein Vater lag noch solange in der Kammer, bis vor mehr als 40 Jahren unser damaliger Arzt keinen Rat mehr wusste. Der Arzt schickte ihn zum Pfosenbauern, einem Wasserauszeiger. Mein Vater konnte ab 1 Uhr nachts nicht mehr schlafen und es geschah ihm, als würde es ihm den gesamten Brustkorb zusammenziehen. Er litt dabei sehr unter schwerer Atemnot.

Meine Vorahnen

Hinten links: Mein Vater, daneben meine Tante.
Mitte: Mein Großvater, mein Onkel, meine Großmutter mit meiner Tante, sowie vorne noch zwei Onkel.

Nach dem Aufstehen verschwanden solche Beschwerden. So kam damals der Pfosenbauer an einem schönen Abend Ende August zu ihm. Nach einer eingehenden Untersuchung stellte er verschiedene Wasseradern fest. Diese wurden mit geweihten Kreuzen oder Sakralen abgeschirmt. An diesem Tag, wie immer ein harter Arbeitstag, schlief der Vater besonders gut.

Als dann um 3 Uhr morgens ein Gewitter kam, musste man den Vater wecken, um die noch vor der Scheune stehenden Fuhren Hafer einzufahren.

Der Vater war voll des Glücks über den guten Schlaf. Doch die Abschirmung durch den Pfosenbauern hatte nur kurz geholfen, denn nach einiger Zeit kehrten die Beschwerden wieder zurück. Schließlich legte er sich dann von der Kammer weg, in die obere Stube. Hier war die Feldstrahlenbelastung (zwar etwas geringer als in der Kammer) aber dennoch vorhanden, nur das wusste mein Vater nicht. Rheuma, Schilddrüsenoperation, Prostataleiden, Schwielenherz, dies waren die langfristigen Folgen, die ihm im Alter das Leben erschwerten.

Meine Frau und ich waren uns der Feldstrahlen nicht genug bewusst. Daher lagen auch wir weiterhin in einem Raum über jener verstrahlten Kammer.

Die Folgen wurden jedoch bald sichtbar. Zum Glück erkrankte meine Frau nicht, denn sie war sehr stabil. Unser zweiter Sohn, der im Gitterbett schlief, war immer gut eingeschlafen. Als er ein Jahr alt war, wurde er regelmäßig nach etwa einer halben Stunde wach, schrie wie am Spieß und war nicht mehr zu trösten. Es war so, als wäre er gar nicht bei sich. Er schrie ganz arg und es blieb ihm die Luft bedenklich lange weg. Wir glaubten zuerst, er wolle ins gemeinsame Bett zurück.

Die negativen Begleiterscheinungen auf unserem Hof nahmen kein Ende. Ich konnte nur noch schlafen, wenn ich mich zusammenkrümmte. Morgens erwachte ich stets schweißgebadet, müde und unendlich erschöpft.

Es währte keine lange Zeit (es war im Sommer), da hatte ich bereits Anzeichen eines Tumors (Schilddrüsenvergrößerung), begleitet von Herzrhythmusstörungen. Ein guter Freund, der Oberarzt und Chirurg war, holte mich ins Krankenhaus. Ich wurde an der Schilddrüse operiert. Eine jährliche Isotopenuntersuchung folgte und täglich musste ich 1 Tablette schlucken. Die Herzrhythmusstörungen wurden dadurch nicht weniger.

Irgendwann einmal verlegten wir unsere Schlafstelle (wiederum ohne bewusst auf die Strahlenbelastung zu achten) und mein Genesungsprozess begann. Mein Sohn schlief von da an ohne Störungen und die abendlichen Schreizeremonien blieben aus.

Als ich bemerkte, dass ich mich von Tag zu Tag besser fühlte, kam ich auf den folgerichtigen Verdacht, auf belasteten Energiefeldern gelegen zu haben und begann meine ersten Erfahrungen in der Radiästhesie zu sammeln. Schließlich entwickelte ich, in Verbindung mit meinem Interesse für die Wasseroptimierung, die FeldstrahlenHarmonisierung.

Die FeldstrahlenHarmonisierung am eigenen Hof

Unser Wohngebäude liegt auf einer Berghöhe mit Hinterland und im Untergrund sind Felsen und natürlich ist da auch Wasser.

Wir haben zwei Brunnen, die vielleicht einst mit der Absicht, die Wasseradern abzugraben, entstanden sind?

Das Wohnhaus steht auf Erlenpiloten.

Ich fand in Haus und Stall die Störquellen. Danach suchte ich die Kreuzungspunkte der Störlinien und brachte dort Energieträger an, die in der Ur-Schwingung schwingen. Dadurch konnte ich in Haus und Stall höhere Energiewerte erreichen, die für uns und auf das gesamte Umfeld harmonisch wirken.

Die vielen Untersuchungen und radiästhetischen Messungen, die einfließenden Erfahrungswerte mehrerer Radiästheten, als auch

Menschen, die mir von ihren positiven Veränderungen durch die FeldstrahlenHarmonisierung berichteten, bewiesen mir, dass deckungsähnliche Schwingungen, die im unsichtbaren Bereich liegen, enormen Schaden anrichten können, auch wenn sie nicht wissenschaftlich nachgewiesen und daher als nicht beweisbar gelten. Zusätzlich oder gleichzeitig lernte ich verschiedene Wasser-Belebungsmöglichkeiten kennen und entwickelte nach langen Forschungen, wie hochenergetisiertes Trinkwasser sein sollte.

Ich trank regelmäßig VollHarmonisches Wasser, wodurch der Heilprozess richtiggehend angekurbelt wurde und konnte schließlich die tägliche Tablette absetzen. Heute verwende ich überhaupt keine Medikamente und erfreue mich bester Gesundheit.

Der unsichtbare Draht **für Energien**

Kinder sind sehr sensibel. Oft fühlen oder sehen sie Dinge, die uns Erwachsenen tief verborgen bleiben. Da sie viel anfälliger auf negative Schwingungen reagieren, kann es zu diversen Erscheinungen (auch Krankheiten) kommen, die eventuell (eine Überprüfung ist ratsam) auf unterirdische Erdstrahlen oder Elektrosmogbelastung zurückzuführen sind.

Typische Merkmale können sein: Oftmaliges Abdecken und unruhiges Herumwandern im Bett, regelmäßiges Herausfallen, Hustenanfälle bis Asthma (diese Beschwerden können auch durch versteckte Schimmelbelastung im Schlafraum entstehen); wilde Träume und dadurch sehr unregelmäßige Schlafperioden; sie schlafen nicht durch oder wollen einfach nicht ins Bett gehen; plötzliche Sehstörungen, Allergien und auch der plötzliche Kindestod (durch Herzstillstand), können die Folge sein. Kinder spüren positive Lichtenergiefelder aller Art, auch die von anderen Menschen. Babys lächeln, Kleinkinder sprechen solche Menschen oft ganz von selbst an. Sie fühlen genauso negative Energieschwingungen und beginnen einfach zu weinen, verkrampfen sich, wehren sich mit Händen und Füßen gegen Besucher. Plätze, Gegenstände und Tiere sind allgemein viel feinfühliger als Menschen. Der Vorteil, den Tiere haben, ist, dass sie sich nicht, so wie der Mensch, vom Verstand ablenken lassen können. Sie leben im Hier und Jetzt und nehmen wahr. Hunde zeigen ihre Wahrnehmungsfähigkeit bei negativen Energien, indem sie wie verrückt bellen und unruhig im Raum herumlaufen. Oder sie sitzen ruhig und erfreut neben dem Herrchen, wenn die Schwingungen gut sind. Viele Menschen unterschätzen die Auswirkungen von Schwingungen!

Die Auswirkungen der VollHarmonisierung

(Stichworte)

Ruhe, Wohlbehagen, Natürlichkeit, Lebensenergie, Liebesschwingung, Harmonie, Beruhigung, Energieerhöhung durch die neuen Schlafbedingungen, ruhige und strahlenfreie Schlafbedingungen, Basis, vitalitäts- und gesundheitssteigernd, Heilung, Regeneration, Entgiftung, der r.pH-Wert neutralisiert sich, Steigerung der Konzentrationsfähigkeit, Abnahme von Stressoren, friedlichere Umgebung (weniger Streit, Misslaune usw.), natürliche, gesunde und energiefördernde Lebensmittel, energiereiches, gesundes Trink- Koch- und Badewasser, eigenes Harmonisieren von Lebensmitteln (auf Reisen, in der Arbeit usw.), Strahlenfreiheit, Schutzwirkung vor weiteren Strahleneinflüssen, erhöhte Lebensqualität, regelmäßige Eigenenergieversorgung, positiver (göttlicher) Energieaufschwung.

r.pH-Wert = radiästhetischer pH-Wert

VollHarmonie

& Öffentlichkeit

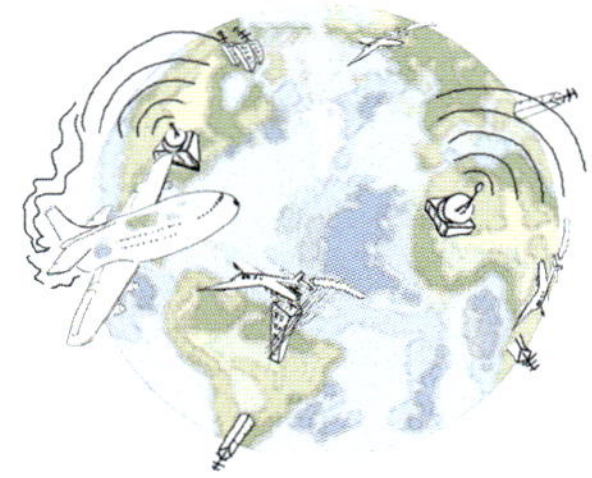

Öffentliche Gebäude

Besonders Hauptballungszentren, wie Schulen, Ämter, Universitäten, Messehallen und andere öffentliche Einrichtungen, sind Plätze, wo vermehrt negativ einwirkende Strahlen vorkommen.

Die Feldstrahlen- und StromHarmonisierung führt zu ruhigeren Abläufen und fördert ein friedliches soziales Gefüge und somit die Zusammenarbeit. Auch die geistige Arbeit (Konzentrationsbereitschaft und Leistungsfähigkeit) wird gefördert und negative Krankheitsmacher fallen von vorneherein aus. Da es zu weniger Stress kommt, wird das Immunsystem gestärkt und Krankenstände vermindern sich. Die positive Stimmung wird gefördert und Schüler wie auch Lehrer oder Arbeitnehmer und -geber fühlen sich auch nach einem langen Tag nicht ausgelaugt. Die Erhöhung der Energie wirkt sich unmittelbar auf das Betriebsklima aus. Die wohltuende energiespendende Raumatmosphäre wirkt aufrichtend und fördert die Arbeitsmoral. Ausgeglichene Menschen arbeiten effizienter als schlecht gelaunte, kranke oder gar depressive Arbeitnehmer!

Zusätzlich, zum größeren Nutzen aller Beteiligten, wirkt sich die WasserHarmonisierung aus, wo regelmäßig frische Lebensenergie getankt wird. Die neue Art der Harmonisierung eignet sich insbesonders dort, wo sich langfristig viele Menschen zusammen auf ein und demselben Ort (oder Platz) aufhalten. Das gesamte Programm der VollHarmonisierung entlastet Arbeitnehmer wie Arbeitgeber von negativen Strahlen, die durch Computer, Handys (und Funkanlagen), Klimaanlagen, Fußbodenheizung, geopathogene Störfelder, negativ schwingendem Wasser (für Tee oder Kaffee) verursacht werden.

Jeder Ort, ob einzelne Privathäuser oder ganze Landstriche sind durch die VollHarmonisierung in belastungsfreie Lebensfelder verwandelbar.

Eine Kombination der Feldstrahlen- Strom- und WasserHarmonisierung ist die VollHarmonisierung, die sich kostengünstiger auswirkt als Einzelmaßnahmen.

VollHarmonisches Wasser wird beispielsweise durch den (zumeist vorhandenen) Wechselstrom zerstört. Insbesonders leidet das Wasser durch die direkte Berührung mit Wechselstrom: Kochen am Herd, Geräte wie Kaffeemaschine, Mixer, Boiler.

Die VollHarmonisierung ist für den ineinandergreifenden Prozess aller Störfelder ein optimales Basis-Programm für den Wiederaufbau und den Erhalt der Lebensenergie und der eigenen Gesundheit.

Die Harmonisierung von Fenstern bzw. Glasflächen bewirkt eine Erhöhung der Raumenergie. Zusätzlich bietet sie Schutz vor Umgebungsenergien.

Fenster bzw. Glasflächen

Vor allem moderne Büros oder Häuser mit größeren Glasflächen (z.B. Wintergärten) sind durch die extreme Speicherkapazität der Glasflächen mit negativen Energien belastet!

Glas lässt Energien nicht nur durch, sondern lädt sich eben auch auf. Die Fenster wirken wie Spiegel, die zudem die Energien noch vielfältigst im Rauminneren zerstreuen!

Werden die Fenster mit einem Glasformer versehen, verändert sich das Glas in seiner energetischen Struktur. Die Schwingung der Quinta Essentia und ihres Licht-Codes 101 geht auf das Glas über und lässt keine negativ linksdrehenden Energien mehr zu! Glas (auch Spiegel) ist dann von seiner Fähigkeit negative Strahlen aufzunehmen befreit und schützt zudem die Innenräume vor äußeren Strahleneinflüssen. Ein Glasformer transformiert die Energie einer Glasfläche von 2 Quadratmetern (z.B. eine Glasfläche von 2 x 1 m). Ein Glasformer benötigt maximal eine kleine Fläche von 5 x 5 mm in der Ecke eines Fensters (*siehe Foto und Skizze am Seitenrand).

Spüren die Kinder mehr, als die Erwachsenen vermuten?

Die Aussage einer Frau

„Meine Kinder spielen nicht hinter der durch Sonnenlicht durchdrungenen Innenseite des Wintergartens, sondern sie ziehen sich in die dunklen, dahinter liegenden Räumlichkeiten zurück! Ich bin darüber sehr irritiert, zumal wir als Kinder gerne dort spielten, wo es hell und sonnig, ja – eben freundlich war."

Die Sanierung von Glasflächen wird noch einen quantenphysischen Gedankensprung von Erwachsenen benötigen.
Unsere Kinder werden uns zeigen, wo der angenehmste Platz zum Spielen ist. Beobachten wir sie einfach genauer.

Die Generationen der Zukunft bauen auf strahlenfreie und harmonische Grundgegeben-

Die VollHarmonisierung ist besonders interessant für

- Schulen, Gemeindeämter, Universitäten, Flughäfen, öffentliche Verkehrsmittel, Großkonzerne der Lebensmittelbranche, Industrie, Büros usw.
- Krankenhäuser und Arztpraxen allgemein
- Selbstständige im Lebensmittel- und Heilbereich
- Heilpraktiker und verwandte Berufszweige
- und natürlich für alle Menschen im Privatbereich, die gesunde und energiereiche Lebensqualität wertschätzen.

Tipp für Schulklassen: Schüler öfter mal umsitzen, um Veränderungen erkennen zu können.

Die VollHarmonisierung führt zu einer gesunden, natürlichen Lebensbasis und zu einer neuen Lebensqualität.

Gibt es überhaupt Zufälle?

Meine erste „Begegnung“ mit Viktor Schauberger: Ich erhielt einen Schriftkalender geschenkt, wo ich einen Beitrag zum Thema Wasser und Landwirtschaft fand. Zur damaligen Zeit (ca. 1985) war ich Obmann des Imkervereines.

Und wie es der Zufall auch wieder so haben wollte, besuchten meine Frau und ich eine uns bekannte Familie, die ein schönes Gartenhäuschen ihr Eigen nannte.

Das Paar kannte Viktor Schauberger aus jener Zeit persönlich, in der es, wie auch Schauberger, in Linz gewohnt hatte. Ich war höchst erstaunt über die wie zufällig erscheinenden Aneinanderreihungen der Ereignisse. Das Paar zeigte mir einige Schriftstücke über Schaubergers richtungsweisende Entdeckungen und Gedanken. Für Schauberger war der Wald ein wichtiger Bestandteil der Natur gewesen. Er sprach über seine Bedenken, wie massiv die Natur von Unwissenden geschädigt wird und prophezeite der Menschheit eine düstere Zukunft. Mir wurde sehr schwer um´s Herz, zumal diese Zukunft bereits angebrochen war.

Dieses Gespräch war mir sehr nahegegangen. Daraufhin kaufte ich mir das Buch „Lebendes Wasser“ von Olof Alexandersson, wo der Autor über Schaubergers Tätigkeiten und Gedanken schrieb. Ich verlieh das Buch, bekam es nicht mehr zurück und vergaß es schließlich. Irgendwann fielen mir einige Aussagen Schaubergers wieder ein und ich kaufte mir dieses interessante Buch ein zweites Mal. Daraufhin studierte ich seine Bobachtungen eingehend und erkannte in seinen Aussagen folgerichtige, natürliche Abläufe, die Schauberger zeit seines Lebens beobachtet hatte. Das Buch fand ich (neben meinen eigenen Naturbeobachtungen) äußerst praktisch und es diente mir als Grundlage für meine Arbeiten mit Wasser. Ich konnte Zusammenhänge erkennen, weiterführen und seine Andeutungen in Praxis und Landwirtschaft ausprobieren. Ich erhielt von einer ehemaligen Lehrerin, deren Mann an Krebs erkrankte und sich dadurch auch mit Strahlen beschäftigte, das kleine Büchlein von Käthe Bachler: „Der gute Platz", wo die Zusammenhänge der Radiästhesie, im Sinne eines gottgewollten, verantwortungsvollen Einsatzes für die Hilfestellung in Krankheit und Not, dargestellt sind. Käthe Bachler erklärt hier in dienender Bescheidenheit die positive Anwendung für den verantwortungsvollen Einsatz von Radiästhesie, ohne selbst dabei Schaden zu nehmen. Es ist viel an eigener positiver Energie von Nöten, um negative Situationen klären zu können.

Für meine Forschung hatte ich keine Doktoren, Professoren von Universitäten herangezogen, sondern vielmehr die praktischen Erfahrungen von Naturforschern in den Vordergrund gestellt. Ich wollte meine eigenen Erfahrungen mit den Erfahrungen anderer Menschen in einer ganzheitlichen Sichtweise vereinigen.

Ich beschäftigte mich mit den verschiedensten Methoden der Wasserbelebung, um mich fortzubilden.

Mein Interesse für die unsichtbare, natürliche Antriebskraft des Wassers wuchs mehr und mehr. Um Vergleiche anstellen zu können, war es notwendig, eine eigene Mess-Skala (der Wirksamkeit) herauszuarbeiten.

Ich las Bücher von Schauberger, Reich, Steiner etc., die für mich bedeutungsvolle und revolutionäre Menschen waren, und fand gleichsam den roten Faden in deren Erkenntnissen. Ich fand heraus, dass es eine Menge völlig unbekannter Störfaktoren gibt, die sich auf das Wasser auswirken. Aufgrund der Erkenntnisse, dass Wechselstrom und Generatoren höchst negative Schwingungsfrequenzen übertragen, überprüfte ich sämtliche Geräte, die mit Wechselstrom betrieben werden. Im Zuge dieser Überprüfungen fand ich heraus, dass jede hohe Energie und Lichtschwingung durch seine Einwirkung zerstört wird (ausgenommen Lourdeswasser).

Somit sind auch Energieaufschwingungen aller Art durch die Berührung mit Wechselstrom zum Scheitern verurteilt. Dass herkömmlicher Wechselstrom und sämtliche Gerätschaften, die damit betrieben werden, für den natürlichen Organismus (sei es der menschliche Organismus oder andere Organismen) schädlich sind, ist trotz vieler Wissender noch immer nicht bis zur breiten Masse vorgedrungen. Ein Problem deshalb, weil die Menschheit und vor allem die Lebendigkeit, die ganz natürlichen Lebensgrundbedingungen, zunehmend schwinden. Eine tiefgreifende Einsicht war, dass sämtliche Energien in der negativen Polarität aufgelöst werden müssen, um der Kraft des 5. Elementes, der Quinta Essentia zu ihrer ursprünglichen Aufgabe überhaupt verhelfen zu können! Ich vertiefte mich immer mehr in die metaphysische Materie und fand sehr viele „negativ gepolte" Schwingungsmuster, die unter anderem durch elektrolytische Entkalkungen, Magnete, Rohre, Rostentferner, zertrümmerte Steine (sind oft in Flussregulierungen), Bruchschotter, Entsäuerungsanlagen bei Wasserversorgungsanlagen und auch bei Wasserbelebungsanlagen (Ionentauscher usw.), Kohlensäure, Chlor, Gammastrahlen, UV-Strahlen, Infrarotstrahlen, Bakterienhemmern im Allgemeinen vorkamen. Im Laufe der Zeit lernte ich die verschiedenen Energien und Informationen untereinander noch genauer zu unterscheiden und begann durch diese Vergleichsmöglichkeit und der eigens dafür entwickelten Mess-Skala die verschiedenen Kriterien hochwertigen Quell- oder auch Heilwassers in schriftlicher Form festzuhalten. Immer mehr wuchs ich in die Welt der unsichtbaren Energien hinein. Ich bemerkte, dass mein Ziel, die Quinta Essentia und ihre Lichtschwingung 101, als transformatorische und ganz eigenständig wirkende Kraft rückzuführen (trotz der unzähligen Palette an Angeboten am Markt), eine ***neuartige Aufgabe*** *in der heutigen Zeit darstellt.*

Sämtliche Prozesse des konstruktiven Elementekreislaufes kommen durch die Berührung mit herkömmlichen Wechselstrom ins Stocken.

Die Feldaist-Regulierung

Eine sehr schöne Begebenheit, damals in den siebziger Jahren, geschah im Zuge der Feldaist-Regulierung (Fluss bei Kefermarkt). Mein Vater und ich fanden die baulichen Maßnahmen der Gemeinde und Behörde destruktiv, da sie übertrieben gewesen waren. Der Fluss war um ein Vielfaches vergrößert worden, was zu massiven Protesten der Grundanrainer geführt hatte. Zudem war die Feldaist kanalartig an die Bahnlinie herangelegt worden. Nach 3 Jahren harter Diskussionen und Verhandlungen entschied sich unser Bürgermeister dann doch für die von mir entwickelten Verbesserungsmöglichkeiten. In der Ortswasseranlage harmonisierte ich den Strom und brachte in der Entsorgungsanlage einen Energieträger an. Beim Abschlussfest wurde ein Gedenkstein bei der Humpelmühle enthüllt. Es gab viele Redner und viel wurde auch zerredet. Doch eine Rede ist mir besonders in Erinnerung, denn sie hatte meinem Vater und mir gegolten. Unser ehemaliger Bürgermeister pries unsere Taten, zeigte die Schwere des Projektes auf und erklärte in seiner philosophischen Weitsichtigkeit: „Durch die reinigende Kraft des Wassers wurden auch so manche Charaktere ausgeschwemmt". Ich erfuhr auf meinen Wegen, dass es nicht auf unser Verstandeswissen ankommt, um glücklich zu sein. Ich erkannte mein bisheriges Leben als Erfahrung in lebenswichtigen, lebenserhaltenden, lebensverändernden, lebenserfüllenden Einsichten, die mit wissenschaftlichen Ausgrenzungsideologien nichts gemeinsam haben.

demut
anerkennung
und die liebe gottes
die gaben des heiligen geistes
ermöglichen den menschen auf erden
sich selbst im ER, SIE, ES, im DU
in geheimnisvoller weisheit zu erleben
wir machen unsere erfahrungen
genau so, wie sie für uns
wichtig sind

Die Harmonisierung der Feldaist

Mein inneres Bedürfnis, einen ganzen Fluss zu energetisieren glich am Anfang einer Utopie. Der Gedanke, die durch meine Liegenschaft fließende Feldaist in einen rechtsdrehenden positiven Energiezustand zu bringen, war eben damals (September 1998) noch nicht ausgereift.

Der erste Versuch

Ich brachte einen 10 kg schweren Energieträger an einer sehr guten Verwirbelungsstelle an, um den negativen Energiezustand zu verbessern. Nach einem halben Jahr erkannte ich, dass ich immer noch nicht wirklich wusste, wie ich die negative Energie der Feldaist verändern konnte. Doch wie der Zufall es eben wieder einmal so wollte, konzentrierte sich meine Aufmerksamkeit auf die Kläranlageneinleitungen, die bereits harmonisiert waren. Diese habe ich (während des ersten Versuches) ganz nebenbei mitgemessen und bemerkte, dass sich hier die Energie im positiven Sinne verändert hatte. Als ich die Ortswasseranlage Kefermarkt, die ich am 4. August 1998 harmonisiert hatte, überprüfte, waren mir die weitreichenden Auswirkungen noch völlig unbekannt. Außer eines kleinen Rinnsales aus den Drainagen meiner Felder kam sonst von nirgendwo die positive rechtsdrehende Energie von +17.500 BE (+6) mit einer Information von 101 in die Feldaist ...

... doch von da an wendete sich das Blatt!

Das die Anlage verlassende und in die Feldaist fließende Wasser wies auf einmal dieselbe hohe Energie auf (+17.500 BE) wie die energetisierte Ortswasseranlage. Ich wandte mich daraufhin den Energievernichtern in der näheren Umgebung zu.

Durch die immer noch schlechten Grundbedingungen konnte sich die Energie der Feldaist nicht erhöhen. Störfaktoren waren beispielsweise das Einleiten von nicht belebtem Wasser in die Gemeinde, der regulierte Flussabschnitt von ca. 7 km Länge, die Flussbette, die mit zertrümmerten Gesteinen ausgelegt worden waren und weitere elektrische Berührungspunkte durch Kraftwerke mit Generatoren.

Es gab hier keine Forellen, Weißfische, Schleie oder Krebse mehr

Der Regulierungsteil beim Flussbett bewirkte eine wesentliche Erhöhung der Fließgeschwindigkeit des Wassers, wodurch sich das Halten der Fische erschwerte. Ich brachte bei allen Generatoren (Kraftwerken) eine StromHarmonisierungsschleife an.

Ein besonderes Anliegen war mir ...

Ein besonderes Anliegen war mir vor allem, dass die vorgenommenen Maßnahmen energetisch stabil bleiben würden. Dies ist deshalb wichtig, weil ansonsten keine der Lebendigkeit entsprechende Veränderung möglich ist. Für mich ist es von bedeutender Wichtigkeit, dass Energie frei fließen kann und in keiner Weise gesperrt (oder eben behindert) wird.

Im Zuge meiner vielen WasserHarmonisierungen fand ich in mehreren Haushalten Belebungsanlagen, die Blockaden bei den Menschen verursachen. Positive Energie ist immer frei, sich selbst regulieren zu dürfen! Durch die Harmonisierung jener Trinkwasserbelebungsanlagen, sowie der Ortswasseranlage, wo jene Häuser standen, wurde (durch die natürliche Verwirbelung) die negative Energie im Kanal der Kläranlage völlig aufgelöst. Anhand meiner umfangreichen Maßnahmen konnte ich sämtliche Mitbeeinflusser der negativen Energiezubringer der Feldaist harmonisieren. Durch die Ausweitungen der Messungen des jetzt positiven Kläranlagenauslaufes, Fluss abwärts und Fluss aufwärts, konnte ich überall eine Energieumwandlung auf +17.500 BE feststellen. Ich überprüfe immer (in regelmäßigen Abständen) meine Harmoniesierungsmaßnahmen und kann mit großer Freude berichten, dass die Energieerhöhung stabil ist und daher immer noch nachzuweisen ist.

Manche Trinkwasserbelebungsanlagen verursachen Energie-Sperren. Sie blockieren das eigene energetische Feld und lassen neue positive Energien nicht zu.

Wissen hat nur Macht

Wissen hat nur Macht, wenn sie weise und in Liebe genutzt wird. Wissen aber, das uns aus eigensüchtigen Zwecken vorgegaukelt wird, verliert seine Macht, wenn wir erkennen, dass sie nur Folgendes im Sinn hat:

- Das Vorgaukeln kapitalistischer Vorteile, die keine Kraft des Geistes zulässt
- Wenn keine sofort nachweisbaren evolutionären Abläufe zugelassen werden

Die Menschen von „heute“ suchen ganz etwas anderes. Sie suchen das Leben“ und nicht sture Paradigmen und Dogmen.

Viktor Schauberger

& Erkenntnisse

Der Österreicher Viktor Schauberger

(1885–1958)

Das Wesentliche, was mich an Schauberger faszinierte, ist, dass er natürliche Energien, so wie er sie in der Natur beobachtet hatte, für technische Anlagen nutzte. Als Beispiel entwickelte Viktor Schauberger Holzschwemmanlagen, die den physischen Gesetzmäßigkeiten der Universität TU in Wien widersprachen. Schauberger nutzte für seine Holzschwemmanlagen die Kräfte des Wassers (bei 4 Grad Celsius) und zugleich die Kraft des Vollmondes, wo das Wasser eine höhere Tragkraft aufweist als sonst. Über seine Holzschwemmanlagen beförderte er z.B. Buchen oder Eichenholz, welches viel schwerer als Wasser ist. Die Universität TU in Wien wollte das nachmachen, scheiterte aber kläglich dabei. Schauberger beobachtete Flüsse und stellte fest, dass Wasser in verschiedenen Wellenformen fließt.

Bei Flussregulierungen (wo das Wasser in seiner natürlichen Bewegung eingeschränkt ist) erkannte er, dass das Wasser versucht, in seine natürliche Fortbewegung zurückzukehren. Dadurch kommt es bei Regulierungen fortlaufend zu Schäden, Uferwände werden zerstört und Überflutungen mehren sich. Schauberger nutzte z.B. bei einer eigens konstruierten Wasserturbine die Implosionskraft des Wassers.

Die Implosionskraft ist jene Energie, die es Forellen ermöglicht, gegen den Strom des Wassers zu schwimmen. Die Forellen können durch die Implosionskraft sogar senkrecht an einem Wasserfall hochziehen. Schaubergers Wasserturbine benötigte weniger Wasser als herkömmliche Turbinen und wirkte zudem wie eine Kraftmaschine. Schauberger konnte praktisch mit wenig Energieaufwand sehr viel Energie produzieren! Für mich persönlich waren Schaubergers Erkenntnisse deshalb so wichtig, weil ich dadurch lernte, natürliche und unsichtbare Phänomene zu verstehen. Ich erkannte, dass es Möglichkeiten gibt, Technik und Natur miteinander in Harmonie zu bringen.

Sogturbinen (wie sie Schauberger entwickelte) bauen das Wasser auf und erzeugen Heilwasser.

Das Wasser – die Wiege des Waldes

Bereits vor mehr als 50 Jahren stellte auch schon Viktor Schauberger mit Bedauern fest, dass der Kahlschlag der Wälder zur Entstehung von Wildbächen führt. Wildbäche wiederum werden durch Wildbachverbauungen in Wasserläufe aus Stein und Beton gezwungen. Daraus versucht das Wasser ständig auszubrechen, wodurch hohe Kosten entstehen, weil die Verbauungen ständig saniert werden müssen – ein Teufelskreis also, den wir uns selbst gemacht haben. Seit den dreißiger Jahren hat die Belastung von Wäldern und Wasser ständig zugenommen, sei es durch den Einsatz von Dünger, von Schädlingsbekämpfungsmittel oder durch die Umwandlung vieler Wälder (sogenannte mindere Gehölze wie Kiefern, Birken, Erlen und Eschenwälder) in reine Fichtenmonokulturen, was besonders von 1960 bis 1970 gefördert wurde. Weitere Schäden entstanden durch das Befahren der Wälder mit schweren Maschinen und Anlagen auf überdimensionalen Forststraßen (Bodendruck und Windeinfall). Bekannt sind auch die Auswirkungen des Straßen- und Luftverkehrs und der Heizungsemissionen. Die dimensionale Belastung des Baumbestandes erreicht durch elektromagnetische Schwingungen von Stromleitungen, Satellitenanlagen und den modernen Telefonen wie Mobilfunk und Handys und deren Sendemasten bereits heute ihren Höhepunkt. Elektromagnetische Schwingungen gelangen durch die Antennenwirkung des Baumes in den Boden und somit ins Grundwasser.

Durch die Strahlenbelastung verändert sich der pH-Wert und die Böden werden sauer,

Heute jagt eine Katastrophe die andere und der Anteil des Baumbestandes beträgt weltweit nur mehr 4 %. Vielleicht ist jetzt die Zeit, wo wir die Botschaften unserer Vordenker hören können?

was zu Auswaschungen von Schwermetallen und Giftstoffen führt, die in das Grundwasser gelangen und somit auch die Wälder schädigen. Das Waldsterben im Riesen- und Erzgebirge war eine hochfrequente Meisterschaft der Radaranlagen von den damaligen Warschauer Paktstaaten und der NATO. Hier steht so mancher Mensch im Begreifen dieser tödlichen Zusammenhänge erst am Anfang.

Dass bereits ganze Bergrücken unserer Heimat diesen Strahlungen, von etwa 1970 bis 1985, zum Opfer gefallen sind, von dem redet heute keiner mehr.

Vom Bayerischen Wald, Erzgebirge und Riesengebirge bis an die Karpaten heran, wurde mitten in Europa ein Gebirgszug in einer Höhenlage von 800 m bis 1400 m Seehöhe förmlich vernichtet. Diese Bäume wurden von der Spitze – vom Wipfel her von oben nach unten Jahr für Jahr dürrer. Damit fällt auch dieses nördliche Wasserreservoir für die Qualität und Menge des Trinkwassers bis zur Nordsee, dem südlichen Teil Tscheчiens und der Slowakei aus. In Kanada werden jährlich zusammenhängende Bergrücken in der Größe des Mühlviertels abgehackt. In Brasilien und Russland ebenso. Im Mühlviertel nimmt der Anteil der Waldfläche noch zu und erreicht bereits 58 %. Allerdings bedenke man, von welcher Qualität die Fichtenmonokulturen sind? Mit einer massiven Bedrohung der vor 40 Jahren begonnenen Monokultur Fichte, nimmt die Erwärmung der Boden- und Stammtemperaturen im Allgemeinen zu. Die Monokulturen, obwohl diese noch nicht reif sind, sterben durch Schädlingsbefall aus.

Eine Umwandlung in Mischkulturen wird zwar gefördert, aber Bäume brauchen 100 bis 150 Jahre, um nachzuwachsen.

Die "G'studierten" können sich das anscheinend selbst nicht ausrechnen.

Stirbt ein Mensch, läuten die Glocken! Wenn der Wald stirbt und mit diesem ein ganzes Volk zugrunde geht, rührt kein Mensch einen Finger!

Unser Lebensquell

Wasser

Das Wasser als Kapital

Durch das zunehmende Ungleichgewicht der elektrischen Impulse sind unsere Wasserreserven weltweit empfindlich gestört. Einerseits finden sich Energieverminderungen vor, wo mehr Elektrizität benötigt wird und andererseits verdichten sich aggressiv wirkende Energien, die zu starken elektromagnetischen (Ent-)Ladungen führen. Die Wahrung des Wassergeheimnisses ist ein Mittel, um Geld, die Zinskraft zu sichern.

Der Zins gedeiht nur in der Mangelwirtschaft. Ist das Problem der Wasserentstehung gelöst und wird es dann möglich, jedes Wasserquantum und jede Wasserqualität an beliebigen Orten herzustellen, ist man in der Lage, ungeheure Wüstenflächen urbar zu machen. Sinkt dadurch der Kaufwert der Nahrung, sinkt zugleich der Kaufwert der Maschinenkraft und es lohnt sich nicht mehr, damit zu spekulieren. Nahrungsfreiheit und kostenlose Maschinenkraft sind umstürzerische revolutionäre Begriffe, die das gesamte Weltbild des Kapitalisten zerstören. Die Wahrung des Geheimnisses „Wasser", ist das größte Kapital des Kapitals! Aus diesem Grund werden Versuche, die dieser Klärung dienen, immer noch rücksichtslos im Keim erstickt.

Elektrische Impulse stören weltweit unsere Wasserreserven.

Wir brauchen zum Leben

Es gibt kaum noch gesundes, energiereiches Wasser!

Flüssige Speisen oder Getränke sind nicht mit dem Energielieferanten Wasser gleichzusetzen.

Wir brauchen zum Leben vor allem Wasser!

Den Durst und Wasserbedarf unseres Körpers kann nur energiereiches, lebendiges Wasser löschen. Fälschlicherweise gibt es eine Reihe von Symptomen, die der Mensch als Krankheit einstuft, obwohl hier lediglich ein Wasser- bzw. Energiemangel vorherrscht.

Der Organismus eines Menschen benötigt das Wasser so nötig, um alle Abläufe im Körper überhaupt zu ermöglichen. Wer unter Wasser- bzw. Energiemangel leidet, der kann auch nicht seinen ganzen Körper ausreichend mit Lebensenergie versorgen.

Viele Krankheitssymptome entstehen allein durch Wasser- und Energiemangel!

Die Lebensenergie

Lebensenergie ist Voraussetzung für Gesundheit. Ohne energiereiches Wasser können nicht alle Organe, Zellen, Mikrokanälchen usw. mit den nötigen Informationen versorgt werden. Der intelligente menschliche Körper (der so unheimlich intelligent ist), verlagert die Wasserreserven darauf dorthin, wo sie am Nötigsten zum Überleben benötigt werden. Sind die Reserven aufgebraucht, stirbt der Mensch schlichtweg an Wasser- bzw. Energiemangel! Wasser gilt dann als gesund, wenn es energetisch hohe Lichtschwingungsinformationen mitliefert. Die Energiezufuhr, der Informationsgehalt und die Stabilität des Wassers sind wichtig, um ausreichend mit Lebensenergie versorgt zu werden. Ist Wasser zu niedrig schwingend, werden unsere Zellen nicht ausreichend mit lebenswichtigen Informationen genährt. Hohes energiereiches Wasser versorgt uns daher nicht nur mit Lebensenergie, sondern informiert alle Zellen in unserem Organismus, sich in Harmonie auszurichten.

Energetisch hochschwingendes und rechtsdrehendes Wasser versorgt Lebewesen mit Lebensenergie.

Leitungswasser ist totes Wasser!

Die heutige Wasserwirtschaft führt Wasser in begradigten Formen. Flussbette werden geradlinig angelegt wie auch geradlinige Wasserrohre das Wasser in die Haushalte befördern.

Zwingt man Wasser in geradlinige Rohre, verliert es seine natürliche Trag- und Schleppkraft und die ihm innewohnende Lebensenergie! Solches Wasser wird schal (schmeckt auch so) und stirbt im energetischen Sinne ab.

Hinzu kommen Verunreinigungen durch chemische Substanzen von Haushalten und Industrie. Diese Verunreinigungen werden wiederum mit chemischen Keulen behandelt (in Kläranlagen). Wiederum verursacht auch hier herkömmlicher Wechselstrom eine energetische Belastung.

Durch seine derzeitige Eigenwirkung bewirkt elektrischer Wechselstrom eine Trennung der bipolaren Grundstoffe im Grundwasser, was zu knallgasigen Explosionen führt.

Diese Explosionen zerstören die Ur-Ordnung im Wasser und die Schwingungsausrichtung verändert sich.

Solches Wasser ist linksdrehendes Wasser, welches schnell verwest, weil der natürliche Gärprozess gehemmt ist.

Die negativen Energien strahlen auch in die Umgebung ab, verseuchen diese und bewirken Disharmonie in der Erde und in der Atmosphäre.

Alle technischen Bewegungsmethoden verursachen Störungen im biologischen Kreislauf und zerstören unsere ökologischen Lebensräume.

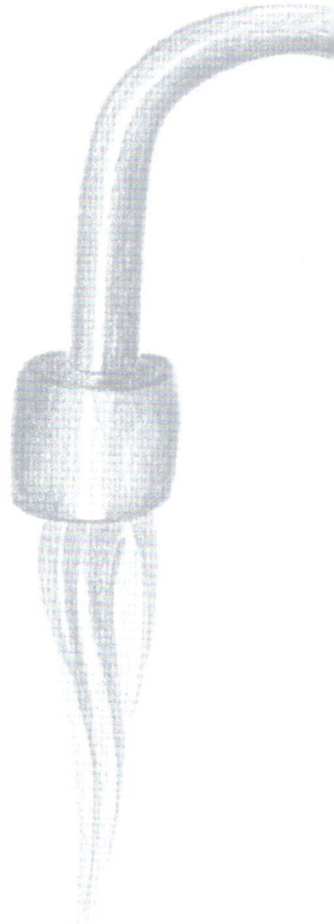

Unser heutiges Trinkwasser ist eine unnatürliche, chemisch behandelte und lebensfeindliche Substanz.

Eisenrohre in Unterwasserpumpen schädigen das gesamte Quellgebiet. Sie bewirken eine Verpolung und auch die Bildung von freien Radikalen.

Energiereiches

& gesundes Wasser

Natürliches energiereiches Wasser

Die energiereichsten und gesündesten Quellen liegen in den unberührtesten Gebieten unserer Erde, in den Bergen.

Bevor Quellwasser seine energetische Reife erlangt, steigt und reift es im Inneren der Erde heran. Umso höher der Berg ist, desto höher steigt im Berg das Quellwasser an und erhält dadurch immer mehr an Energie. Tritt eine Quelle an die Oberfläche, sprudelt das Quellwasser mit viel Kraft daraus hervor. Beachten wir die vielen Verläufe, die Quellwasser suchen, bemerken wir eine ihnen innewohnende Beseelung und eigentümliche Intelligenz. Quellwasser sucht sich seinen idealen Verlauf ganz von selbst und fließt stets in Wellenform.

Die Wellenbewegung des Quellwassers wird auch Mäanderform genannt. Die Mäanderform ähnelt einer Schlangenbewegung. Natürliches Quellwasser verläuft immer in der Mäanderform und sucht niemals einen geraden Verlauf. Bemerkenswert ist auch, dass natürlich fließendes Quellwasser den Schatten besonders liebt. Nachforschungen ergaben, dass insbesonders der Kühlungseffekt im Schatten wichtig ist, da Wasser dadurch (bei +4 Grad Celsius) die größte Tragkraft erreicht. Zugleich bewirkt der Kühlungseffekt eine Energieanreicherung des Quellwassers. Zusätzlich gekühlt wird Quellwasser durch seine natürlichen Bewegungsabläufe. Es wirbelt sich ein, fließt in vielen verschiedenen Wellen, in Strudeln und Spiralbewegungen, fließt um Steine im Wasser herum und stößt an Steinen an. Die vielen Bewegungsabläufe von Quellwasser zeigen uns seine natürliche Lebendigkeit. Gleichzeitig bewirken die natürlichen Bewegungen eine weitere Anreicherung von Lebensenergie im Wasser, die an die Umgebung abgegeben wird. Diese Prozesse und Kräfte sind metaphysischer Natur. Durch die erhöhte Tragkraft des Wassers werden anorganische Stoffe wie Gestein und diverse organische Stoffe, z.B. Blätter, mitgetragen.

Viktor Schauberger: „In der Natur gibt es keine geraden Linien!"
Die Mäanderform ist die natürliche Fließbewegung von Wasser.

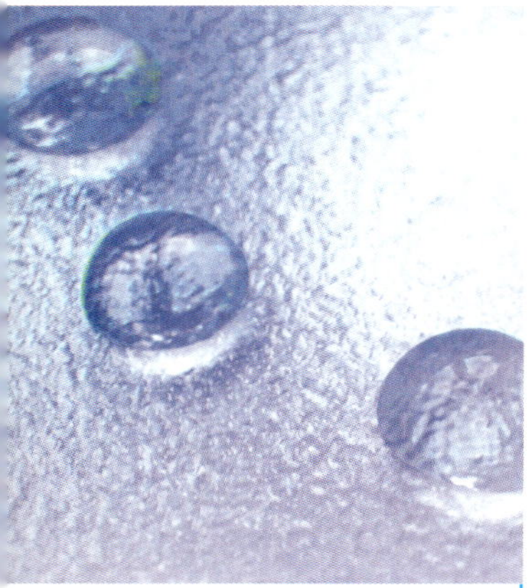

Regenwasser ist kein geeignetes Trinkwasser!

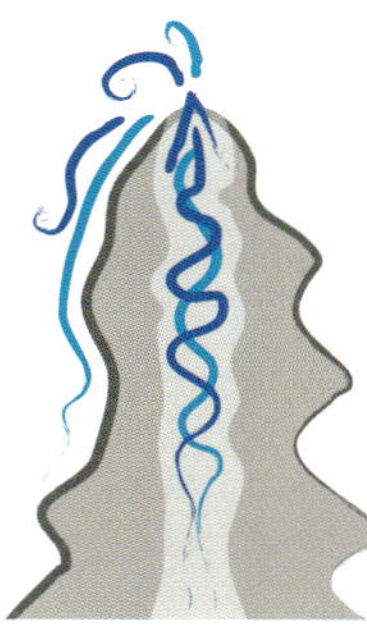

Mit der Zeit werden diese zerrieben. Dadurch wird eine Abgabe von Spurenelementen (z.B. Eisen, Kupfer, Zink) an das Wasser bewirkt. Wird Wasser in Grenzen gezwungen (Betonierungen, Flussbegradigungen, Wasserrohre), wird der Geist des Wassers an seiner intelligenten Fortbewegung gehindert. Dies führt zur Verminderung und teilweise auch zum Absterben der Lebensenergie. Dort, wo das Wasser der Sonne ausgesetzt wird, reagiert Wasser aggressiv und zerstört daraufhin das Ufer. Wenn Wasser in unnatürlichen geraden Bahnen fließen muss oder wenn es überhitzt wird, gehen auch die für uns Lebewesen gesunden Spurenelemente verloren.

Reifes und zum Trinken geeignetes Wasser kommt stets von selbst aus der Erde heraus. Gute Quellen erkennt man daran, dass sie im Winter als auch im Sommer gleich stark fließen, ganz gleich, ob Trockenheit oder starke Niederschläge herrschen.

Alle Bäche verlaufen zuerst in unberührten, natürlichen Gebirgsbächen, mit viel Gestein, über den Effekt der Verwirbelung, womit eine Erhöhung der Energie auch nach oben offen ist. Weil diese unberührte, wünschenswerte Bergwelt leider kaum noch vorhanden ist (Hochwasserschutzbauten, Verrohrungen, Flugverkehr etc.), sind energielabende Quellen kaum noch aufzufinden. Kommen die Gewässer, die heutzutage zumeist keine Stabilität aufweisen, mit Kiesbruch in Berührung, kommt es zu einer Energie- und Informationsübertragung. Kiesbruch (gleich-gültig, ob es sich um Granit, Kalksteinbruch, Marmor oder um andere Steine handelt) ist negativ polarisiert und überträgt die Linksdrehung und seine negative Energie auf das Gewässer.

Grundwasser in Talsenken und tiefen Ebenen von 200 m Seehöhe und darunter sind derzeit nur mehr schwach positiv. Hierbei muss aber bereits vermehrt auf weitere Nebeneinwirkungen Rücksicht genommen werden, wie z. B. Hochspannungsleitungen, Einleitungen von Ausläufen von Kläranlagen, elektrische Pumpenanlagen, um die tatsächlichen Energiewerte zu eruieren. Regenwasser und Schnee, welche ja unsere unterirdischen Trinkwasserreserven mit Nachschub versorgen, sind heutzutage ebenfalls linksdrehend polarisiert.

Wasser ist lebende Materie. Mit unseren Augen sehen wir nur eine glasklare Flüssigkeit.

Wasser (H2O) besteht aus zwei Wasserstoffatomen und einem Sauerstoffatom. Wasser ist aber nicht nur H2O und damit eine berechenbare Formel! Lebendigkeit lässt sich mathematisch nicht berechnen und somit nicht festlegen!

Lebendigkeit entspricht einer höheren Gesetzmäßigkeit, die ihrer ureigenen Logik folgt.

Wasser ist lebende Materie!

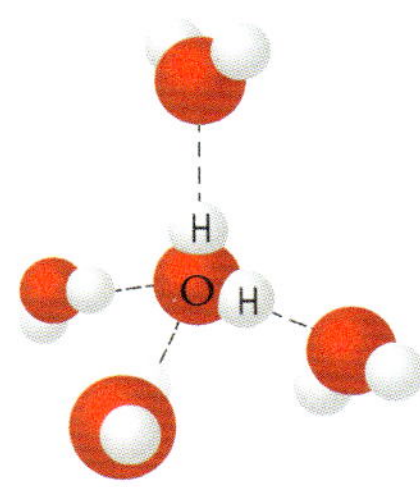

Unter dem Mikroskop betrachtet ist Wasser eine höchst intelligente Wesenheit mit einer freien und (wenn es ihm möglich ist!) nach der Ur-Ordnung ausgerichteten Intelligenz.

Die natürliche Ur-Ordnung ist ein Geschenk an alle Lebewesen dieser Erde. Hochwertiges Licht- und Quellwasser dient allen Lebewesen, sich der Ur-Ordnung gemäß ausrichten zu können. Die Ur-Ordnung ist ein elementarer Seinszustand, der der Lebendigkeit und Liebesfähigkeit dient.

Bei Quellen gibt es verschiedene Energiehöhen

Manche Quellen tragen eine hohe Energie, die aber keine Stabilität aufweisen. Wasser von solchen Quellen zu holen hat deshalb wenig Sinn, weil die Instabilität der Energie zu einem Energieverlust führt, wenngleich es an Ort und Stelle getrunken wird, es zumindest eine kurzfristige Bereicherung darstellt. Die meisten Gebirgsgewässer tragen eine sehr hohe Energie. Quellwasser sind jedoch selten stabil und verlieren durch das Abfüllen und durch den Reiseweg (Elektrosmog, Funkstrahlen) an Energie.

Wer sich Gebirgsquellwasser mit nach Hause nimmt, hat *trotz* eines Energieabsturzes immer noch hochwertiges Trinkwasser zur Verfügung. Am besten ist Quellwasser in (mit Quellwasser gereinigten) Glasflaschen abzufüllen. Ein Beispiel für den Energieverlust, mit dem zu rechnen ist: Hatte das Quellwasser +8 JFR, wird es zuhause angelangt ca. +6 JFR aufweisen.

Lourdeswasser ist stabil und kann, ohne einen Energie- oder Informationsverlust zu erleiden, jeden beliebigen Reiseweg überstehen. Da es eine so hohe Lichtschwingungsinformation aufweist, ist es sogar gleichgültig, ob für die Reise ein Behälter aus Glas oder aus Plastik verwendet wird.

Trotz dieser hohen Qualität empfehle ich, lieber Glasbehälter zu verwenden. Plastikbehälter weisen oft einen eigenen Geschmack auf, der nicht jedermanns Sache ist. Viele Quellen erreichen nicht einmal die erste *Energetisierungsstufe und sind in ihrer Energie eher als schwach zu bezeichnen. Je nach Gebiet, grundsätzlich gilt hier die Unberührtheit, wird Quellwasser, selbst aus tieferen Lagen, immer noch mehr Energie spenden können, als das schale und vom Menschen vergewaltigte Trink- und Leitungswasser.

Die ersten positiven Steine fand ich im Waldviertel. Ich nahm Proben mit nach Hause. Zuhause angekommen, war ich erstmals schockiert, denn die Steine hatten auf dem Weg an Energie verloren. Die Energiewerte waren von +6 auf +3 (nach meiner Mess-Skala) gesunken. Am Anfang wusste ich den Grund dafür noch nicht. Später entdeckte ich die Ursache: „Elektrosmog"! Genauso verlieren hochwertige Quellgewässer beim Transport an Energie.

Die erste Energetisierungsstufe nach JFR:
+2 ist ein schwach positiver energetischer Wert über Null bis zu +6.000 Boviseinheiten.

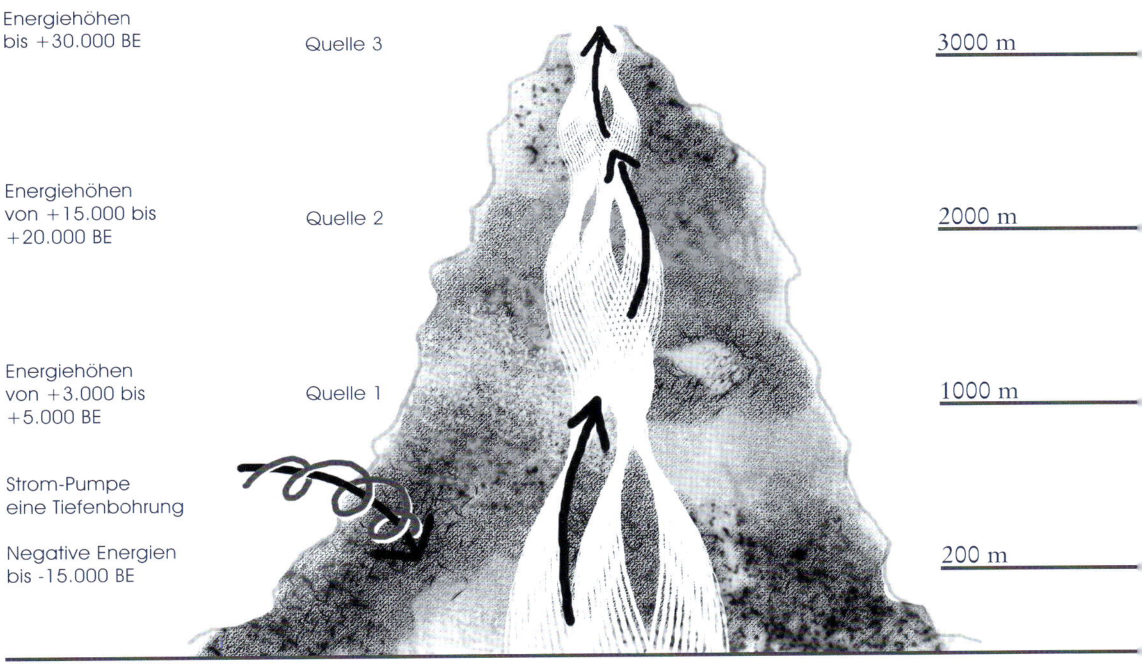

Im Berginneren: Aufsteigendes Wasser. Je höher es steigt, umso mehr Energie erhält es.

Wird Wasser verändert, verändert sich seine kristalline Struktur

Kommt Wasser mit negativen Frequenzmustern in Berührung, wird es in seiner kristallinen Struktur zerstört. Wechselstrom ist ein Energievernichter, der in der Lebensmittelindustrie für die Herstellung sämtlicher Produkte verwendet wird.

Handelsübliche Getränke sind einem raschen Verwesungsprozess ausgeliefert, da sie über eine schlechte Energie verfügen.

Mineral- und Tafelwasser sind energetisch kaputte Wasser!

Das große Geheimnis um das kostbare Lebenselexier „Wasser“ ist im Grunde genommen ganz einfach. Da Wasser eine enorme Speicherkapazität aufweist, führen alle Veränderungen und Manipulationen bei Wasser auch zu einer Veränderung seiner kristallinen Struktur. Mineralwasser wird beispielsweise über die Zugabe von Kohlensäure haltbar gemacht. Durch diese Veränderung wird das Frequenzmuster des Wassers zerstört. Solches Wasser verliert seine ursprüngliche Lebendigkeit und kann uns nur das schenken, was es uns nun an Informationen mitliefert: Leblosigkeit, Energielosigkeit und Lieblosigkeit. Jedwede Manipulation bei Wasser führt dazu, dass Wasser an Energie verliert, gleichzeitig die neuen Informationen wahrnimmt und diese speichert. Auch stille Wasser werden für den Handel haltbar gemacht. Werden solche Wasser getrunken, nehmen wir die neuen Informationen auf und werden dadurch beeinflusst. Einst waren die Informationen des Wassers die der Freiheit, der Natürlichkeit und der Lebenskraft. Wasser durfte sich eigenständig bewegen, lud sich mit natürlichen Energien auf (z.B. Erdenergie, Sonnenenergie, kosmische Energie) und wer sich daran labte, wurde mit lebensbejahenden und aufrichtenden Energien gestärkt.

Energie in jeder Form bleibt als Information im Wasser erhalten. Die natürliche und einst freie und unbelastete Lebensenergie war der Hauptgrund, weshalb es seit jeher die Grundregel gab: „Bist du müde? Dann trink Wasser!“ Auch natürliches, ja selbst sehr energiereiches Quellwasser leidet durch die Beigabe künstlichen Stickstoffes. Was viele Menschen nicht wissen, ist, dass ca. 80 % handelsüblicher Wasser durch die Zugabe von Kohlensäure bzw. durch die Ozonierung verändert werden. Oft wird Wasser verwendet, welches keine kristalline

Struktur bilden konnte. Dabei handelt es sich um unreifes Quellwasser bzw. um Grundwasser, welches tief in der Erde lag und daher noch nicht ausgereift war. Jedes Wasser, welches entweder in seiner kristallinen Struktur zerstört wurde oder noch keine aufbauen konnte und trotzdem seine Anwendung findet, weist vermehrt eine Bildung von Keimen, Pilzen, Viren oder Bakterien auf. Unreifes Wasser wird für die Trinkwasserversorgung vieler Orte verwendet. Zerstörte Wasser, seien es handelsübliche Mineralwasser oder unreife Wasser, weisen eine unvollkommene energetische Struktur auf und wirken sich disharmonisch auf Organismen aus.

Wird vermehrt disharmonisches Wasser getrunken, erhält der Organismus zu viele disharmonische Informationen, die das eigene (und intelligente) biologische System komplett aus dem Gleichgewicht bringt. Erhält der Organismus zuviele disharmonische Informationen, wird der sonst optimale Entgiftungsprozess gehemmt und die Gifte werden im Körper eingelagert statt ausgeschwemmt. Unverwertbare und energetisch belastende Getränke sind alle handelsüblichen Getränke wie Limonaden, Fruchtsirup, abgepackte Säfte aller Art, fertige Tees, Kaffee oder auch flüssige Speisen wie Fertigsuppen, Saucen usw. Die Ganzheitlichkeit und der Ur-Code sind unveränderte und ganz natürliche Elemente, die uns ihre einzigartige und wertvolle Lebensenergie spenden! Das Trinken von sterilisiertem und physikalisch zerstörtem Wasser führt nicht nur gesetzmäßig einen körperlichen Verfall herbei, sondern verursacht bei längerem Gebrauch geistige Verfallserscheinungen und führt damit zu einer systematischen Degeneration des Menschen und aller übrigen Lebewesen.

Reifes, frisches und energetisch hohes Quellwasser ist dank seiner kristallinen Struktur frei von Keimen. Eine hohe positive Energie ist für die Lebendigkeit der Materie und für gesundes Wasser verantwortlich.

Womit ist unser heutiges Trinkwasser belastet?

- Pestizide, Fungizide, Nitrate/ Nitrite, Chlor (wird zur Wasserreinigung verwendet), Fluor (Natrium-fluorid schädigt eine bestimmte Region des Gehirns, wo der individuelle Behauptungswille des Menschen angesiedelt ist), und auch Phosphate aus der Landwirtschaft
- Medikamente allgemein, Nahrungsergänzungsmittel, Hormone (Pille und andere Hormonpräparate)
- Tenside (aus Farb- und Waschmitteln), Weichmacher aus Kunststoffen
- Keime aus dem Rohrleitungssystem
- Giftige Ausscheidungen (erhöhter pH-Wert, usw.)
- Blei, Kupfer aus den Rohrleitungen; Asbestfasern aus den Hauptleitungen
- Wechselstrom: Alle elektrischen Geräte, motorisierte Transportmittel, Pumpen jeder Art, Regelung (Heizung)
- Ortswasseranlagen
- Unordentliches Abdecken oder schlampiges Verschließen von Trinkwasserbehältern
- Wenn in Vorratsbehälter oder Brunnen Sonnenlicht hineinfällt
- Wenn in das Grundwasser schmutziges Oberflächenwasser einfließt. Die Behälterränder sind abzudichten bzw. ordentlich zu verschließen, damit auch keine Würmer oder Mäuse hineingelangen
- Wasser mit Sauerstoff anzureichern verletzt die natürliche Energieinformation des Wassers und daher auch seine Clusterstruktur

- Sämtliche chemischen Reinigungsmittel, chemisch hergestellte Produkte wie Shampoos, Seifen, Aftershaves, Lotionen, Kosmetika, Parfums, Zahnpasten usw.
- Zucker und zuckerhaltige Zusätze (Sirup, Säfte allgemein usw.), Brausen, Vitaminzusätze
- Etiketten mit Strichcode oder Umweltzeichen auf Flaschen, Verpackungsmaterialien allgemein
- Wasserkraftturbinen: Die bedeutendste Schädigung wird durch den Generator und seiner Erzeugung von Strom erreicht
- Das falsche Aufbewahren von niedrig schwingendem energetisiertem (belebtem) Wasser. Manche Menschen holen sich von Quellen Wasser, die wenig positive Energie aufweisen. Wird solches Wasser in keimbeladenen Gefäßen oder in Plastikbehältern gelagert, vermehren sich rasant Bakterien und Keime. Solches Wasser kann den Menschen mehr belasten als das Leitungswasser zuhause!
- Mandalas oder andere Wasser-Belebungs-Aufkleber. Sie sind nicht frei von Fremdenergien und laden sich mit Umgebungsenergien auf
- Brunnen- oder Quellwasser auf geopathogenen Störzonen
- Diverse Wasserfilter und Wasserbelebungsgeräte, die mit Wechselstrom betrieben werden
- In Schwimmbädern und sehr großen Vorratsbehältern von Großstädten reicht der Kaputtmacher Chlor durch den Energieverlust des Wassers nicht mehr aus, der sich dort vermehrenden Keime und Bakterien zu entledigen. UV-Licht und Gammabestrahlung heißt der neue Weg!

Das Edel- oder Halbedelsteinwasser

Die Herstellung des einst natürlichen und gesunden Edelsteinwassers ist heutzutage nicht mehr möglich. Zur Zeit der Hl. Hildegard von Bingen war das etwas ganz anderes.

Der energetisch gestörte Zustand der Erde und die daraus folgende, immer weiter schreitende Zerstörung, wird von vielen Menschen nicht beachtet. Nicht hinzusehen bedeutet: „Die eigene, liebevolle und Kraft schenkende Energie nicht zu nutzen." Wer die Realität unter den Teppich kehrt, verändert nichts. Die Erde benötigt dringend Menschen, die auf sich selbst achten. Jeder Schritt zur Selbstliebe und Selbstachtung dient automatisch dem Energiezustand der Erde und somit gleichzeitig der Allgemeinheit.

Chemisch reines Wasser trägt negative Informationen mit. Eine chemische Reinigung des Wassers kann die negativen Informationen nicht löschen. Wird Wasser erhitzt, wird zugleich die hohe und natürliche Energie des Wassers zerstört. (Regelmäßig destilliertes Wasser zu trinken, ist übrigens sehr gesundheitsschädigend!)

Edelsteinwasser ist nur *bedingt* eine Chance für unsere Gesundheit. Die Erklärung ist einfach: Edelsteine, Halbedelsteine oder andere Steine sind durch die hohen negativen Energiefrequenzen unserer Umwelt infiziert. Eine Wasserbelebung ist trotzdem möglich, wenn das zu belebende Wasser eine noch niedrigere oder negativere Schwingung wie die Steine aufweist. Sinnvoll? Für den Heilbereich wohl nicht.

Für die Herstellung von Edel- oder Halbedelsteinwasser wird laut Büchern empfohlen: destilliertes Wasser, informationsarmes (und daher aufnahmefähiges Wasser), oder Regenwasser zu verwenden. Das bedeutet, dass für die Herstellung von Edel- oder Halbedelsteinwasser bereits energetisch totes und zerstörtes Wasser benötigt wird, um die Informationen der Edelsteine oder Halbedelsteine aufnehmen zu können. Viele Menschen, die sich mit Edelsteinen, Halbedelsteinen usw. beschäftigen, werden ihre guten Erfahrungen damit gemacht haben. Ich bin auch überzeugt davon, dass die Herstellung solchen Wassers eine Verbesserungsmöglichkeit für jene darstellt, die in Großballungsräumen von Städten leben, da hier die Trinkwasserqualität besonders niedrig ist.

Die Qualität der Steine ist gleichzusetzen mit der Energiequalität unserer Erde. Steine aus dem Großhandel sind zusätzlich energetisch belastet, zumeist äußerst lieblos in Plastiktüten verpackt und wurden beim Abbau und bei der Herstellung lieblos behandelt. Solche Steine vermitteln uns bei Gebrauch genau das, was wir nicht wünschen: Aggressionen, Lieblosigkeit, Hass und Negativität. Die Reinigung der Steine ist das nächste Problem. Was tut der Mensch, um die Steine energetisch zu reinigen und womit lädt er sie (im positiven Sinne) wieder auf?

Eine energetische Reinigung der Steine ist, aufgrund der vorherrschenden negativen Energien, in den Gewässern nicht möglich. Das Aufladen der Steine mit positiver Lebensenergie? Wer seine Steine über Nacht oder auch tagsüber ins Freie stellt, bekommt gratis die hoch- und niederfrequenten Strahlen von Handysendern und Handys dazu. Durch das zerstörte Ozon sind selbst Sonne- und Mondeinstrahlung zur aggressiven und lebensfeindlichen Energie geworden. Symbole oder Gegenstände, die gerne zum positiven Aufladen der Steine verwendet werden sind selten frei von ungewollten Nebenschwingungen. Zudem sich diese zusätzlich noch aufladen, sind sie mit äußerster Vorsicht zu genießen.

Fazit:

Wir kehren wieder zu den üblichen Maßnahmen zurück, die heutzutage wärmstens zur Reinigung von Wasser weiterempfohlen werden! Z.B. destilliertes Wasser, chemisch gereinigtes oder mit Wechselstrom höchst infiziertes Wasser zu verwenden. Vielen Dank!

Die eigene Wahrnehmung schulen

Die beste Lösung für den Laien ist, die eigene Wahrnehmung zu schulen, um die Qualität hochwertigen Wassers von negativ schwingendem Wasser unterscheiden zu können.

Vergleiche regelmäßig verschiedene Wasserproben. Dazu werden keine teuren mikrobiellen, bakteriologischen Untersuchungen (belegbare Beweise auf dem Papier) benötigt, und auch kein Radiästhet, der von irgendeinem Wert erzählt, an den der Unerfahrene ohnehin nicht glaubt.

Bergkristall ist ein Kraftverstärker. Ist der Bergkristall energetisch verunreinigt bzw. in seiner kristallinen Struktur zerstört, kann er lediglich negative Energie verbreiten oder negative Energien verstärken. Bergkristalle zur Wasserenergetisierung anzuwenden bedeutet, das Wasser zusätzlich zu schädigen, weil die Kraft des bereits negativ schwingenden Wassers verstärkt wird!

Anmerkung zur allgemeinen Qualität von Steinen: Es gibt viele Herstellungsverfahren, die Edel- oder Halbedelsteine energetisch zerstören. Es gibt gebrannte, bestrahlte, imprägnierte und auch geölte sowie gewachste sowie auch sehr giftige Steine. Steine, die mit elektrisch betriebenen Geräten abgebaut oder bearbeitet wurden, sind in energetischem Sinn in ihrer kristallinen Lichtstruktur zerstört.

Mein Tipp

Nutze jene Möglichkeiten, die dir vorerst als die besten erscheinen. Beachte hierbei stets, dass du selbst „zur Zeit" das Bestmöglichste tust. Achte immer auf den positiven Leitfaden in dir. Bleibe in positiver Grundstimmung und freue dich, wenn dir neue und bessere Möglichkeiten geschenkt werden.

Bakteriologische Untersuchungen

Wasser kann chemisch und physikalisch rein sein, doch die Grundinformation in seiner energetischen Schwingung wird durch diverse Ausschwemmverfahren mit Filteranlagen ***nicht*** im positiven Sinne verändert.

Wir nehmen auch durch das Baden in Wasser die hier vorhandenen Informationen auf.

Bakteriologische Untersuchungen sind reine physikalisch-chemische Untersuchungen. Per Gesetz sind zugelassene Höchstwerte festgelegt und können gemessen werden. Gelingt es nicht mehr, die zugelassenen Höchstwerte für das Wasser (so auch das Trinkwasser) einzuhalten, werden die Grenzwerte einfach erhöht. Manche Inhaltsstoffe werden nicht einmal überprüft! Wenn Wasser physikalisch-chemisch und bakteriologisch gute Werte liefert, unterscheidet der Geist zwischen Materie und Energie.

Die Energie ist der Informationsträger, der den Organismus positiv wie negativ anregen kann. Die Ur-Information diverser Belastungen wie Schwermetalle, Pestizide, Bakterien und Keime bleiben nach einer chemisch-physikalischen Reinigung im Wasser erhalten. So ist dann Wasser für die G'studierten sauber, in Wirklichkeit aber ist es energetisch zerstört.

Derzeitige bakteriologische Untersuchungen und Maßnahmen gewährleisten keinerlei Sicherheit, denn

- 30 mg/l Nitrate bei negativer Energieschwingung des Wassers sind schädigender als
- 100 mg/l Nitrate bei einer positiven +6 Energieschwingung. Dies gilt auch für alle übrigen Schadstoffe und energetischen Ladungen (durch Handys, Stromleitungen, ...)

Wasser ist der Träger von Sauerstoff, Lichtschwingungsenergie, Nährstoffen, Mineralstoffen, Kleinstlebewesen und versorgt damit alles, was auf diesem Planeten existiert. Wasser hat die Aufgabe, lebendige Organismen zu nähren, zu reinigen und Abfallstoffe zu entsorgen.

Die örtliche Trinkwasserversorgung

Im Trinkwasser werden generell 33 Inhaltstoffe überprüft, wobei auch viele Bakterien täglich getestet werden. Es gibt aber Bakterien, die nicht untersucht werden. Warum nicht? Weil es für diese keine Grenzwerte gibt!

Unter anderem fallen darunter: Hormone (die durch die Ausscheidungen der Menschen ins Wasser gelangen) und selbst Hundekotbakterien. Über die physikalische Beschaffenheit des örtlichen Wassers kann sich jeder von den Wasserwerken eine Liste zuschicken lassen. Wer sich dann über die negativen Zustände des Wassers aufregt, wird über die Trinkwasserqualität Folgendes zu hören bekommen: „Aber weshalb beschweren sie sich so? Dies ist allerbeste Trinkwasserqualität!"

Wird Wasser nach üblichen Kriterien gemessen, geht es vor allem um seine chemische und physikalische Zusammensetzung.

Mit Geräten und Labormaßstäben können die feinstofflichen und energetischen Zusammenhänge nicht erkannt werden.

Wie oft wurden die Grenzwerte schon nach oben hin angehoben?

Alle Werte liegen unter dem Grenzwert!

Es ist schon längst bekannt, dass mit den Grenzwerten herumgepfuscht wird! Wer leidet darunter? Derjenige, der keine Ahnung davon hat und weiterhin ungesundes Trinkwasser trinkt. Die Aufbereitung von Trinkwasser mit Fluor und Chlor wirkt sich nicht nur negativ und disharmonisch auf die Organismen aus, sondern führt auch zu Frequenzmustern, die Dissonanzen und auch den Materialismus in unseren Gehirnen fördern.

Natriumfluorid wirkt sich auf lange Sicht negativ auf einen gewissen Teil des Gehirns aus, was der Wissenschaft seit bereits etwa 70 Jahren bekannt ist.

Die negativen Energieinformationen sind, wenn wir sie regelmäßig aufnehmen, auch dafür verantwortlich, dass wir immer willenloser werden und an Lebenskraft einbüßen. Ein wesentlicher Anstieg von Krankheiten findet durch die mangelnde Qualität unseres Trinkwassers ihre Ursache.

Wasser-Beleber (allgemein)

Natriumfluorid schadet auf lange Sicht der eigenen Gesundheit.

Zahlreich am Markt angebotene Wasser-Energetisierungsgeräte oder Wasser-Beleber weisen radiästhetische Werte auf, die mit dem Ur-Code der Quinta Essentia nichts zu tun haben! Viele Wasser-Beleber weisen negative Schwingungsfrequenzen auf. Andere erreichen nicht einmal positive Energiewerte.

Der Markt boomt mit vielerlei Möglichkeiten, weil bereits allgemein bekannt ist, dass unsere Wasserreserven sehr knapp sind.

Meines Wissens gibt es derzeit wenige Hersteller, die das Reich'sche Wissen uneingeschränkt und korrekt anwenden und auch dahinter liegendes Wissen verbreiten. Reichs Orgontheorie wird gelegentlich mit anderen „alternativen" Energiehypothesen, etwa denen Nikola Teslas, Carl Reichenbachs oder Viktor Schaubergers, sowie mit ostasiatischen Energielehren in Verbindung gebracht. In Deutschland stützen sich heutzutage alle körperorientierten Psychotherapieverfahren auf Reichs Ideen.

Die meisten Wasser-Beleber und Wasser-Belebungsgeräte sind nicht für den Hausgebrauch tauglich. Die Verwirrung besteht hier in der Tatsache, dass niedrige Energien Positives bewirken können. Zu niedrige Energiefrequenzen reichen für die Aufrechterhaltung unserer Lebensenergie nicht aus. Ist Wasser zu niedrig schwingend, werden die natürlichen Informationen (die wir benötigen), nicht ausreichend weiter geleitet.

Energie fließt, daher sind Informationen genau so abbaubar, wie Schadstoffe auch in der Natur abgebaut werden.

So ist das Problem hier oft nicht an der Wurzel gepackt, sondern es gibt viele Alibi- und Scheingeräte, die bei Weitem nicht das erreichen, was dem Ursprünglichen und somit der Lebenserhaltung in seiner Natürlichkeit dienlich ist. Diverse Belebungsgeräte erscheinen wie der tölpelhafte Versuch, gleichsam neuartige Glühbirnen zu verkaufen und dabei zu behaupten, diese arbeiten nicht mit Licht, sondern womöglich gar mit Lebensenergie? Manche Firmen erwähnen Wilhelm Reich, um ihrer Firma oder dem Produkt eine illustre Note zu geben, obwohl zumeist unzureichende Kenntnisse über Reichs Arbeiten vorzufinden sind.

Zu meinem größten Bedauern gibt es viele schwarze Schafe am Markt, die großes Misstrauen bei den Verbrauchern schüren. Da hilft nur eines: Aufklärungsarbeit!

Das Nachahmen Schaubergers Erkenntnisse

Schauberger war durch die uralte Tradition der keltisch-germanischen Kultur geprägt, war seherisch begabt und war ein Mensch, der die Natur verstehen konnte. Sein Natur- und

Technikverständnis unterschied sich grundlegend von dem unserer heutigen hochindustriellen Zivilisation. Moderne technologische Entwicklungen zerstören (und zerstörten) unsere Natur und somit den Lebensraum aller Lebewesen. Das Nachahmen von Schaubergers Erkenntnissen ist mit ein paar Informationen nicht möglich.

Energiespendendes Wasser benötigt Freiraum, um seine lebensspendende Energie selbst entfalten zu können.

Die Irrtümer bei Wasser-Belebungen

Es ist ein großer Irrtum vieler Nachahmer von Schaubergers Erkenntnissen, dass sie meinen, wenn Wasser in gedrehten Rohren fließt (anstelle von geraden Rohren), so sei das Problem bereits behoben. Wird Wasser in gleichförmige (wenn auch in gedrehte) Rohre gepresst, so ist das Wasser immer noch gezwungen, sich den künstlich und vor allem erzwungenen gleichmäßigen Bewegungen auszusetzen.

Um die Natur zu verstehen, benötigen wir eine metaphysische Sichtweise und vor allen Dingen: „Liebe zur Schöpfung!".

Ein weiterer schwerwiegender Denkfehler ist, dass immer noch den Schadstoffen eine zu hohe Aufmerksamkeit geschenkt wird. Dies gleicht symbolisch der schulmedizinischen Auffassung, die Krankheit als Ursache anzusehen. Bekämpft werden hier die Symptome der zugrunde liegenden energetischen Strukturen und Informationen. Durch Bekämpfung entsteht Unterdrückung. Durch Unterdrückung entsteht ein Ungleichgewicht der Energien. Die Ursache wird dabei weder im Ansatz erkannt, geschweige denn behoben. Apropos: Physikalisch gereinigtes Wasser enthält oft noch Schadstoffe, weshalb trotz Reinigung viele Menschen trotzdem mit destilliertem Wasser bügeln, um ihr Bügeleisen zu schonen! In manchen Wasserbelebern läuft das Wasser über Halbedelsteine, die mit Informationen ausgestattet werden, um dem kaputten Wasser neue Informationen zukommen zu lassen. Hier wird davon ausgegangen, dass neue Informationen die alten Informationen löschen.

Ein schwerwiegender Irrtum des menschlichen Verstandes!

Nicht die chemische Substanz des Wassers ist für die Ordnung im Organismus zuständig, sondern die hohe, stabile und positive Energiefrequenz und ihre Information!

*Die klassische NLP ist bitte nicht mit NLP-Resonanz zu verwechseln, wo Informationen, die im Unterbewusstsein gespeichert sind, auch wirklich aufgelöst werden können.

Um Heilung und Harmonie zu erreichen, sind die Ursachen und nicht die brauchbaren Informationen zu löschen. Erst dadurch kann eine Energiesteigerung ermöglicht werden.

Die Lichtschwingungsenergie von Granit und Quarzgestein befindet sich zumeist in der linksdrehenden Polarität.

Diverse Anbieter verwechseln Physik mit Chemie!

Informationen sind ***nicht*** durch eine Neuinformierung löschbar! Solche Ansätze finden wir zum Beispiel bei der *klassischen NLP wieder, wo alte und oft nicht gewünschte Informationen mit neuen Informationen überlagert werden!

Die neu gesetzten Informationen führen zu massiven Blockaden, die es dem Menschen sehr schwer machen, die dahinterliegenden Ursachen der Probleme zu beseitigen. Z.B.: Ein Mensch stottert, wenn er mit fremden Menschen zusammen kommt. Bei NLP wird dieses Problem über die gleichzeitige Aktivierung eines Körperteiles, z.B. dem Drücken des Zeigefingers und in Kombination einer zufriedenstellenden Lösung und Affirmation verankert: „Ich bin gelassen und ruhig!" So bleibt die Ursache des Stotterns unbehoben und im Unterbewusstsein weiterhin lagernd, selbst wenn diese Methode auch zu „angeblichen" Erfolgen führt. Bei Steinen führen Überlagerungen dazu, dass sämtliche Informationen weitergeleitet werden! Je nach Abbauart, nach Lage und nach Gesteinsart sind in der Natur extreme Unterschiede vorzufinden. Vor allem Granit und Quarzgestein sind hochenergetisch geladen. Steine mit solchen elektromagnetischen Schwingungen eignen sich auf keinen Fall für eine Energetisierung, ganz gleich ob es sich hierbei um einen Fluss, einen See oder um ein Biotop handelt. Materialien bei Wasser-Belebern wie Aufsätze und Bauteile benötigen die richtigen Grundvoraussetzungen, um auch positiv auf die Belebung des Wassers einwirken zu können! Materialien werden zumeist maschinell hergestellt und unterliegen der negativen Schwingung des Wechselstroms. Aufsätze, die das Wasser in die rechte Drehspirale zwingen, sind zum Teil deshalb erfolgreich, weil es bereits sehr aggressive Wässerchen gibt. Durch die sich nach rechts drehende Spiralbewegung wird die aggressive Energie entladen. Das bedeutet, dass aggressiv schwingendes Wasser durch die Rechtsdrehung neutralisiert wird, was zu einer „teilweise" erfolgreichen Wasserbelebung führt. Destillationsgeräte produzieren reinstes, aber sehr aggressives H2O und zerstören die kristalline Struktur des Wassers. Zu viel positive Energie kann genauso schädlich sein, wie zu wenig positive Energie! Ist die Energie viel zu hoch, können Blockaden im Organismus auftreten. Die Abstimmung der Energiehöhe auf den nötigen Grundbedarf ist ein sehr wichtiges Kriterium für den erwünschten Erfolg! Durch die erreichte Aggressivität bindet sich reines H2O an die erreichbaren Elemente, was zu freien Radikalen führt. Dampfdestillationsgeräte entziehen dem Wasser nicht nur alle chemischen Verunreinigungen, sondern gleichzeitig die Mineralien und Spurenelemente. Physikalische Energetisierungsgeräte senden, je nach Gerät, verschiedene Frequenzmuster aus, die sich, wie der Wechselstrom auch, negativ auf die Energie des Wassers auswirken. Mitunter gibt es Wasser-Beleber, die zu guten Resultaten führen. Die vermittelten Schwingungen sind dabei aber sehr instabil und die kristalline Struktur zerfällt bei geringsten mechanischen Einflüssen. Bereits beim Abfüllen des Wassers verliert es die positive Energie. Die Pestizidbelastung hat eine besondere Bedeutung, weil irrtümlich angenommen wird, dass diese Substanzen mit Filtern (Kohle, Osmosefilter usw.) restlos entfernt werden könnten. Alle mit dem Wasser in Berührung kommenden Stoffe wie Pestizide, Funkwellen, Strom, Radarwellen usw., hinterlassen eine Informationsspur, die auf uns genau so schädlich wirkt, wie die Schadstoffe selbst. Der Mensch hat die Lebendigkeit des Wassers nicht verstanden und es ohne Verständnis für seine ihm innewohnende Seele mit chemischen Reinigungsmitteln und Zusätzen beschmutzt. Um den Verschmutzungen und den sich angesiedelten Krankheitserregern Herr zu werden, bekämpfte er wiederum auf chemischem Wege das Wasser (übliche Reinigung). Dadurch verlor die Seele des Wassers an energetischer Kraft. Im Paket haben alle vorhandenen Störfrequenzen das Wasser beinahe komplett zerstört.

Plastik schwingt in einer negativen Schwingungsfrequenz und ist zum Abfüllen von Wasser nicht geeignet!

Künstliche Energieanreicherung erzeugt künstliche Energie! Genauso kann aus künstlich hergestellter Nahrung keine natürliche Nahrung werden. Künstlich bedeutet: „Nicht naturnah, nicht von oder aus der natürlichen Lebendigkeit heraus erschaffen." Alle naturwidrigen Experimente, die den natürlichen Schöpfungsakt unberücksichtigt lassen, klammern die uns von Gott gegebene Ur-Ordnung und in sich selbstregelnde Perfektheit aus. Der Mensch ist nicht in der Lage, aus künstlichen Bestandteilen Lebendigkeit zu zaubern. Die Lebendigkeit der Schöpfung ist der Inbegriff von Liebe.

Je höher die Pestizidbelastung ist, umso negativer ist auch die energetische Belastung des Wassers.

Eine traurige Tatsache ist, dass viele Menschen kein gesundes, natürliches Wasser mehr kennen. Daher fehlt auch der Vergleich.

Wasser speichert negative Energie von der Entsäuerungsanlage bis zur Kläranlage und zurück in den Privathaushalt.

Kalk im Wasser

Kalk im Wasser (messbar über die Gesamthärtegrade) wird durch die VollHarmonisierung in seiner biomolekularen Zusammensetzung verändert, was zu einer Reduzierung des Kalkes bis zu ca. 2/3, gemessen an der Anfangsbelastung, führt.

Wichtig bei Kalk

Es ist absolut verkehrt, Kalk aus dem Wasser restlos entfernen zu wollen! Kalk ist ein wichtiger und lebensnotwendiger Bestandteil des Wassers!

Wir benötigen natürlichen Kalk, um unseren Körper gesund zu erhalten (Knochen, Zähne). Wird die elektromagnetische Spannung bei Geräten durch die StromHarmonisierung verändert, reduziert sich automatisch auch der Kalk. Es ist aber wie bereits erwähnt ein absoluter Schwachsinn, wenn wir meinen, es dürfe kein Kalk mehr auf die elektrischen Heizschlangen, Kaffeemaschinen, Boiler usw. gelangen. Durch eine Wasserentkalkung oder durch den Einsatz von falschen Reinigungsmitteln wird der Kalk zwar entfernt, worüber sich so mancher erfreuen mag, die Lebensenergie und Qualität des Wassers wird dabei aber komplett zerstört.

Energiereiches Wasser ist und bleibt der beste Durstlöscher überhaupt. Energiereiches Wasser schenkt Wohlbefinden!

Energiereiches Wasser ist und bleibt der beste Durstlöscher überhaupt. Lebendiges, hochschwingendes und natürliches Lichtwasser bewirkt das Gefühl, dass wir uns fit, wohl und beschwingt fühlen, da die Energie tief in die Zellen des Organismus und auch in unseren feinstofflichen Körper eindringt.

VollHarmonisches Wasser –
mit Biofeedbackgerät geprüft

Die namhafte Ärztin Frau Dr. Kotzian, aus Maria Lanzendorf bei Wien, stellte durch die Untersuchung mit einem Biofeedbackgerät fest, dass VollHarmonisches Wasser ein heilend wirkendes Wasser ist.

Wasser zu trinken ist zwar wieder modern und wird von Gesundheitsaposteln stark forciert, nur die Frage nach der Qualität und nicht nur nach dem Geschmack, sollte unbedingt gestellt werden.

Die Wiener Ärztin: „Herkömmliches Wasser wird schon im Ursprung durch den Einsatz von Düngemitteln und anderen chemischen Substanzen teilweise oder auch gänzlich zerstört. Optisch betrachtet ist es zwar rein, in seiner Wirkung aber tot. Lebendiges Wasser ist Träger und Vermittler heilender Kräfte und stärkt das Immunsystem. Es gibt bemerkenswerte Zusammenhänge zwischen negativ schwingendem Trinkwasser und Krankheiten. Wasser besitzt eine natürliche Speicherkapazität. Es speichert unbewusste wie bewusste Daten.

Es besitzt ein eigenständiges Erinnerungsvermögen. Da der Mensch zu ca. 80 % aus Wasser besteht, ist es verständlich, weshalb die gespeicherten Daten im Trinkwasser automatisch auch auf den menschlichen Organismus übergehen. Diese Datenübertragung ist bedenklich, vor allem in der heutigen Zeit haben wir mit einer Fülle von Daten zu tun, die krankheitsförderlich sind. Der Mensch benötigt am Tag ca. 2,5 Liter reines und hochwertiges Wasser, um seinen Organismus von Giften befreien zu können. Wird aber Wasser mit negativen Dateninfos getrunken, kann hier nicht von Reinigung gesprochen werden, sondern von einer zunehmenden Vergiftung!"

Unser tägliches Wasser hat bedeutenden Einfluss auf unsere Gesundheit!

Was ist nun richtig? Was ist falsch?

Die Qual der Wahl: „Es gibt so viele Anbieter"

Das ist doch alles nur ein Verkaufstrick!

Wer bietet Ware an, die hochwertig ist? Ist das alles nicht nur ein Verkaufstrick? Wasser ist doch einfach „nur" Wasser, oder? Ich sehe Wasser, also ist es auch Wasser! Was ist lebendiges Wasser? Ist nicht jedes Wasser lebendig?
Oder umgekehrt: Seit wann lebt Wasser? Schadstoffe im Wasser, wie Keime und Bakterien, verursachen Krankheiten! Solche oder ähnliche Aussagen und Fragen können beim Einzelnen auftauchen. Kenntnisse der Behandlungsverfahren sind daher dringend nötig, um nicht auf Firmen (oder auch Einzelpersonen) hereinzufallen, die lediglich ihre Produkte vertreiben wollen und hier eine gute Einnahmequelle wittern.

Leider sind mehr Verkäufer an ihrem persönlichen Einkommen interessiert, als daran, die Möglichkeiten zu nutzen, das bereits vielfach zerstörte mikrobielle Leben wieder in die ursprüngliche und natürliche Ur-Frequenz zurückzuführen, was dem Einzelnen und auch der Erde und Schöpfung zugute käme. Um sich von etwas überzeugen zu können, benötigt es vorerst der Erfahrung. Wer regelmäßig mit schlechtem Wasser versorgt wird, der kauft sich vielleicht diverse Wässerchen mit Mineralien, die am Markt hochgepriesen werden. Ja, vielleicht schmeckt solches Wasser sogar besser als das Wasser aus der Leitung. Damit wurde erfahren: Mein Leitungswasser schmeckt nicht so gut wie gekauftes Wasser.

Falsche Informationen bei Energie-Geräten

Falsche Informationen spielen eine bedeutende Rolle bei den meisten Anbietern von energetisch „wirkungsträchtigen" Produkten. Entscheidend ist der Lebens-Energiegehalt, der die

Wirkung unterschiedlich zu beeinflussen vermag. Entscheidend sind daher auch nicht die Botschaften, die Energieträgern zugeschrieben werden.

Unterschwellige Botschaften sind nicht die Energielieferanten und deshalb *nicht wesentlich* entscheidend für eine positive Entwicklung oder Ausrichtung.

Hier liegt auch der Unterschied zur Homöopathie, mit der die energetischen Verfahren oft und fälschlicherweise verglichen werden. In moderner Betrachtung führen die von Menschen zugeführten Informationen und Botschaften zur Informationserneuerung und sollen die Löschung der negativen Informationen anregen. Eine Neuinformierung führt aber erst dann zur Lösung, wenn tatsächlich alte Informationen aufgelöst wurden. Üblich ist: Alte Informationen mit neuen Informationen zu überlagern. Eine positive Energieschwingung von Menschen vermag Wasser schon zu verändern, sodass es sehr hochwertig wird. Es ist beachtlich, wie das auf einen Zettel und am Wasserglas angebrachte Wort „Liebe" für die eigene Herstellung von Energiewasser wirken kann. Ein großer Nachteil dabei ist, dass sich diese Energie leider wieder sehr schnell verflüchtigt und nicht stabil erhalten bleibt.

Die größte Fehlerquelle ist der Mensch selbst!

Der Schritt in die richtige Richtung

Trotz kritischer Gesichtspunkte will ich nicht den Eindruck aufkommen lassen, dass alle energetischen Behandlungsverfahren falsch zu beurteilen sind. Jedes energetische Verfahren stellt trotz Fehlern einen Schritt (oder auch mehr) in die richtige Richtung dar. Ich will damit aber aufzeigen, dass bei der heutigen Geschäftemacherei die kapitalistische Ausrichtung immer noch die Oberhand hat. Daher ist bei der eigenen Aus-

Unterschwellige Botschaften sind nicht die Energielieferanten.

Die Liebe ist die höchste Kraft. Das Wort „Liebe" erhält seine Kraft über die Energie, die sich aus dem Gefühl und der Zuordnung zugleich ergibt. Das bedeutet, dass jede Gefühlsregung stärker ist, als Worte. Ein tiefliebender und gläubiger Mensch ist in der Lage, Licht, Liebe und Energie zu spenden.

Merke: Wahrheit ist tiefes, verinnerlichtes und liebendes Wissen. Die mächtigsten Heiler sind jene, die die Liebe leben.

Da die Liebe viele Facetten aufweist, würde das Thema den Rahmen dieses Buches sprengen. Eines aber ist schon wichtig zu wissen: Nicht alleine das Wort „LIEBE" versetzt das Wasser in eine andere Schwingung, sondern der in Demut gelebte wahrhaft und beseelte Wunsch.

Die eigene Wahrheit wird durch Selbsterfahrung erkannt. Je mehr Erfahrungen verinnerlicht werden, umso besser kann der Mensch zwischen Schein und Sein unterscheiden.

Die Quinta Essentia mit ihrem Licht-Code 101 ist eine freie Energie.

Freie Energie ist nicht über elektromagnetische Wellen zugänglich oder erreichbar.

Durch die Freiheit des Ur-Codes werden schädliche Energien auf natürliche Weise in hohe wohltuende Energien umgewandelt.

richtung (vor allem bei Laien) das Problem der Unterscheidung angezeigt. Mein Tipp: Probiere aus, spüre und achte auf dein inneres Gefühl. Wie schmeckt das Wasser? Schmeckt es frisch und lebendig? Schmeckt es langweilig und müde?

Je mehr du dich für diese Dinge interessierst, umso höher steigen deine Erfahrungswerte, was dir Unabhängigkeit schenkt. Mit der Zeit lernst du deinen Erfahrungswerten zu vertrauen und bist nicht mehr so leicht irrezuführen.

Kriterien, die bei der Qual der Wahl unterstützen können

- Wem dient das Produkt, das Gerät?
- Wird das Gerät, Produkt mit herkömmlichem Strom betrieben?
- Werden chemische Zusätze für die Wasserzubereitung verwendet?
- Wird das Wasser künstlich mit Sauerstoff angereichert?
- Wird das Wasser mit Halbedelsteinen energetisiert?
- Welche Kenntnisse hat der Betreiber über Reich und Schauberger wirklich?
- Kann das Produkt kostenfrei getestet werden?
- Legt der Verkäufer Wert auf Kundenzufriedenheit?
- Liegt in der Beratung bzw. beim Hersteller Bescheidenheit vor, oder wird hier die Zweckdienlichkeit als Werbeträger großartigst hervorgehoben und angepriesen?
- Wie stabil ist diese Energie? Wie lange hält sie an?

Jede Fehlentscheidung ist ein Schritt weiter zum Ziel!

- Welche Kriterien (welche Grundmotivation, Hersteller usf.) stehen hinter dem Wasser-Belebungsverfahren?
- Von welchen Erfahrungswerten wird berichtet? Wie hoch ist die Energie des Wassers?

Das Gute an unserer angeborenen Intuition

Der Mensch trägt ein tiefes Urwissen in sich.

Es bedarf lediglich der Auseinandersetzung mit sich selbst, um den inneren guten und hilfreichen Stimmen wieder jene Achtung schenken zu können, die sie auch verdienen. Der Mensch ist fähig, über die Rückerinnerung, sich auf das Wesentliche, die Liebeskraft, zu besinnen, um die Irritationen des Verstandes abzulegen, was freilich ein langer Prozess sein kann.

Wer aufrichtig lernbereit ist, wird verstehen und akzeptieren, dass jeder Weg des inneren Wissens über Irrtümer und Verfehlungen führt. Erfolge sind nicht nur über die für uns angenehmen Erfahrungen möglich.

Um in der Vielfalt Gutes von Schlechtem unterscheiden zu können, ist es nicht wichtig, unendlich viel Literatur über Wasser usw. zu verschlingen.

Einzig und alleine du bist der Parameter für das, was für dich schlecht, mittelmäßig oder gut ist.

Beachte dein innerstes und ehrlichstes Gespür – deine Intuition!

Menschen wurden als Menschen geboren und die Menschen sind eben menschlich!

Irrtümer, Verfehlungen, die vielen Auf und Ab im Leben sind gleich wichtig! Sammle, sortiere und verwirf falsche und unangebrachte Informationen wieder.

Widme dich deinem Inneren und erfahre immer mehr, wie unendlich weise dein inneres Selbst ist. Du bist der Parameter für das, was für dich schlecht, mittelmäßig oder gut ist.

Du kannst nur über die Erfahrung deine eigene innere Stimme und dein einzigartiges Seelenbewusstsein kennen lernen.

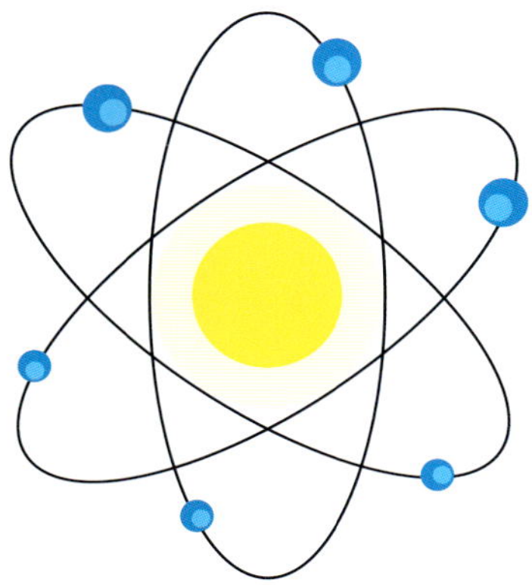

Der göttliche Funken

Die kleinen, für das menschliche Auge unsichtbaren Elektronen sind in immerwährender Bewegung und umkreisen den Atomkern.

Ihre Bewegungen im Kreislauf des Ewigen Seins richten sich nach göttlicher Gesetzmäßigkeit aus. Es ist daher unmöglich, auf mathematischem Wege, Quantenphänomene zu errechnen und beweisbar zu machen! Ein einheitliches und widerspruchsfreies Verständnis der Natur ist und bleibt ein unerreichbares Ziel, solange der Mensch das Mysterium, Gott und Schöpfung nicht verinnerlicht hat. Das göttliche Gesetz, die Seele der Schöpfung, richtet sich eben nicht nach mathematisch berechenbaren Parametern!

Der Atomkern beinhaltet 7 Quarks, wovon 6 Quarks in ihrer Aufgabe wissenschaftlich zuordbar sind. Das 7. Quark aber, ist nicht erfassbar! Die Begründung hierfür liegt in seiner Lebendigkeit und eigenständigen Beweglichkeit, die der Lichtenergie zuzuordnen ist. Hierin liegt die Begründung, weshalb Leben und so auch Wasser vom Menschen nicht erzeugbar ist. Das 7. Quark, die Lichtenergie im Wasser, ist der Teil, der auch als göttlicher Funken verstanden werden kann.

Anmaßendes Verhalten

Wir Menschen sind von Gott erschaffene Wesen und vermögen die Materie zu beeinflussen. Wir können (durch die Liebe zwischen Mann und Frau) Kinder zeugen und Leben gebären, aber wir können nicht aus uns selbst heraus Lebendigkeit erschaffen. Um Kinder zu bekommen bedarf es zweier Menschen, einer Frau und eines Mannes. Die künstliche Befruchtung ist und bleibt eine *künstliche* Befruchtung, selbst wenn daraus Leben entsteht. Und: ohne die Samenzellen eines Mannes kann der Mensch *keine* künstliche Befruchtung herstellen!

Der Mensch kann das in sich perfekte System der Göttlichkeit weder nachahmen noch ist es ihm (auf seinen Abwegen, welche die vielen Forschungen darstellen) möglich, dieses göttliche System zu verstehen.

Vor allem ist eines der größten Probleme des Menschen, dass er, anstatt die Göttlichkeit zuzulassen, sich selbst als Gott verstehen will. Das bedeutet, dass der Mensch hier noch sehr viel zu lernen hat! Ein besonders anmaßendes Verhalten des Menschen ist, die vielen Zerstörungen in der Umwelt unter dem Deckmantel *Fortschritt* zu verbreiten.

Die Erde wird weiterhin ausgebeutet. Die Regierungen sind immer noch geltungssüchtig und der Einzelne, ja, der Mensch selbst, als Individuum, zählt nicht! In der reinen Schulmedizin oder Wissenschaft zählen rein logische und beweisbare Fakten, die keinesfalls der Natürlichkeit und Lebendigkeit des Lebens und der Ur-Ordnung entspringen. Eine feindliche Haltung gegenüber anderen Kulturen, gegenüber unseren Mitmenschen, aber auch gegenüber Tieren, Mikroorganismen usw., hat bereits Spuren der Vernichtung und Lebensverneinung hinterlassen!

Hier auf Erden ist unsere Lebensbühne, die wir Menschen selbst erschaffen haben und weiterhin erschaffen!

Grotesk ist: Wir erhielten die Ur-sprünglichkeit und ein in sich perfekt funktionierendes System als Gottes Gabe.

Wir haben dieses Geschenk wohl übersehen?

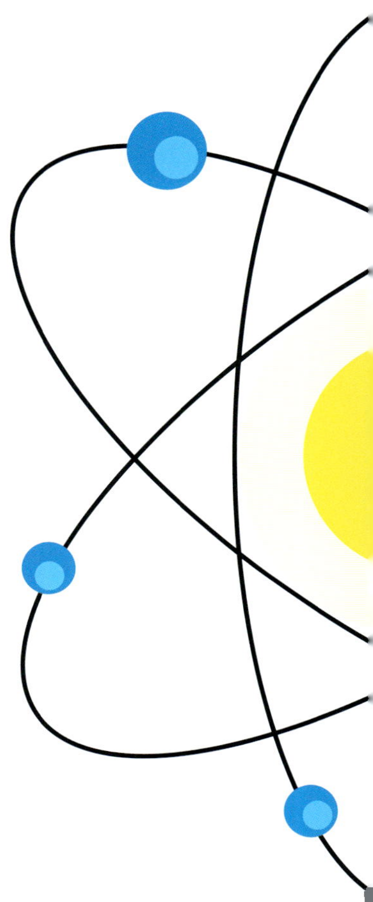

Er-wachen

Äußeres beeinflusst innerlich.
Verinnerlichtes
beeinflusst die Welt!

& Bewusstsein

Die feinsinnigen Menschen unter uns

Sensible Menschen, die auf Energie stärker reagieren als andere Menschen, haben zumeist ein sehr gutes Gespür für Natürliches und das Lebendige. Daher sind die Sensibelchen unter uns auch mehr gepeinigt, wenn es darum geht, sich vor negativen Energien zu schützen. Ich kann und will hier aber bewusst hervorheben: „Die eigene Sensibilität kann für viele Menschen ein Problem sein, weil feinere Nuancen gefühlt werden, von denen andere Menschen, oftmals jene mit Ellenbogenmoral, überhaupt nichts mitbekommen. Im positiven Sinne ist eine hohe Sensibilität eine hohe Bereicherung. Der Unsensible erfährt die negativen Schwingungen nämlich genauso wie der Sensible.

Der Unterschied ist lediglich:
Der Unsensible nimmt die Schwingungen nicht bewusst wahr!

Der Sensible hat die Möglichkeit sich zu schützen!

Der Sensible hat durch seine feine Wahrnehmungsmöglichkeit die Möglichkeit, sich vor äußeren Einflüssen zu schützen.

Der Unsensible, der z.B. hochfrequenten Energien genauso ausgeliefert ist, davon jedoch nichts wahrnimmt, wird wohl kaum nach einem Schutz suchen. Die Unsensiblen sind eher diejenigen, die Energetisches oder Metaphysisches als Schwachsinn bezeichnen. Ein weiterer Vorteil der Sensibilität sind auch die feineren Antennen für das Gute, Schöne usw., was hier ein Geschenk symbolisiert. Es gibt mehrere Gründe, weshalb die Welt der Energien nicht allgemein anerkannt wird. Einerseits, weil viele Menschen sie nicht sehen, nicht riechen oder hören.

Heiler oder Radiästheten sind sehr feinfühlig. Es gibt Menschen, die besonders sensibel sind.
Auch unbewusste Menschen sind oft sensibel!

Negative Schwingungen besitzen die Gabe der Ansteckung. Dasselbe gilt ebenfallls für positive Schwingungen.

Hochfrequente Energien sind für viele Menschen fühlbar! Wer von diesen Energien nichts bemerkt, ist im Nachteil!

Mütter, die ihren Kindern Handys schenken, wissen oft nicht, welch außerordentlichen Gefahren ihre Kinder ausgesetzt sind.

Künstler, Heiler, ans Wasser gebaute Menschen, alte oder ganz junge Menschen sind zumeist sehr feinfühlig.

Andererseits sind zumeist Ego-Bestrebungen die Ursache. Wir finden vielerlei Erklärungsmodelle für Lügen und/oder Verblendung in Wirtschaft, Politik, Wissenschaft, Medizin usw. Gott oder eine höhere geistige und hochintelligente Energie wird hier nicht nur ignoriert, sondern von Ungläubigen auch als naiv bewertet.

Aufpassen:

Künstliche Düfte z.B. bei Kerzen, Duftölen, Parfum, Duftsäckchen, Seifen ..., beeinträchtigen unsere Gesundheit!

Wahrer, tiefer Glauben ist nicht naiv

Naivität ist, wenn ein Mensch unwissend (gutgläubig) reagiert und beispielsweise sagt: „Ich glaube, ..."

Diese Aussage wird allzu leicht mit dem tiefen Glauben an die Schöpfung verwechselt. Diese Aussage beinhält: „Ich weiß es nicht so genau, aber ich bin geneigt zu denken, ..."

Der wahre Glaube aber ist begleitet von einem tiefen inneren Wissen, welches sich nicht auf Äußerlichkeiten beschränkt. Wissende sind zutiefst gläubig. Und deshalb vermag wirklich tiefer, gelebter und echter Glaube Berge zu versetzen!

Gelebtes Wissen ist tiefer, verinnerlichter Glaube!

Falsche Wege

Es wird bereits von einer allgemeinen Umstellung auf Energiesparlampen gesprochen, um der globalen Erwärmung vorzubeugen. Auf dem Markt sollen alle anderen Glühbirnen abgeschafft werden. Tolle Neuigkeiten für alle, die bereits wissen, dass Energie-spar-lampen ihren Namen zu Recht verdient haben! Sie sparen nicht nur an Elektrizität, sondern rauben dem Menschen Energie! Bereits in Planung: „Strahlen-Schutzanzüge" für den täglichen Gebrauch! Weil so viele Menschen krank sind, werden Pillen, Salben und Tinkturen hergestellt.

Woraus? Aus Tieren, wie beispielsweise Tiger, Bären, Nashörnern, Leoparden usw. Vor allem finden die bereits vor dem Aussterben bedrohten Tiere in der Traditionellen Chinesischen Medizin ihre Anwendung.

Der Giftcocktail auf der Erde und in der Atmosphäre wächst und verdichtet sich von Tag zu Tag mehr und mehr.

Um der globalen Erwärmung vorzubeugen werden regelmäßig, weltweit, mit kleinen Flugzeugen flächendeckend Gifte in der Atmosphäre versprüht!

Normale Kondensstreifen verflüchtigen sich sehr schnell.

Giftige Kondensstreifen bleiben sehr lange erhalten. Sie bilden sich zu wolkenartigen Gebilden und heißen Chemtrails.

Durch die Chemtrails funktioniert die Funktechnologie besser. Ein guter Grund für Kapitalisten, hier weiterzumachen.

Beachte die Kondensstreifen!

Chemtrails enthalten: Aluminium in Nano-Kristallform. Wirkt gehirnschädigend und zerstört die Schleimhäute. Auch Schwerspat ist enthalten (ein Rattengift), welches die Schleimhäute austrocknet und erhärtet.

Warten wir wirklich auf die Rettung von Außerirdischen? Oder glauben wir tatsächlich, dass die Vernichtung unserer Lebensgrundlage durch Prophezeiungen von aufgestiegenen Meistern und Engeln ganz von selbst geschieht?

Die negativen Veränderungen sind genauso wie die positiven Prozesse rasant im Steigen. Die Beschleunigung aller Prozesse ist die eindringliche Mahnung und das Aufzeigen, wie es um uns und um die Erde bestellt ist.

Die Wechselwirkung von Energie

Die Liebe ist die höchste Kraft. Sie vermag negative Kräfte in Harmonie zu verwandeln.

Jede positive Veränderung in unserem Leben ist ein wertvoller Beitrag für die Gemeinschaft.

Jeder Liebesakt an sich selbst schenkt der Erde Licht.

Die eigene Ausrichtung ist mitbestimmend, wie sich andere Menschen fühlen.

Je offener wir sind, umso mehr Licht und Liebe beseelen diese Welt.

Liebe ist Offenheit. Zu lieben bedeutet: „Ich achte auf mein Wohlbefinden. Ich tue mir Gutes!"

Die Erde, der Mensch und der Kosmos stehen in Wechselwirkung zueinander. Jede Veränderung, gleichgültig ob positiv oder negativ, bewirkt wiederum eine Veränderung.

So betrachtet ist verständlich, weshalb es energetisch keine Trennung zwischen den Energien gibt. Wir Menschen sind energetisch miteinander verbunden, ob bewusst oder unbewusst. Energien wie die der Radioaktivität sind unsichtbar. Trotzdem übt die Radioaktivität eine Wirkung auf Lebewesen aus. Da Energie nie verloren geht, sind auch Reaktorunfälle am anderen Ende unserer Erde für uns von hoher Bedeutung.

Alle negativen Veränderungen in der Atmosphäre und auf der Erde wirken sich auf Menschen gerade so wie auf Tiere aus. Je höher die negativen Energien und Informationen sind, desto mehr freie Radikale sind vorhanden. Zu hohe elektrische Impulse führen zu Funktionsstörungen im Organismus. Es kommt vermehrt zu Krankheitsverschlimmerungen, Unfällen, Todesfällen, Infektanfälligkeiten und bei jahrelang anhaltenden Störungen wirkt sich die Erhöhung der aggressiven Energien drastisch auf alle Funktionen des Körpers bis hin zu den Zellen aus!

Jeder Liebesakt an sich selbst ist der beste Garant für eine allgemein positive Wandlung.

Die Menschen haben Angst

Viele Menschen haben Angst. Sie bemerken bereits, dass vieles im Argen liegt, wissen aber nicht, was sie dagegen tun können. Der Esoterikmarkt boomt und immer mehr Energetiker bieten ihre Hilfsdienste an. Yogi Bhajan, der Meister der Kundalini Yoga, spricht von sehr starken Veränderungen durch den Wechsel in das Wassermann-Zeitalter. Was aber wirklich passieren wird, das weiß niemand. In vielen Traditionen und spirituellen Richtungen wurde das Jahr 2012 als ein Jahr des Umbruches (und des energetischen Aufstieges) genannt. Manche weisen darauf hin, dass durch die vorherrschenden hohen Energien dieser gewaltige Umbruch bereits 2008 stattfindet.

Gleichgültig, aus welcher Perspektive auch immer wir die vorherrschenden Probleme betrachten wollen, eines ist auf jeden Fall ganz klar:

„Die Menschen wünschen sich eine positive Wandlung"!

Das 21. Jahrhundert, eine Kehrtwende um 180 Grad?

Die spirituelle Ausrichtung

Spirituelles Erwachen bedeutet unter anderem, sich von Fixierungen, Fremdmeinungen und unbewussten Mustern loszulösen. Echtes Bewusstsein bedeutet, zur eigenen schöpferischen Freiheit zu gelangen. Labile Menschen oder Menschen, die auf Grund zu wenig eigener gelebter Erfahrungen den Erkenntnissen anderer Menschen nacheifern, leben weiterhin im Irrglauben ihrer Gedanken. Es geht um die Eigenverantwortlichkeit, um das schöpferische, freie und liebende Leben.

Du bist Licht und daher ein Lichtbringer in dieser Welt.

Was tust du dir Gutes? Wie bist du zu dir selbst? Beachtest du dein einzigartiges Potenzial, dein ganz individuelles Licht?

Es ist nicht nötig, sich mit besonderen Techniken (wie zum Beispiel das Erwachen der Kundalini vertraut zu machen, um hier besondere Leistungen zu vollbringen.

Wichtig ist einzig, die Liebe in unserem Denken, Handeln und in unserem Fühlen zuzulassen. Die Liebe ist frei von Geltungssucht und Ellbogenmoral. Mangelnde Liebesbereitschaft führt *immer* in negative Konfliktsituationen und schürt weiterhin Hass und alle seine negativen Begleiter in Form von Rebellion, Auflehnung, Unverständnis und letztendlich zum Krieg.

Es gibt, außer der Liebe, keine andere Möglichkeit, den Unfrieden in uns selbst und damit auch in dieser Welt aufzulösen. Ohne unser Zutun und unseres inneren Reifeprozesses bleiben Wünsche nach Liebe, Freiheit und innerer Zufriedenheit letztendlich reine Illusionen.

Unsere oft unscheinbaren Helfer

Mein aufrichtiger Dank gilt jenen Menschen, die sich mit all ihrer liebevollen Kraft für die Erde und ihre Lebewesen einsetzen. Es gibt gottlob! viele Helfer auf dieser Welt, die tatkräftig bei positiven Ausrichtungen mithelfen.

Hier sind all jene Menschen gemeint, die Tag für Tag liebevoll und demütig an der Auflösung von negativen Strukturen arbeiten, wie beispielsweise Heiler oder auch ganz schlichte Menschen, die uns immer wieder Trost und Aufmerksamkeit auf unseren Wegen spenden.

Viele Menschen kommen regelmäßig zusammen, um für die Erde zu beten. Das Gebet, wenn es aufrichtig und demütig ist, erzeugt sehr viel positive Kraft, die der Allgemeinheit zugute kommt. Es gibt Menschen, die in ihrer Erscheinungsform wie Menschen aussehen, aber hohe Lichtwesen sind. Mit ihren

Fähigkeiten setzen sich jene für das Auflösen von Leid ein und schenken der Menschheit sehr viel Erleichterung. Viele Menschen bemühen sich altruistisch und ohne Dank zu erwarten um die Aufrechterhaltung ethischer Werte.

Sie leben die Liebe und zeigen uns, wie wir miteinander (oder auch in uns selbst) in Frieden sein können.

Die verblendete Gesellschaft

Die Verblendung in der Gesellschaft ist riesengroß. Was immer noch zählt sind Status und Geld! Wer nichts vorzuweisen hat, ist auch nichts wert. Viele vergessen ihre eigenen Möglichkeiten und Stärken! Persönlichkeit und Individualität gehen mehr und mehr verloren. Die Menschen lassen sich wie Unmündige behandeln, weil dies immer noch dem vorherrschenden Zeitgeist entspricht. Je mehr Menschen sich der Liebe zuwenden, desto mündiger und selbstbewusster werden sie.

Jeder Mensch vermag auf dieser Welt
seinen ganz individuellen und lichtvollen Beitrag zu leisten.

Die Liebe aber will gelebt sein. Die Liebe soll auch nicht im Dienst am Andern missbraucht werden. Um der wahren Liebe immer wieder näher zu rücken, ist es nötig, sich selbst zu verändern. Die Hinwendung zu den kleinen Dingen, die unser Leben so liebenswert machen, ist heutzutage dringender nötig als jemals zuvor, um die Liebesschwingung und um unser Licht in diese Welt zu tragen. Wir dürfen unser Licht in die Welt tragen, um hier immer wieder göttliche Funken der Liebe auszusenden. Jeder göttliche Liebesfunken entfacht ein neues Licht und wirkt ansteckend. Für welche Energie entscheidest du dich, jetzt in diesem Augenblick? ... und in zwei Stunden, morgen, in einer Woche, ... ?

Schenken wir Licht …

Wir können bei uns selbst Veränderungen einleiten, um der Erde und seinen Bewohnern Licht und Liebe zu schenken.

Jede Veränderung, die den natürlichen Lebensraum schützt, ist ein wertvoller Beitrag für die Gemeinschaft.

Bequemlichkeit und Trägheit sind Bremsen, die in der heutigen Zeit immer schneller zum Bumerang werden. Aber auch Panik und Hysterie führen nicht in eine wünschenswerte Richtung.

Es gibt eine Lösung, ein besonderes Geschenk für alle Menschen und Tiere! Wir wissen um diese Kraft und können sie für uns selbst nutzen!

… schenken wir Liebe …

Nutzen wir die allgegenwärtige Kraft der Liebe bewusst, bringen wir Licht in diese Welt. Nutzen wir die allgegenwärtige Kraft der Liebe bewusst, dann verändert sich auch der vorherrschende Gesellschaftsgeist.

Die eigene Ausrichtung ist mitbestimmend, wie sich andere Menschen fühlen und demnach auch verhalten werden.

Die eigene Macht
in Liebe nutzen

Jede kleine Veränderung zum Guten schenkt der Welt positive Energie. Veränderungen im Großen beginnen mit kleinen Veränderungen. Hohe Ziele können zumeist auch nicht von einer Sekunde zur anderen Sekunde erreicht werden, sondern werden schrittweise erzielt. Positive Veränderungen beginnen immer bei sich selbst.

Veränderungen im Großen fangen im Kleinen an.

Wer seine Welt verändern will, der hat auch die Möglichkeit dazu. Das große Problem ist, dass wir oft die kleinen guten Schritte in unserem Leben nicht ausreichend wertschätzen. Wer schätzt schon, dass er gehen kann? Oder mit seinen Fingern zu greifen und zu tasten vermag? Wer schätzt seine eigenen Fähigkeiten? Und wer ist sich bewusst, dass es die kleinen, oft nebensächlich erscheinenden Dinge sind, die so viel Gutes in der Welt bewirken?

Wer seine eigene Macht unterschätzt, schränkt seine schöpferischen Möglichkeiten ein. Es sind stets die kleinen, wie nebensächlich erscheinenden Dinge, die Großes bewirken.

Die Macht der eigenen Gedanken wird schlichtweg unterschätzt. Da wir Menschen dazu geneigt sind das Leben einfach laufen zu lassen, können wir unsere eigene konstruktive Macht nicht nutzen. Wir lassen uns nutzen. Das Leben, die Menschen, unsere Vorgesetzten, die Verwandten usw. bestimmen unser Leben. Solche Abläufe sind uns oft nicht bewusst, lassen sich aber bewusst machen. Mit regelmäßiger Übung (und dies ist manchmal ein Lebenstraining!), können wir sehr viel erreichen! Die eigene Macht in Liebe zu nutzen bedeutet, für sich selbst da zu sein. Was wäre diese materielle Bühne des Lebens ohne dich? Oder umgekehrt: Was wärst du, ohne dieses Leben? Du bist auf dieser Welt, um das Beste aus deinem Leben zu machen. Und der Hauptdarsteller in deinem Leben, der bist du! Du hast dir dein Leben so erschaffen, wie du es gerade lebst, denn du hast die Kraft deiner Gedanken und die Kraft deines Unterbewusstseins immer schon genutzt.

Das eigene Lebensdrehbuch schreibt sich jeder selbst. Oder lässt du es von deinen Mitmenschen schreiben?

Echter und tiefer, ja, beseelter Glaube erschafft deine Realität!

Mein Bruder, meine Schwester, ich und meine Eltern.

Damals wurde noch mit einem Seitenmähwerk gemäht.

Meine Herkunft

Als Mühlviertler wurde ich 1949 in Kefermarkt am Bauernhof meiner Eltern geboren. Die Verhältnisse waren so, wie sie der damaligen Zeit entsprachen:

Die Produktion der Landwirtschaft war bescheiden und es mangelte oft an Geld für die notwendigsten Anschaffungen. Der 1. Traktor wurde 1964 in Betrieb genommen.

Davor waren vier Pferde als Zugkraft im Einsatz. An Arbeit fehlte es nie. Mein Bruder und ich waren bis 1973 bei meinem Vater tätig. Bis zum Juli 1971 hatten wir noch einen Knecht. Er war der letzte Knecht in der Gemeinde Kefermarkt. In den frühen 70er Jahren gab es noch eine starke Unterversorgung bei allen landwirtschaftlichen Grundprodukten.

Die Preise hatten aus heutiger Sicht beachtliche Höhen. Wintermahlweizen ab Hoflager kostete in den 70iger Jahren mehr als 3 Schilling (22 Cent), ein Liter Milch in 1. Qualität mit 4 % Fettgehalt ca. 6,30 Schilling (46 Cent). Schließlich kam eine Zeit, in der landwirtschaftliche Beratungen seitens der Regierung angeboten wurden, die zu einer beachtlichen Produktionssteigerung führten und den Höfen zugleich auch mehr Geld zur Verfügung stand.

Als Erstgeborener kam ich als Übergangsglied zweier Zeitepochen gerade recht. Schule, daneben die Arbeit mit den Pferden, Pflügen, Getreide zur Mühle bringen, damit wuchs ich auf.

Ich absolvierte die landwirtschaftliche Ausbildung am Ritzlhof, die ich 1972 mit der Meisterprüfung in der herkömmlichen Landwirtschaft abschloss.

Mit meiner damals modernen Ausbildung als landwirtschaftlicher Facharbeiter konnte ich mit der rasanten Weiterentwicklung mithalten. Vielleicht auch deshalb, weil für mich immer eine starke Verbindung zur Natur und ihren Gesetzmäßigkeiten, zum Überlieferten und Bewährten, die wichtigste Grundlage war.

1971 heiratete ich und wurde im Laufe der Folgejahre mit drei Söhnen und zwei Töchtern gesegnet.

1973 übernahm ich den Hof meiner Eltern. Ab 1980 aber kam es zu den ersten Preisverfällen, verursacht durch Überproduktionen. Danach kam der große Kampf gegen die Überproduktionen, verbunden mit extremen Exportstützungen für Zuchtvieh, Fleisch und Getreide. Für den Export der Ernte von einem Hektar Mahlweizen war bis zu 17.000 Schilling (1.235 Euro) an Stützgeld nötig, und das, obwohl der Weltmarktpreis nur mehr zwischen 90 Groschen und 1,10 Schilling lag (8 Cent).

Meine Kinder: Veronika, Robert, Schwager Rainhard, Thomas und Christoph.

Ein neues Schlagwort prägte sodann unsere Produktion:

Bessere Qualität – besserer Preis

Kontingentierungen, eine Flut von Ansuchen sowie zunehmende Produktionsauflagen, Aufzeichnungspflichten und Kontrollen erschwerten zunehmend den Betrieb.

Eine der weiteren Belastungen war, der drastische Preisverfall bei Milch, Fleisch und Getreide – hervorgerufen durch Handel und Import billigerer ausländischer Waren.

Als einzige Möglichkeit (auch für nicht-landwirtschaftliche Verarbeitungsbetriebe, wie Molkereien) schien damals nur mehr die Erzeugung zu Weltmarktpreisen zu sein.

Zudem kam die Ausweitung des Wettbewerbs auf die gesamten EU-Länder in den Steuerbereich der Agenda 2000. Es handelte sich dabei um ein Wirtschaftsprogramm der EU, welches im Jahr 1999 für die Landwirtschaft in Kraft trat.

Diese Regelung beeinflusste nicht nur Qualität und Erhaltung unserer vorherrschenden Funktionen als Lebensmittelerzeuger, Grundwasserschützer, Landschaftserhalter, sondern auch sehr direkt den Konsumenten.

Ein Beispiel aus der Agenda 2000 sind die Tierhaltungsobergrenzen, welche von da an je Hektar landwirtschaftlicher Nutzfläche auf 10 Großvieheinheiten (1 GVE = 500 kg Tierlebendgewicht) angehoben wurden.

Zudem wird die Produktionssteigerung ohne Land noch intensiver gefördert. Die Obergrenze für biologisch wirtschaftende Betriebe lag vorher bei 1,5 GVE, also eine Kuh pro Hektar.

Damit war gewährleistet, dass mit den anfallenden Mist- und Jauchemengen keine Grundwasserbelastungen (Nitrate, Phosphate, Antibiotika) hervorgerufen wurden.

Durch den Strukturwandel und meines zunehmenden Umweltbewusstseins wurde mir klar, dass meine Kinder mich eines Tages anklagen würden: „Jå, Vater, hast denn du net g´sehn, dass unsere Felder und Fluren vergiftet san? Die Nahrung is net mehr zum Ess´n und unser Bodn is zu Tode bracht wordn. Håst net g´sehn, dass unser Lebensraum sein Geist und sei Söl verlorn hat?“

Ich verkaufte sofort das Kunstdüngerlager und die neue Unkrautspritze. Wenn ich jetzt zurückblicke, ist mir klar, dass durch die gesamte Entwicklung der letzten tausend Jahre bis ins Jetzt, die Entwicklung der menschlichen Intelligenz zu schnell vorangegangen ist.

Der Mensch wird genauso sterben, wie einst der Dinosaurier, wenn er sich der selbst erschaffenen Zerstörung nicht mehr erwehren kann.

1988 stellte ich meinen Betrieb auf organisch-biologische Landwirtschaft um. Im Vordergrund stand dabei der Entschluss, dass ich vor den kommenden Generationen eine weitere Schädigung des Lebensraumes und damit einhergehend die Vergiftung und Zerstörung von Böden und Gewässern sowie die krankmachende Lebensmittelkette nicht mehr verantworten wollte.
Dieser Schritt wurde zu jener Zeit auch von meiner Familie mitgetragen. Unter großen Anstrengungen bemühte ich mich, den Hof in gesunde Bahnen zu lenken.

Ich betrieb eine Biofleischerei, hatte einen Bauernladen, eine eigene Biomarke sowie Geschäfte und Filialen von Oberösterreich bis nach Wien.

Mein Leben war äußerst arbeitsintensiv und die Arbeiten waren kaum Kosten deckend.

Der Aufbruchstimmung als Bio-Bauer

folgte alsbald der Absturz.

Der gewünschte Erfolg, mit den Bio-Produkten einen wertvollen Beitrag zur Gesundheit zu leisten, stellte sich nicht ein.

Natürlich war mir klar, dass ein Biobauer nur ein kleines Glied in der großen Kette der Nahrungsmittelproduktion ist.

Das war für mich jedoch kein wirkliches Argument für die Tatsache, dass durch die Art der Produktion keine durchschlagende Veränderung in Richtung besserer Qualität und Gesundheit erzielt werden konnte.

Ich musste also nach den tieferen Ursachen suchen, und das war nur durch die genaue Analyse aller Zusammenhänge von Produktion, Umwelt und der menschlichen Denkweisen möglich. Eine lange Zeit der Unsicherheit, des Hinterfragens und Zweifelns sollte nun beginnen ...

Verändern die Menschen ihr Verhalten in Form von Anerkennung gegenüber dem Geist (der Seele) der Erde, verlieren Konzerne ihre Macht.

Verändern die Menschen ihr Verhalten, indem sie Liebe in ihr Leben einlassen, ordnet sich die Materie „Geld“ wesentlich lebenswichtigeren Energien unter.

Die Güter dieser Erde kommen allen zugute. Es bräuchten keine Menschen zu verhungern!

1988 Umstellung auf biologische Landwirtschaft. Mein Sohn Robert und ich.

Kleine Veränderungen bewirk(t)en große Veränderungen

Ich erkannte, dass ich (zum damaligen Zeitpunkt) nur uns selbst helfen konnte. Ich dachte: „Ich fange im Kleinen an und dann werden sich die Kreise der Veränderungen ausweiten".

Die zwei grundsätzlich wichtigsten Fragen in meinem Leben

„Liaba Gott", sagte ich, „woar des alles in mein Lebm? Waun des alles woar, daun hab i den Weg verlorn." Ich war am Ende meiner Lebensweisheit angelangt und haderte mit meinem Schicksal: „Liaba Gott, wozu erhaltst du mi nu?" „Waun des net alles woar, dann zeig mir bitte mei neue Aufgab. Und bitte, zeigs mir bald!" Ich hatte Vertrauen zur unendlichen Geisteskraft und sandte meine guten positiven Wünsche nach oben hin aus.

Vom Bio-Bauer zum Naturforscher und Radiästhet

und die Zukunft wurde ungewisser denn je.

Die Einsichten und Entdeckungen Viktor Schaubergers und Wilhelm Reichs wurden zur Grundlage meiner nun beginnenden intensiven Naturbeobachtungen sowie der praktischen Tests.

Ich begann vorerst mit der Bovis-Skala zu messen und entwickelte im Laufe der Zeit eigene Messwerte, anhand derer ich die Qualität des Wassers und den Einfluss verschiedener Störfaktoren (Wasserrohre, elektrischen Strom, Zusätze von Chemikalien und so weiter ...) testen konnte.

Dabei entdeckte ich Zusammenhänge, die mich zur Ur-Energie und gleichzeitig zur Beschaffenheit unserer Lebensgrundlage hinführten – zum Wasser.

Die radiästhetischen Messergebnisse waren haarsträubend! Der kontraproduktive energetische Kreislauf war in allen Lebensbereichen vorzufinden! Mit diesen Erkenntnissen kehrte ich mit neuem Geist zurück, mit der Vision und der Absicht, dem Wasser und auch der Erde, die ursprüngliche Kraft zurückgeben zu wollen. Ein aufregendes Abenteuer nahm seinen Lauf.

Meine Suche nach dem qualitativ hochwertigsten Wasser

Meine Reisen quer durch Österreich waren Irrwege gewesen. Ich fand nichts vor, was mich tatsächlich weiterbrachte.

Ich beschäftigte mich vorerst, um Wasser zu beleben, auch mit Filtertechniken und mit der Beigabe von verschiedensten Edel- und Halbedelsteinen. Ich wollte außerdem ein individuelles Wasser, welches genau auf einzelne Personen abgestimmt sein sollte.

Der Grund dafür war, Erkrankten ihr persönliches Schwingungsmuster zur Heilung anbieten zu können. Ich fand heraus, dass die Resultate manchmal gut oder auch sehr gut waren.

Trotzdem gab ich mich nicht zufrieden. Das Wasser sollte ja nicht nur in Einzelfällen hilfreich sein. Ich testete viele verschiedene Kombinationen (auch mit eigenen Energieträgern, durch Verwirbeln usw. aus) und stellte unzählige Messungen an.

Schließlich erklärte ich schlichtweg auf mühlviertlerisch: „I bin doch net der liabe Gott!"

Ich erkannte, dass der Mensch nicht die Möglichkeit besitzt, Wasser auf künstlichem Wege so zu erschaffen, wie es ursprünglich erschaffen wurde.

Ich wünschte mir ...

Ich wünschte mir, Wasser so beleben zu können, dass dieses der göttlichen Ursprünglichkeit entspricht.

Ich wünschte mir, dass dieses Wasser alle mit ihm in Berührung kommenden Elemente und Lebewesen (alle Energieinformationen) aufnehmen kann und schädliche Energien von selbst umzuwandeln vermag. So sollte das Wasser, auch bei einer Berührung mit negativ einwirkenden Strahlen, wie den Hoch- oder Niederfrequenzen, der des Wechselstroms und der Funkstrahlen, in seiner hohen Energie stabil bleiben. Das war meine Bedingung.

Ich überprüfte gängige und bekannte Wasser-Beleber, genauso überprüfte ich weniger bekannte Wasser-Beleber und überall waren dieselben Merkmale festzustellen, die ich bei meinem Wasser nicht haben wollte! Eines hatten alle diese Beleber gemeinsam: Sie versprachen dem Menschen eine gute und hohe Energie. Doch die Unkenntnis der Entwickler oder Verkäufer halfen mir (durch das Aufzeigen der Fehlerquellen) mein hoch gestecktes Ziel zu erreichen. Viele Hürden waren dabei zu überwinden, die aber zu einer neuen inneren Freiheit führten. Erst durch diese neue Freiheit ergaben sich auch neue Möglichkeiten, neue Erkenntnisse und ein tiefes Verständnis für das Wesentliche. In den jahrelangen Forschungen fanden sich allmählich alle Teile, die für das tiefe Verständnis der harmonischen Grundlagen nötig sind, und fügten sich zu einem Ganzen zusammen.

Meine geistige Veränderung

Es war alles eine Entwicklung in die Richtung, an welche ich überhaupt nicht zu denken gewagt hätte.

Eine sehr große Lehre für mich war, verlieren zu können. Daraus schöpfte ich neue Kraft. Aus den Trümmern der damaligen Zeit (kein Geld, kein Bio, wenig Verständnis in der Öffentlichkeit), veränderte sich meine Geisteshaltung komplett. Die Trümmer der alten Zeit waren der Grundstein und Baustoff für meine heutigen Erkenntnisse und halfen mir bei der Entwicklung der VollHarmonisierung. Ich erkannte, dass die Irrwege, die ich gegangen war, zu einer unendlichen Bereicherung in meinem Leben geführt hatten.

Endlich hatten sich meine Herzenswünsche erfüllt und endlich konnte ich mir selbst und auch jenen Menschen, die ihren eigenen Erkenntnisweg gehen, verzeihen. Ich veränderte meine Einstellung zur Materie und auch zum Geld. Dadurch wurde jeder scheinbare Verlust zu einem inneren goldenen Meilenstein, der mich unendlich bereicherte. Obwohl ich den Dingen, die mich umgaben, den Äckern, Fluren, Wäldern, den Tieren, den Menschen und auch der Erde gegenüber, immer viel Aufmerksamkeit und Wertschätzung entgegen gebracht hatte, lernte ich, dass es da auch noch anderes, ja sehr viel Neues geben musste.

Mein Parameter zur VollHarmonisierung

Das Phänomen (vielleicht ist diese Erkenntnis für viele auch zu einfach?) ist, dass das Wasser lediglich die Rückerinnerung, den Impuls der Urkraft und Energie benötigt, um sich danach ganz von selbst in die harmonische und lebendige Schwingung einzulassen.

Es bedarf praktisch keiner komplizierten Technik, die Ur-Schwingung wieder herzustellen. Der göttliche Bauplan kann weder über die Technik noch über den menschlichen Verstand hergestellt werden! Im Wasser sind die Ur-Informationen mit der immerwährenden Evolution mit all seinen Mutationen und Variationen verankert. Das ist auch heute noch so!

Ich dachte: „Wenn Wasser Schwingungen erkennt und aufnimmt, so kann energetisch verunreinigtes Wasser, durch die Erinnerung an seine Ur-Aufgabe, zu seinem Ursprung zurückgeführt (erinnert) werden." So, oder so ähnlich denken viele unter uns.

Wasser besitzt ein hohes Erinnerungsvermögen. Es speichert alle mit ihm in Berührung kommenden Informationen ab. Informationen sind Prägungen, die das Wasser verändern.

Sie suchen, recherchieren, lesen, prüfen und so manchem Erfinder ist es auch schon gelungen, höhere Energiewerte zu erzielen, als sie zurzeit in der Natur vorherrschen. Die positiven Veränderungen sind aber längst noch nicht so ausgereift, wie wir dies vielleicht glauben wollen.

Funkstrahlen zerstören die kristalline Struktur des Wassers komplett.

Durch die drastischen negativ vorherrschenden Energien, die seit der Funktechnologie rasant im Steigen sind, sind die Verbesserungen, die ich über alle möglichen Energie-Belebungsgeräte in der Außenwelt kennenlernte, nicht das Gelbe vom Ei!

Mein Parameter zur VollHarmonisierung ist das Lourdeswasser. Ich habe festgestellt, dass dieses heilige Wasser besondere Kriterien aufweist, die ich ansonsten nirgendwo auffand. Aus diesen Kriterien heraus fand ich die richtigen Schlüssel zum Erfolg.

Die Kunst der Harmonisierung

Um mein Ziel zu erreichen und die Kunst der Harmonisierung umsetzen zu können, war es für mich besonders wichtig, über Kenntnisse der verschiedenen Energien und Informationen zu verfügen. Die Stabilität z.B. entscheidet maßgeblich, wie lange sich Energien halten. Die Energieunterschiede bei den verschiedenen Gewässern trieben mich voran, diese weiter zu erforschen. Meine weiten Wege führten mich zurück zur Quelle des Seins, die immer schon war und ist, und ich lernte aus ihr. Ich lernte die Energien und die vielen Informationen voneinander zu unterscheiden und entwickelte die Schlüssel und Parameter, die für jede erfolgreiche Harmonisierung zu erfüllen sind. Die Entdeckung der Lichtenergieschwingung 101 beim Lourdeswasser, bei vielen Kornkreisen und die Übereinstimmungen mit meiner Methode, die Ur-Ordnung wieder herzustellen, ist eine besondere Gabe, die mir (wie ich aus der geistigen Welt übermittelt bekam) als Geschenk in die Wiege gelegt worden war. Das Lourdeswasser war und ist stets mein Parameter für jede Aufschwingung und Impulsgebung. Die Entdeckung der Lichtenergieschwingung 101 beim Lourdeswasser ist ein Teil der Übermittlung aus der geistigen Welt und einer der wichtigen Schlüssel, um aus dem vorherrschenden Chaos in die Ur-Ordnung zurückkehren zu können.

Lourdeswasser

Das Lourdeswasser ist ein heiliges und heilsames, natürliches, lebendiges Quellwasser. Obwohl eine hohe Umweltbelastung vorherrscht, hat dies dem Lourdeswasser nichts anhaben können. Es gibt tausende anerkannte Wunderheilungen durch dieses Wasser, wobei diese Wunder eigentlich keine sind.

Chemisch betrachtet unterscheidet sich dieses lebendige Quellwasser nicht von anderen Wassern. Grundsätzlich aber meinen die meisten Wissenschaftler und Chemiker, Lourdeswasser sei nur deshalb so heilend, weil die Menschen an seine hohe Heilfähigkeit glauben!

Das Problem der Ungläubigen liegt vor allem an mangelnden Kenntnissen der Energiefrequenzen und Informationen. Die Heilwirkung von hochwertigem Wasser ist heutzutage „zum Teil“ sogar wissenschaftlich belegt, wenn auch noch immer mangelhaft! Die Wissenschaft kann auf viele Untersuchungen und Forschungsergebnisse zurückgreifen, die bestätigen, dass Wasser nicht gleich Wasser ist. Trotz guter Ergebnisse werden viele Untersuchungen nicht weitergeführt. Es gibt anerkannte Lichtwasserzentren, die nur mit heiligen Wassern arbeiten und dadurch ungewöhnliche Erfolge erzielen.

Ein besonderes Geschenk

Meine Mutter schenkte mir im Jahre 1980 einen Plastikkanister mit 5 Liter Lourdeswasser, den ich (unbedacht wie ich damals war) auf den energetisch schädigendsten Platz im Haus stellte. Es handelt sich hierbei um die Auszugswohnung meiner Eltern, die, seitdem ich zurückdenken kann, immer für extreme gesundheitliche Belastungen sorgte.

Im Jahre 1996 führte ich erstmals die Harmonisierung dieser Räume durch. Dieses heilige Wasser steht bereits seit 20 Jahren am selben Platz, noch dazu in einem Plastikgefäß!

Es fault nicht, riecht nicht, ist klar in seiner Beschaffenheit und im immerwährend selben energetisch hohen Zustand.

Lourdeswasser weist die Lichtschwingungsinformation 101 auf.

VollHarmonisches

Wasser

Ein wesentlicher Baustein: „die eigene Liebesfähigkeit“

Die Kreisläufe, ob in unseren Köpfen, im Wasser, in den Böden oder in der Luft, sind für alle mit einfachen Mitteln wieder in eine liebevolle, lebenswerte Richtung gelenkt. Wie in allen Bereichen genügt es, wenn wir uns bewusst sind, nach welchen Grundwerten wir uns ausrichten wollen. Ein guter Grundwert, den wir vielleicht in der Hetze vergessen haben, ist mehr Wert als tausende auf uns lukrativ wirkende, aber überfordernde Tätigkeiten und Gedanken. Die eigene Liebesfähigkeit ist der wesentliche Baustein für die Rückerinnerung an unser eigenes Glück und unsere innere Zufriedenheit. Dies kann auch einen Prozess darstellen, der uns immer wieder aufmerksam machen will, was wir noch verbessern wollen und können. Daher sind unangenehme Begleiterscheinungen, wie Krankheiten, Missstimmungen oder auch ausgelaugte, nährstoffarme Böden und Lebensmittel, die brauchbarsten Hinweise in dieser Welt, um zu wissen, wo oder auch was wir zu bewirken wünschen.

Alle Begleiterscheinungen, ob Krankheiten, Missstimmungen oder auch ausgelaugte, nährstoffarme Böden, energielose und nährstoffarme Lebensmittel oder energieloses, negativ schwingendes Trinkwasser, sind alles brauchbare Hinweise, um zu wissen, was wir uns im Leben wünschen und verändern wollen. Die Grundbedingungen in der Außenwelt bedürfen zweifelsfrei einer Veränderung!

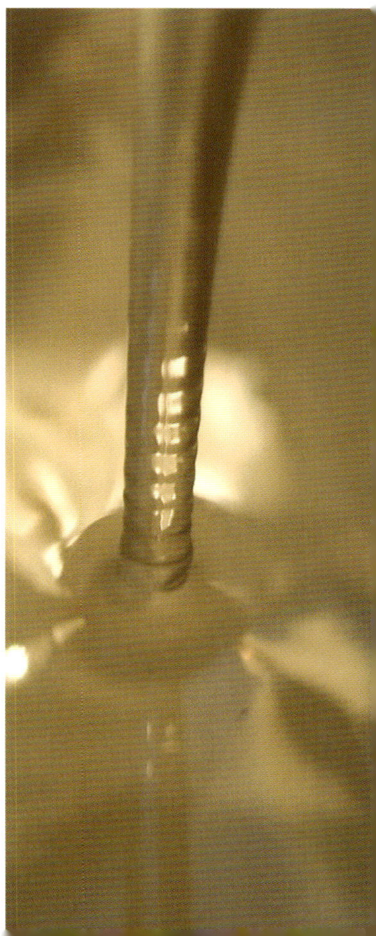

Eine Begebenheit im Jahre 2000 – Mit VollHarmonischem Wasser im Labor

Nachdem die Kriterien des Lourdeswasser zum gewünschten Erfolg bei meiner WasserHarmonisierung führten, wollte ich einen wissenschaftlichen Nachweis der Qualität des Wassers erbringen können. Ich fuhr also nach Liboch bei Graz, in das Bolzmann-Institut und sprach mit Frau Dr. Nuomi Kempe. Ich sagte: „Dieses Wasser ist energetisch so hochschwingend, dass sich eine Untersuchung für Sie lohnen würde“. Das Zertifikat kostete damals zwischen 80.000 und 100.000 Schilling (ca. € 7.000,-). Mein Versuch, hier ein persönliches Interesse an einer Wasseruntersuchung zu erwecken, scheiterte.

VollHarmonisches Wasser schmeckt frisch, kühl und ist ölig im Fließen.

Ohne die Probe wieder mitzunehmen, fuhr ich nach Hause. Drei Monate später rief sie mich an: „Ich habe heute Ihr Wasser untersucht, Herr Reisinger", sagte sie. „Das ist heiliges Wasser, was sie da haben!" Frau Dr. Kempe erzählte mir, dass sie meine Wasserprobe irgendwo, ohne ihr eine weitere Beachtung geschenkt zu haben, zu anderen Wasserproben gestellt hatte, wo sie dann auch drei Monate lang achtlos stehen geblieben war.

Die Tatsache, dass mein VollHarmonisches Wasser nach einer so langen Zeit keinerlei Verwesungserscheinungen aufwies und immer noch so klar wie am Tage der Überbringung war, hatte schließlich ihre Neugierde geweckt.

Eine negative Erscheinung der allgemeinen Ernährung ist die Übersäuerung.

Übersäuerung schwindet

Übersäuerung ist für viele Krankheiten der Nährboden. Die Problematik ist, dass der Ansatzpunkt bezüglich des pH-Wertes rein schulmedizinischer Natur entspringt. Wird regelmäßig VollHarmonisches Wasser getrunken, erhält der Mensch einen ausgeglichenen r.pH-Wert und eine Übersäuerung schwindet. Der Verdauungsprozess geht zügiger voran. Der Stoffwechsel wird angeregt, Giftstoffe im Körper werden neutralisiert und schneller abtransportiert. Durch die vielen Veränderungen im Körper steigen Wohlbefinden und Gesundheit. VollHarmonisches Wasser ist ein Jungbrunnen für die Zellen.

Der Licht-Code 101 schenkt neue Lebens- und Liebeskraft und fördert auch eine raschere Neubildung der Zellen in unserem Organismus. VollHarmonisches Wasser weist eine so hohe Energie auf, dass es in der Lage ist, sich selbst zu reinigen. Die Reinigung bezieht sich in erster Linie auf die energetische Informationsebene. In zweiter Linie hat dies erheblichen Einfluss auf Schadstoffe im Wasser, die auf die Reinigung der Informationsebene reagieren und sich dadurch verändern.

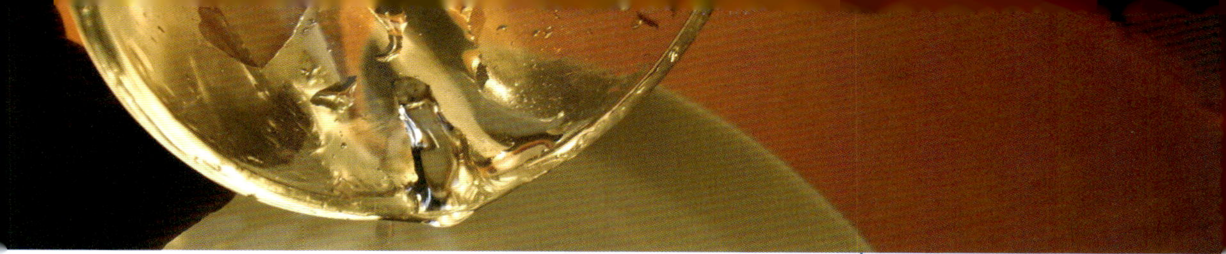

Dieses lebendige Wasser enthält viele freie Ionen und Neutronen in einer geordneten elektromagnetischen Schwingung. Alle physikalischen Abläufe und chemischen Stoffe ordnen sich der neuen Geisteshaltung des lebendigen Wassers unter. Natürliches, VollHarmonisches Wasser ist keimarm, fault nicht und besitzt eine rechtsdrehende hohe, stabile und positive Energie von +17.500 BE. Die hohe Lichtschwingungsinformation 101 wirkt auf Mensch wie Tier labend und ausgleichend. Regelmäßiges Trinken, Baden und Kochen mit VollHarmonischem Wasser erhöht die Eigenenergie immer wieder aufs Neue. Dies ist der Grund, warum sämtliche Energien, die darunter liegen, uns nicht mehr negativ beeinflussen.

Wie der Name besagt, trägt VollHarmonisches Wasser voll-harmonische Eigenschaften. Es ist ruhig, wirkt sehr sanft und weist einen weichen Geschmack auf.

VollHarmonisches Wasser löst Leitungsrückstände (z.B. Kalk und Rost) auf völlig sanfte Weise auf.

Die wichtigste Erkenntnis und Beschaffenheit für dieses Wasser war für mich, dass es in seiner Natürlichkeit und Harmonie die Möglichkeit besitzt, in seiner Lebendigkeit und Ursprünglichkeit zu sein, was für uns Menschen und für alle Lebewesen in der Natur die Grundbedingung darstellt, auch selbst in Harmonie sein zu können.

Energie sinnvoll nutzen!

Wir können die VollHarmonische Energie auch auswärts nutzen, z.B. am Arbeitsplatz, bei Ausflügen usw.

Das regelmäßige Trinken ist Grundvoraussetzung, sich der harmonischen Energie dieses Wassers bedienen zu können. Der eigene Energiepegel wird mit jedem Schluck Wasser angehoben. Der Energiepegel verflüchtigt sich in der Öffentlichkeit wieder, wo keine VollHarmonischen Grundbedingungen vorherrschen. Daher ist es sehr wichtig, regelmäßig von diesem Wasser zu trinken. Lebens- oder Genußmittel wie Snacks, Kaffee und Fertigspeisen, sind mit VollHarmonischem Wasser energetisch aufschwingbar.

Es genügt die Beigabe eines Teelöffels VollHarmonischen Wassers bei Speisen, bei Getränken oder das Reinigen von Lebensmitteln. VollHarmonisches Wasser weist ein Energiespektrum der Regenbogenfarben auf, stärkt den physischen Körper und die Aura. VollHarmonisches Wasser kann in Plastikflaschen gelagert und/oder transportiert werden, ohne

Tipp:

Es genügt ein Teelöffel VollHarmonisches Wasser als Beigabe in den fertigen Kaffee oder andere Flüssigkeiten wie Tee, Suppe, Saft usw., um diese zu harmonisieren. VollHarmonisches Wasser ist energiestabil. Ein Energieverlust kann sich nur dann ergeben, wenn solches Wasser direkt mit Wechselstrom betriebenen Geräten in Berührung kommt. Das heißt: Wenn dieses Wasser auf herkömmlichen Elektroherden gekocht wird, in der Mikrowelle erhitzt wird oder ähnliches.

einen Energieverlust zu erleiden. Die Haltbarkeit und Lagerfähigkeit dieses Wassers ist aufgrund der hohen Lichtschwingungsenergie besonders hoch. Daher kann es auch auf Reisen ein vorzüglicher Begleiter sein.

VollHarmonisches Ortswasser

Beim Ortswasser, welches für uns als Trinkwasser zur Verfügung gestellt wird, kann die WasserHarmonisierung *nur* über die StromHarmonisierung zu ausreichend befreienden und stabilen Ergebnissen führen. Eine VollHarmonisierung würde bewirken, dass bereits hier die zur Verfügung stehenden Gewässer in die hohe Lichtschwingungsenergie gebracht würden und den Haushalten zur Verfügung stünden.

Durch die Energieanhebung des Ortswassers und der StromHarmonisierung werden selbst angrenzende Landschaftsgebiete mit Energie aufgeschwungen, was bei diesen Regeneration ermöglicht.

Sammelbecken und Kläranlagen benötigen keine Zusätze mehr. Das Wasser regeneriert sich ganz von selbst. Vorhandene Schadstoffe werden so in ihrer Struktur verändert, dass sie für die Natur und das Lebendige, für die Tiere und Menschen keine Bedrohung mehr darstellen.

Der materielle Gewinn der VollHarmonisierung bei Kläranlagen: Es sind keine Reinigungsmittel oder chemischen Zusätze mehr nötig! Durch die hohe Energiestabilität und Selbstreinigungskraft des Wasser werden zusätzlich Reinigungsarbeiten eingespart.

Mit VollHarmonischen Sammelbecken und Kläranlagen können sich Gemeinden (hochgerechnet) hunderttausend Euro einsparen!

VollHarmonisches Ortswasser bringt gesundes und energiereiches Trinkwasser in die Haushalte.

Die VollHarmonisierung bestehender Kläranlagen und Sammelbecken bewirkt eine positive Energieerhöhung angrenzender Landschaftsgebiete.

Durch die VollHarmonisierung einer Kläranlage werden Reinigungsmittel und chemische Zusätze überflüssig.

Eine elementare und positive Entdeckung war und ist die Lichtschwingungsinformation 101.
Sie begleitete mich auf all meinen Wegen und ist für die VollHarmonie
der grundlegende Basis-Informant.

Ganz gegensätzlich: Halbedelsteinwasser und VollHarmonisches Wasser

Die Lichtschwingungsinformation 101 bei VollHarmonischem Wasser dringt tief in die Zellen ein. Dadurch wird die Zellbildung gefördert. Positive sichtbare Auswirkungen sind: Verjüngung und schnellere Wundheilung.

Frau Grünbauer hatte sich von mir ihren gesamten Wohnbereich harmonisieren lassen und war damit äußerst zufrieden. Sie berichtete, sie könne seither wieder besonders gut schlafen und auch das Wasser schmecke ihr besser als früher.

Ich besuchte Frau Grünbauer eine ganze Weile nicht. Als ich eines schönen Tages, ganz zufällig bei ihr vorbeikam, erzählte sie mir von folgender Begebenheit, über die sie heute auch selber lachen kann: „Stell dir vor", sagte sie, „ich habe in einem Engelsbuch gelesen, dass das Wasser mit Rosenquarz, Bergkristall und Gold energetisierbar ist. Für die Energetisierung habe ich mir eigens ein wunderschönes großes Glas gekauft, um auch aus ästhetischen Gründen das Wasser und die hübschen Steine immer vor Augen zu haben.

Ich trinke zuwenig Wasser", gestand sie verlegen. „Ich habe es besonders gut mit dem Wasser gemeint und legte einen Amethyst dazu. Am Anfang schmeckte mir dieses Wasser wirklich sehr gut. Ich trank recht viel und freute mich.

Es gibt Energetisierungsgegenstände am Markt, wie z.B. Halbedelsteine oder auch Anhänger und Symbole jedweder Art, die in ihrer Energie nicht miteinander harmonieren. So reagiert VollHarmonisches Wasser sensibel und negativ auf so manche Halbedelsteine oder andere Energetisierungsgegenstände. Bei Untersuchungen wiesen diese eine besonders hohe negative Energie aufweisen.

Aber allmählich, und das fiel mir erst jetzt am Schluss so richtig bewusst auf, trank ich beinahe kein Wasser mehr, höchstens das Leitungswasser. Darüber habe ich mich sehr gewundert. Ich sah mir das Edelsteinwasser einmal genauer an und war entsetzt!

Die Steine waren beinahe komplett zerstört. Der Amethyst und der Rosenquarz wirkten stumpf. Der Amethyst wies sogar Sprünge auf.

Der Bergkristall war als einziger Stein beinahe so erhalten geblieben wie er von Anbeginn gewesen war.

Das Wasser aber, worin die Steine lagen, war trübe und auf dem Glas bildete sich ein Schleier. „Was ist passiert", fragte sie.

Ja, was war hier passiert? Frau Grünbauer hatte versucht, aus VollHarmonischem Wasser ein noch viel besseres Wasser zu machen, was ihr aber nicht gelungen war. Die Halbedelsteine waren extrem negativ belastet gewesen, obwohl Frau Grünbauer darauf hinwies, sie regelmäßig gewaschen zu haben, und außerdem habe sie zusätzlich ihre Engel um eine Energetisierung gebeten. Nachdem ich Frau Grünbauer vorsichtig auf ihren Irrtum hingewiesen hatte, verstand sie aber sofort, dass sie verkehrt gedacht hatte. Sie lachte und meinte:

„Ja, so kann es gehen, wenn man glaubt, man bräuchte immer noch etwas Besseres!"

Frau Grünbauer hatte stets im Heilbereich mit Halbedelsteinen gearbeitet. Seit diesem Erlebnis stecken ihre Steine in einer Schublade. Am Wasser veränderte sie von da an nichts mehr. Die VollHarmonische Energie des Leitungswassers ist für sie seit diesem Erlebnis besonders in den Vordergrund gerückt. Frau Grünbauer erwähnte diesbezüglich auch (beinahe entschuldigend):

„Dass ich so daneben war, tut mir wirklich aufrichtig leid. Umgekehrt bin ich aber auch erst jetzt so richtig selig, denn wenn ich das VollHarmonische Wasser in ein Gefäß leere, kann ich es tatsächlich wochenlang stehen lassen. Mein Wasserglas bleibt, genauso wie auch das Wasser, rein und klar."

Nachdem Frau Grünbacher wieder das reine VollHarmonische Wasser zum Trinken verwendete, wurde ihr erst richtig bewusst, welch gutes Wasser sie zu Hause hatte. Auch lange nach diesem Vorfall lachte sie noch oft über ihre Torheit und erwähnte begeistert, dass sie von da an sehr gerne Wasser trank. Und ganz nebenbei war sie auch sehr davon angetan, dass sie VollHarmonisches Wasser tatsächlich über mehre Monate lang (ohne Kühlung) stehen lassen konnte, ohne irgendeine Veränderung am Wasser zu erkennen.

Jetzt mag sich der Leser fragen: „Wer um Himmels Willen lässt Wasser so lange stehen?" Tja, Frau Grünbacher eben!

Sie wollte die Probe aufs Exempel machen und stellte ein Glas Wasser neben ihre Blumen auf das Fensterbrett.

Pferdeliebe

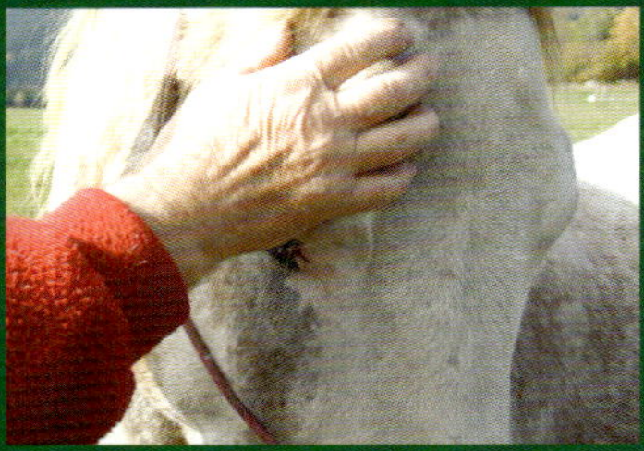

Ingrid S. und Günther F. sind sehr feinfühlige Menschen. Ihre Herzen, ihr Leben, pulsieren in Einklang mit ihren sechs Pferden. Wer einmal in seinem Leben aus tiefstem Herzen geliebt hat, kann verstehen, dass Liebe keiner Worte bedarf.

Günther: „Pferde sind extrem feinsinnig. Sie registrieren die feinsten Regungen und reagieren dementsprechend darauf. Bin ich ihnen gegenüber offen und gut gesonnen, fühlen sie das und wollen gerne in meiner Nähe sein."

Ingrid: „Wir sind mit den Pferden bereits ein paar Mal umgesiedelt. Bei jedem Umzug waren dieselben Probleme vorhanden. In den Stallungen waren sie stets unruhig und das bereitgestellte Wasser rührten sie nicht an. Wir haben, Gott sei Dank den lieben Josef an unserer Seite, der sich seit 1996 immer sehr rührend um die Bewältigung dieser Probleme kümmert. Nach einer FeldstrahlenHarmonisierung sind die Tiere wie ausgewechselt. Von Natur aus sehr friedliebend, zeigt sich ihr friedliebendes Naturell wenn die Grundbedingungen stimmen."

Günther: „Die Pferde rochen kurz am Wasser bei der Tränke und gingen sofort wieder. Neugierig machte ich mich auf, die Ursache für ihren Widerwillen herauszufinden.

Das Wasser rinnt leicht bergab, geradewegs durch den Streukies, am Wegesrand. Da wunderte ich mich dann überhaupt nicht mehr.

Der Kies stammt aus der Voest und ist ein energetisch komplett ruiniertes Gestein.

Die Verunreinigung kommt aus dem Prozess der Eisenverhüttung. In der Produktion werden Schadstoffe am Kalk gebunden. Die Schadstoffe lösen sich über Kalkverbindungen und Wasser und gelangen so zurück in die Umwelt.

Über Josefs WasserHarmonisierung können Ingrid und ich nur schwärmen. Nicht nur die Tiere reagieren darauf positiv, sondern auch wir. Es gleicht Emotionen aus und schenkt gleichzeitig Energie. Josef hat unser Wasser harmonisiert und seitdem trinken es die Pferde sehr gerne. Als das Wasser noch nicht harmonisiert war, mieden unsere Pferde dieses Wasser. Ingrid und ich achten unsere Pferde wie unsere Augäpfel, denn sie sind nicht nur unsere täglichen Lebensbegleiter, sondern sie zeigen uns immer wieder auf feinsinnigste Weise auf, was für uns unsichtbar, aber doch von höchster Bedeutung ist. Leider fehlt vielen Menschen der Sinn für die geistige Welt. Wir hoffen daher, dass dieses Buch ein Wegweiser für viele Menschen sein wird."

Was bewirkt
VollHarmonisches
Wasser
?

- Energetische Schutzfunktion
- Erhöhung der Lebensenergie
- Vitalisierung und Gesundheit
- Reduzierung von Stressoren
- Neutralisieren von allergenen Stoffen
- Fördert den Entgiftungsprozess; Giftstoffe, freie Radikale sowie der r.pH-Wert werden neutralisiert
- Impulse der Lebendigkeit fördern die Rückbesinnung an die Ursprünglichkeit
- Stoffwechsel- und Verdauungsprozesse werden angekurbelt
- Die Zellerneuerung wird angeregt
- Der Transport von Nährstoffen zu den einzelnen Zellen wird angeregt
- Die Lebendigkeit der Zellen wird angeregt (gut für das wachsende Bewusstsein, für unser Unterscheidungvermögen, gegen Verwirrungserscheinungen)
- Der hohe Licht-Sättigungsgrad kann das Bedürfnis, über die Stränge zu schlagen (zu viel zu essen) verringern
- Die Aura wird gereinigt und geklärt
- Harmonie und Ausgleich
- Stärkung des Immunsystems
- Erhöhte Sauerstoffzufuhr
- Die hohe Lebendigkeit stellt viele freie, nicht gesättigte H-Atome (Wasserstoffatome) dar, welche Ionen und Neutronen von Sauerstoffatomen binden können
- Harmonisierung von Lebensmitteln
- Zum Aufschwingen von Getränken, Obst und Gemüse oder Fleisch
- Weiches, harmonisches Trink-, Koch- und Badewasser

Die natürliche Drehbewegung des Wassers lässt sich mit einem Beispiel darstellen. Dazu wird ein Glas Wasser benötigt, aus welchem wir langsam Wasser ausgießen. Beobachte die Drehbewegung des Wassers. Mache diesen Test ein paar Mal, um zu sehen, dass Wasser sich immer, nach eigenem Ermessen, von selbst zu drehen beginnt.

Die Landwirtschaft

Der Bauer

Der Bauernstand hatte neben dem Adel- und Bürgerstand einen hohen Stellenrang, wurde aber auch stark ausgebeutet.

Die bäuerliche Bevölkerung musste zwangsweise Dienstleistungen (Frondienst) gegenüber Herrschaftsträgern leisten und in regelmäßigen Abständen meist ein Zehntel des Rohertrages (Zehnt) aus Grundbesitz als Kirchenbeitrag abgeben, was durch die Trennung von Kirche und Staat im Zuge der Bauernbefreiung abgeschafft wurde. Eine besonders wichtige Aufgabe des Bauern oder Landwirtes war die Wert-erhaltung der Lebensmittel, welche unserem Geist Nahrung, Sinn und Kraft geben. Vor Tausenden von Jahren lebten alle Menschen (je nach Gebiet und Klima), in herumziehenden Gemeinschaften, dem Energiebedarf angepasst.

Jäger, Sammler, Fischer schafften die Lebensmittel herbei. Ihre Zubereitung, Haltbarmachung wurde von Generation zu Generation verbessert. Später besiedelten größere Volksgruppen die fruchtbarsten Gebiete.

Vor allem wurden Becken und Täler mit gutem Wasser und Ackerboden (für Getreide und Früchte) besiedelt. Zwangsläufig mussten sich die sesshaften Völker vor anderen herumziehenden, eindringenden Volksgruppen schützen.

Es entstanden neue Tätigkeiten: im Ackerbau, in der Tierzucht, Handwerker für Gerätschaften usw.

Doch waren die meisten Menschen überwiegend damit beschäftigt, sich um das tägliche Überleben zu kümmern.

Mit der Christianisierung des Abendlandes wurde in Europa eine neue Ära der Landbewirtschaftung und Bearbeitung eingeleitet. Der Tauschhandel und später auch die Erzeugung von Gold- und Silbermünzen ließen erste Handelsbeziehungen aufkommen. Dennoch waren immer noch die meisten Menschen in der Landbewirtschaftung tätig.

Der Bauernstand war zu jeder Zeit hoch angesehen.

Zehnt, Fron und Leibeigenschaft endeten mit dem Antrag des damaligen Reichstagsabgeordneten Hans Kudlich in Wien 1848.

Dieses Jahr gilt als das Jahr der Bauernbefreiung. Mit Gedichten und Schriftstücken wurde für den Bauernstand Aufmerksamkeit und geweckt. Der Bauer war wichtig und notwendig.

Obwohl viele Betriebe Dienstboten, Knechte und Mägde hatten, überlebten sie!

Viele kleine Betriebe mit 10 Joch = 5,75 ha, mussten von ihrer Eigenbewirtschaftung leben. Auf mittleren Betrieben mit ca. 20 ha Grund gab es neben den Bauersleuten noch mehrere Knechte und Mägde und zur Sommerzeit einen Halter-Buben zur Aufsicht der Tiere. Trotz einer bescheidenen Lebensführung konnten sich die Bauersleute Dienstkräfte leisten.

Doch nach dem 1. Weltkrieg und dem Zerfall der Monarchie wurden neue schwierige Situationen für viele Menschen und vor allem für Bauern geschaffen, da sie ortsgebunden waren, ihre Höfe nicht verlassen konnten und auch nicht wollten.

Durch schwere Krisen wirtschaftlicher Natur in den Zwischenkriegsjahren von 1920 – 1938 wurden viele Höfe verkauft und so genannte Anstauber kauften und zerlegten die Höfe.

Sprichwort

„Hat der Bauer Geld, hat's die ganze Welt."

Nach dem 2. Weltkrieg mussten viele Familien über Nacht ihre Höfe verlassen (Sudetendeutsche). Sie fielen der Politik zum Opfer. In den Nachkriegsjahren hatte man wieder alle Hände voll zu tun, um das Notwendigste für das Leben zu erzeugen.

Die Beschäftigten der Landwirtschaft wanderten in die sich entwickelnde Industrie ab. In der Landbewirtschaftung war es zum größten Teil nicht mehr möglich die Bediensteten zu behalten, da die inzwischen eingeführten Kollektivverträge für Landarbeiter aus den geringen Erträgen nicht mehr bezahlt werden konnten.

Die Technisierung und Mechanisierung begann und das knappe Kapital floss in die Landmaschinenindustrie. Die verbesserten Bewirtschaftungsverfahren (z.B. das effizientere Verfahren zur Bewirtschaftung von Nutzflächen, der Einsatz von Maschinen in der Landwirtschaft) brachten ein größeres Nahrungsangebot.

Sämtliche verkehrten landwirtschaftlichen Bearbeitungen führen zu Beeinträchtigungen im Leben aller Menschen auf dieser Erde!

Vernichtende Prozesse unserer falschen Forstkultur

Die Destabilisierung des Wasserhaushalts führt zu Erosionen, zu Überschwemmungen und Dürren. Die Entwaldung sowie die falsche Bodenbearbeitung, der falsche Anbau und die falsche Bewirtschaftung tragen global zu Klimaverschiebungen bei. Weltweit werden Düngemittel in einer Größenordnung von ca. 100 Millionen Tonnen gehandelt. Nur ca. 1,8 % landwirtschaftlich genutzter Flächen werden biologisch (ohne Gifte) bewirtschaftet. Handelsübliche Mineraldünger sind zumeist aus mehreren anorganischen Komponenten wie Stickstoff, Phosphor und Kalium in wasserlöslicher Form zusammengesetzt. Weitere Bestandteile sind oft Eisen, Mangan, Kupfer oder auch organische Komponenten wie beispielsweise Fischmehl oder Guano.

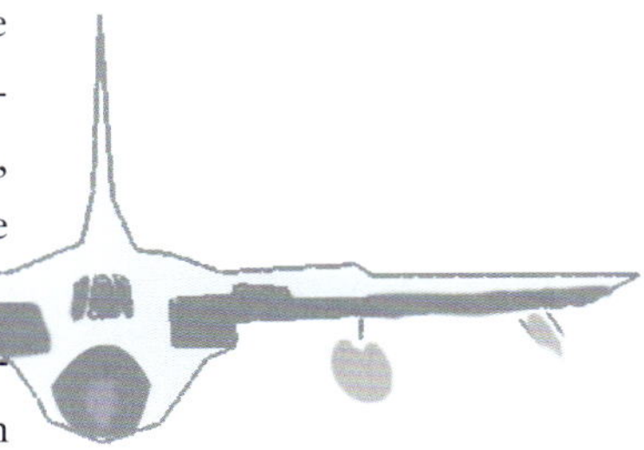

Etwa 90 % aller Lebensmittel stellen wegen der fortschreitenden Chemikalisierung der Ackerböden und der übergreifenden Mixtur wie Genmanipulation, Bestrahlung der Lebensmittel, Geschmacksmittelverstärker und anderen Zusätzen eine Bedrohung unserer Gesundheit dar.

Nichtaufbereiteter Hofdünger ist eine Giftschlacke

Der Hofdünger ist giftig und erhöht den negativen Energiezustand der Böden. Ein weiterer Fehler ist die falsche Bodenbearbeitung mit Eisengeräten, die zu elektrischen Entladungen führen. Der falsche Einsatz zu schwerer Maschinen in der Land- und Forstwirtschaft führt zur Bodenverdichtung. Das Pflügen in Richtung der Hangneigung führt zu Erosionen. Durch die elektrischen Entladungen leidet insbesonders das Grundwasser. Sowohl die falsche Einhaltung der Fruchtfolge, der rasante Abbau des Humusgehaltes auf unter 2 % der Ackererde,

Durch die energetische Unausgewogenheit im Acker verändert sich der pH-Wert von Lebensmittel.

Im Hinblick auf die Bodenqualität sind viele Schäden vermeidbar.

Kleine Betriebe schließen und machen Massenbetrieben Platz!

normal 4 - 5 %, als auch zu viele und allzu oftmalige Bodenbearbeitung sind schwerwiegende Faktoren, die das energetische Ungleichgewicht der Erde beeinflussen.

Es gibt viele Bauern, die ihre Böden bereits jährlich kalken. Sinkt das energetische Gleichgewicht der Äcker, der Gewässer und der Atmosphäre, sind auch die meisten Lebensmittel in ihrem pH-Wert zu sauer. Maßnahmen wie Bodenabdeckung durch Mulchen oder abfrostende Gründüngung lassen Erfolge erwarten.

Schwere Lebensbedingungen

Die chemische Reinigung und Aufbereitung des Wassers stellt die größte Belastung der heutigen Zeit dar. Dieselben Substanzen, die zur Verunreinigung von Luft und Wasser geführt haben, sind in den Böden aufzufinden.

Ausgewaschene, minderwertige Böden bedeuten schwierigere Lebensbedingungen für die Bauern. Hühner-, Rind-, Schaf- und Ziegenfleisch sind beliebte Nahrungsmittel, weshalb diese Tiere massenhaft gezüchtet und geschlachtet werden. Viele Kleinbauern müssen ihre Betriebe schließen.

Wenn Kleinbetriebe schließen, werden gleichermaßen Massenbetriebe immer weiter gefördert. Die Bauersleute waren einmal sehr naturkundige und bodenständige Menschen, die durch alte Überlieferungen und Traditionen viel Gutes für die Umwelt taten.

Die Wertschätzung alten Bräuchen gegenüber ist leider bei vielen bereits in Vergessenheit geraten.

Der Bauer als Lebensmittelversorger ist ein besonders wichtiges Glied in der Lebensmittelkette. Um unser Leben und das Leben der künftigen Generationen auf natürlicher Basis zu sichern, liegt noch sehr viel Arbeit vor uns.

Die weitere biologische Evolution wird hauptsächlich vom Menschen bestimmt, der sich für den Fortbestand oder für den Untergang aller Lebensformen entscheidet.

„Das schönste Wappen der Welt, ist der Pflug im Ackerfeld." Sprichwort

Das 21. Jahrhundert stellt sich nach außen erfolgreich und einfach dar, ist aber in Wirklichkeit eine tickende Zeitbombe.

Der Acker

Energie oder Gift?

So genanntes „gereinigtes" Abwasser und der Klärschlamm

Im Zuge der FlussHarmonisierung der Feldaist konnte ich das sogenannte „gereinigte" Abwasser und insbesonders die auftretende Gefahr des negativ schwingenden Klärschlammes erkennen, der heutzutage als Dünger verwendet wird.

Klärschlamm ist eine absolute Giftbombe, ein Abfallprodukt! Klärschlamm ist heute einem negativen Fäulnisprozess ausgeliefert und sollte auf keinen Fall zur Bodenenergetisierung (Informierung) der Äcker eingesetzt werden!

Die Gifte wirken ätzend (sauer) auf sämtliche Pflanzenkulturen und ruinieren die Böden. Die hochgiftigen Stoffe entstehen hauptsächlich aus der Industrie, von der Nahrungsmittelproduktion, aus öffentlichen Badeanstalten, von öffentlichen Gebäuden, durch die Beeinflussung mit Wechselstrom, durch die vielen Gifte und so weiter, und gelangen in das Grundwasser. Durch den Beitrag jedes Einzelnen, durch die chemischen Reinigungsmittel, wie Weichmacher, Entkalkungen und diverse Zusatzstoffe, die im Abwasser landen und im Laufe der Zeit nicht mehr abbaubar sind, verdanken der Klärschlamm und das Grundwasser ihre heutige Giftigkeit.

Je höher die negative Energie des Grundwassers ist, um so unvollständiger sind die Reinigungsprozesse in der Kläranlage. Der Gär- und Reinigungsprozess verläuft in einem linksdrehenden Prozess (T-Reaktion). Durch diesen verkehrt laufenden Prozess können die giftigen Stoffe und ihre Verbindungen nicht gelöst und der r.pH-Wert nicht neutralisiert werden. Der Klärschlamm ist vor allem wegen des hohen Anteils von Säuren und Laugen (und deren Aggressivität) ebenso in diesen Prozess involviert. Durch den Fäulnisprozess entsteht eine sehr starke Geruchsbelastung, die die negative Energie bezeugt. Die Auswirkungen zeigen sich durch den Anstieg von

Jeder Einsatz von Chemikalien in Haushalten, Kläranlagen, am Acker etc., verstärkt die Verunreinigung des Grundwassers und so auch der Atmosphäre. Der Fäulnisprozess und die daraus resultierende Geruchsbelästigung ist der markante Hinweis auf **negative Energie.**

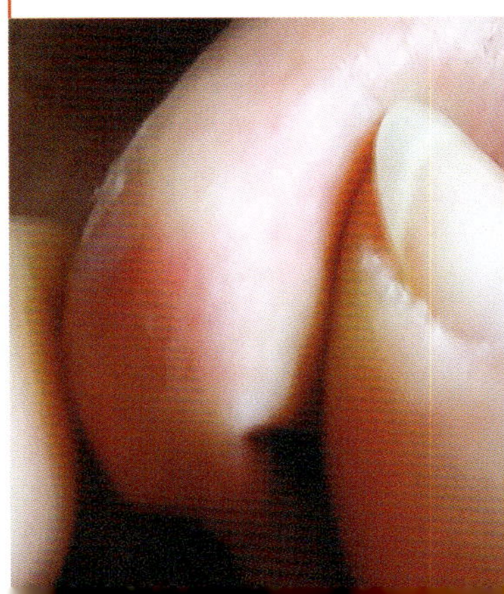

Die Gifte in der Umwelt sorgen für das Ansteigen von Allergien!

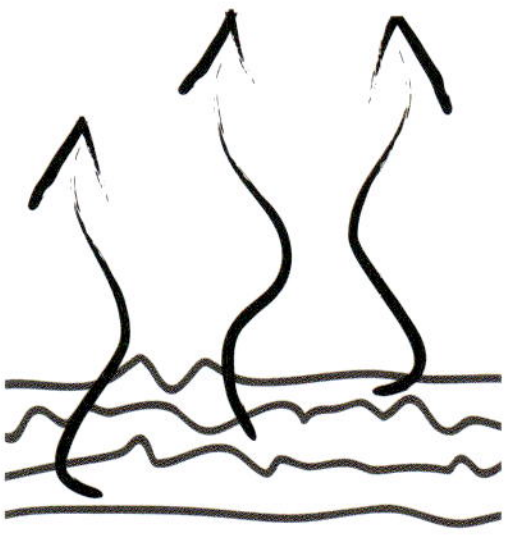

Zivilisationskrankheiten. In unserem „modernen" Zeitalter leiden bereits kleine Babys an diversen Allergien! Allergien sind typische Merkmale einer degenerierten und vergifteten Welt.

Wird giftiger Klärschlamm auf den Feldern ausgebracht, entweichen Gase wie Stickoxide, Kohlenwasserstoffe, Chlorverbindungen und Phosphorwasserstoffe. Diese Gase gehen mit dem dort befindlichen Wasserdampf weitere giftige Verbindungen ein. Mit den Niederschlägen (saurer Regen) werden die giftigen Verbindungen wiederum in die Böden zurücktransportiert. Ein Teufelskreis, der die Verunreinigung immer höher ansteigen lässt. 99 % aller derzeit arbeitenden Kläranlagen berücksichtigen nicht die Auswirkungen, die durch chemische Zusätze und insbesonders durch Elektrosmog entstehen. Kläranlagen sind *keine* Umweltverbesserer, sondern belasten das Grundwasser enorm und somit auch den gesamten Energiekreislauf. Die Betreibung von Kläranlagen erfordert einen hohen Einsatz von elektrischem Strom, der das Abwasser und den Klärschlamm zusätzlich schädigt. Es bleibt ein Kreislauf, in welchem negative Energie durch negative Energie noch eine Verstärkung des Gegebenen bewirkt.

Klärschlamm ist giftig!

Die Umstände, die den Klärschlamm zu einer absolut giftigen Substanz machen sind

Chemische Substanzen
Wechselstrom
Negativ verlaufende Gär- und Reinigungsprozesse
Linksdrehende (negative) Schwingungen in allen Bereichen: Wasser, Erde, Luft und Atmosphäre

Teilwahrheiten

Jauche oder Klärschlamm führen zum Tod der Organismen?

Dass Jauche oder Klärschlamm als Verursacher des Absterbens von Organismen betrachtet wird, ist zum einen Teil richtig, weil sie heutzutage hochgiftig sind.

Andererseits ist dieses Urteil falsch, da die Ursache der Giftbomben nicht die Jauche oder der Klärschlamm selbst sind.

Die Ursache der Umweltbelastung liegt im linksdrehenden energetischen Prozess begründet. Alle chemischen-naturwidrigen Stoffe und deren Verbindungen, in Kombination mit Wechselstrom, führen zu aggressiven Auswirkungen.

Linksdrehende Jauche ist Gift für Fische!

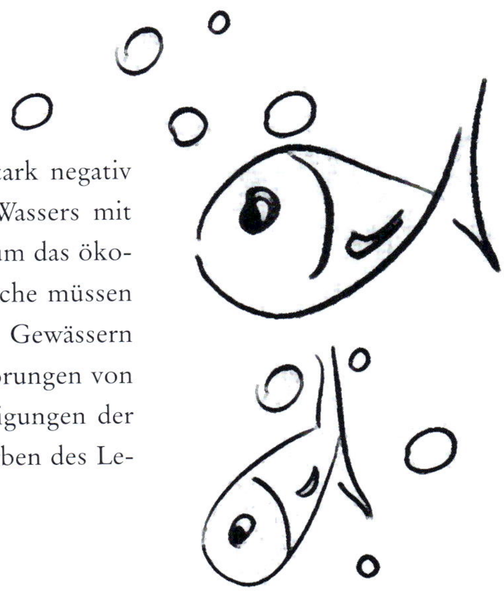

Sind die Gewässer, das Rinnsal oder der Bach stark negativ belastet, genügt eine geringe Vermischung des Wassers mit negativ schwingender Jauche oder Klärschlamm, um das ökologische Gefüge vollständig zu ruinieren. Die Fische müssen infolge von Sauerstoffmangel sterben. In vielen Gewässern unserer Erde gibt es kein Leben mehr. Die Zerstörungen von natürlichen Gegebenheiten, in Form von Begradigungen der Bäche, Flüsse usw., führen in Summe zum Absterben des Lebendigen im Wasser und am Land.

Durch den Transformationsprozess wird Jauche in einen hohen Lichtschwingungsbereich geführt. Ein sehr auffälliges Merkmal VollHarmonischer Düngemittel ist ihr **kaum wahrnehmbarer Geruch.**

VollHarmonische Jauche – der Aufbaudünger

VollHarmonischer Dünger wirkt aufbauend und belebt ausgelaugte Böden auf ganz sanfte und natürliche Weise. Die Kleins-torganismen in der Erde erhalten neue Lebenskraft. Durch die energetische Umpolung erhält der Acker eine dem Erdmagnetfeld ähnliche und natürliche rechtsdrehende Schwingungsfrequenz, die die Widerstandskraft der Organismen erhöht. Die Energie wirkt stimulierend, was ein erhöhtes und gesundes Gedeihen der Organismen in der Erde bewirkt. Der Abbau von Giften in der Erde erfolgt in einem etwa zweijährigen Prozess.

Auf VollHarmonischer Erde wachsen kräftige und natürliche Pflanzen, die gegen Umweltbelastungen resistent sind.

Nach diesem Prozess verfügt der Acker über eine sehr hohe positive Energie. Der rechtsdrehende und energetisch wirksam verlaufende Gärprozess wandelt Umweltgifte, die durch die Niederschläge in die Böden zurückkehren, in eine rechtsdrehende, lebendige und lebensbejahende Energie um.

VollHarmonischer Dünger riecht angenehm und weist eine sicht- und riechbar andere Konsistenz auf als herkömmlicher Dünger. Der Selbstreinigungseffekt VollHarmonischen Düngers ist auf die Lichtschwingungsinformation 101 der Quinta Essentia und ihrer alles liebenden Kraft zurückzuführen. In der Jauchegrube wird kein Rührwerk mehr benötigt, da der gesunde Gärprozess selbst für die nötige Bewegung sorgt. Schwebestoffe in der Jauchegrube setzen sich nicht mehr ab!

VollHarmonische Jauche – ein Test mit Forellen

Bei einem Test, den ich 1998 durchführte, wurde einem Aquarium mit Forellen einmal herkömmliche Jauche beigemengt, bei einem zweiten Test wurde VollHarmonische Jauche verwendet. Dieser Test wurde per Video aufgezeichnet.

Herkömmliche Jauche wirkt ätzend. Die Fische reagierten zuerst mit Stress, wurden unruhig und schließlich apathisch. VollHarmonische Jauche wirkt stressfrei. Die Fische schwammen ganz natürlich weiter, blieben ruhig und waren in ihrem Verhalten genauso munter, wie sie es vor dem Test gewesen waren. VollHarmonische Jauche ist weder ätzend noch weist sie einen sauren Geruch auf. Wer Interesse hat, kann sich das Video unter www.quinta-essentia.cc auf meiner Homepage ansehen.

Herkömmliche Jauche gelangt über das Grundwasser in unsere Gewässer und schadet unseren noch vorhandenen Fischbeständen.

Der Giftschlucker – die Pflanzenkläranlage

Diese uralte Möglichkeit, verschmutzte Abwässer zu reinigen, wurde von der Natur abgeschaut und stellt ein System dar, das Wasser von hohen chemischen Belastungen zu befreien. Pflanzenkläranlagen eignen sich besonders gut zur Grobabscheidung mit Strohfiltern und zur Kompostierung.

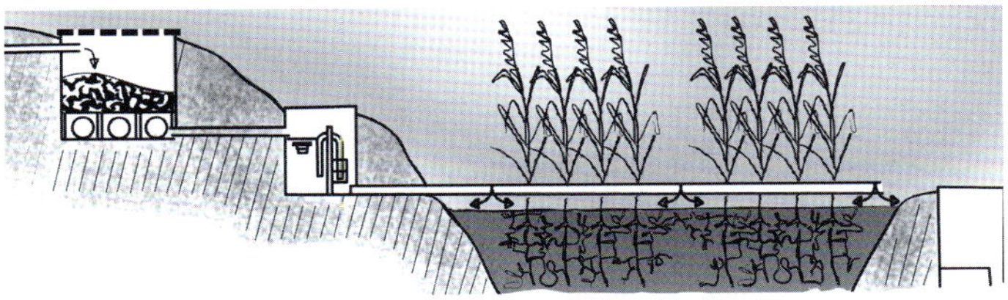

Die Pflanzenkläranlage ist eine besonders gute Möglichkeit, die Abwässer auf schonende Weise zu reinigen. Chemikalien in Kombination mit den vorherrschenden Belastungen in der Umwelt erhöhen die Umweltverschmutzung! Um hier Positives bewirken zu können, müssen die Zuständigen schnellstens umdenken und vor allem handeln! Heute ist auch die Pflanzenkläranlage nicht mehr in der Lage, den hohen Umweltbelastungen Herr zu werden. In Kombination mit der StromHarmonisierung wäre sie jedoch der natürlichste und beste Garant für die Regeneration unserer bereits zerstörten Umwelt.

Positive Aspekte der Pflanzenkläranlage

- Optimale Nutzung der biologischen Reinigungskraft durch den Selbstreinigungseffekt
- Entgiftungssteigerung durch bepflanzten Bodenfilter mit viel Sauerstoffzufuhr
- Durchlässiges Bodenmaterial (Sand und Kies) mit 2 Reinigungsstrecken
- Besonders geeignet für dezentrale Abwasserreinigung, kurze Rohrsysteme, (keine Pumpanlagen)
- Eine der Natur anpassungsfähige, ökologische, ökonomische, kostengünstige und höchst bewährte Methode

Prinzipieller Aufbau einer einfachen einstufigen Pflanzenkläranlage

Vorklärung (Absetzgrube oder Rottebehälter)
Bewachsener Bodenfilter
Schönungsteich oder Vorfluter (alternativ Versickerung)

Solche Anlagen gibt es leider nur in geringer Anzahl, und dann meist nur durch Privatinitiative.

Die Kosteneinsparung

Gemeinde und Städte unterliegen immer wieder der zentralen Abwasserbeseitigung, welche baulich enorme Kosten, aber auch höhere Betriebskosten verursacht.

Die öffentliche Hand könnte in dezentralen Siedlungsgebieten bis zu 2/3 der Folgekosten üblicher Abwasser- und Beseitigungsmaßnahmen einsparen!

Die Pflanzenkläranlage (inkl. der Hausanschlüsse und Betriebskosten) kostet einen Bruchteil gegenüber der Vergrößerung einer bestehenden Kläranlage.

Experten vermuten, dass eine Sanierung bestehender Kläranlagen im Bundesland Oberösterreich eine Summe von 8 bis 10 Milliarden Schilling (ca. 580 bis 726 Millionen Euro) ausmachen würde.

Durch die hohen Umweltbelastungen sind Pflanzenkläranlagen heute nicht mehr in der Lage, das verunreinigte Wasser zu reinigen. Trotzdem sind sie umweltschonender als Kläranlagen und daher zu bevorzugen.

Die wesentlich günstigere Sanierungsmaßnahme von Kläranlagen ist die Strom- und WasserHarmonisierung, die dem Wasser ermöglicht, seine entgiftenden, reinigenden und neu energetisierenden Maßnahmen aus sich selbst heraus zu setzen.

VollHarmonische Kläranlagen

Das Trinkwasser heute benötigt trotz Reinigung durch Pflanzenkläranlagen die Information der Ur-Energie, da die Gewässer allgemein keinerlei natürliche und gesunde Lebensimpulse aufweisen. Bei Geräten, ob Wasseranlagen, Entsäuerungsanlagen, Katalysator, Entkalkungsanlagen, können durch die StromHarmonisierung Veränderungen zugelassen werden, die auf die Natur aufbauend wirken und eine weitere Zerstörung des ökologischen Gefüges verhindern.

Durch die VollHarmonisierung bei Kläranlagen ergeben sich **Kosten-Einsparungen** aller bisher verwendeten Reinigungsmittel **auf Lebenszeit!**

Je mehr Anlagen (auch privat) harmonisiert werden, desto weniger belasten Gase (beispielsweise Methangas) die Atmosphäre. Hier wird ein positiver Kreislauf in Gang gesetzt, der der Lebendigkeit im Allgemeinen dienlich ist.

Werden Gewässer oder Äcker harmonisiert, gelangt verdunstendes, hochenergetisiertes Wasser wieder in die Atmosphäre! Bei Kläranlagen dauert es in etwa 2–3 Stunden bis der Energieaufschwung vollzogen wurde.

Durch die VollHarmonisierung unserer Äcker und Böden wird die Atmosphäre automatisch und konstant mit positiver Energie angereichert.

Energetisch negativ schwingende Jauche oder Gülle ist für ihre hohe Geruchsbelästigung bekannt!

Schaumkrone auf Jauche? Wer kennt sie nicht?

Jauche bildet auf der Schwimmdecke eine Schaumkrone. Sie entsteht durch die negativen Schwingungsinformationen bei Entgiftungsprozessen!

Bei natürlichen Entgiftungsprozessen werden Schwebestoffe von selbst bewegt, homogenisiert und schädliche Stoffe können in unschädliche Stoffe umgewandelt werden.

- Urgesteinsmehl hat keinen positiven Einfluss! Durch die feine Zermahlung und durch die Zertrümmerung von Steinen wird die Ur-Energie zerstört
- Chemikalien sind giftig und für den negativen Energieprozess mitverantwortlich!
- Eisen und Metallgegenstände im Vorratsbehälter verursachen Energieblockaden und sind daher zu entfernen!
- Bei hohen Düngemengen (beispielsweise 1,4 GVE pro Hektar) wird dies für das Grundwasser zum Problem

Jeder Betrieb kann chemiefrei und biologisch betreut werden.

Gesunder Klärschlamm als Recyclingprodukt

Durch die VollHarmonisierung der Kläranlage in Kefermarkt befindet sich dort jetzt völlig giftfreies Wasser mit einer hohen Lichtenergieschwingung. Dadurch kann dieses Abwasser auch den Klärschlamm (der alle wichtigen, geistigen, chemischen und physikalischen Eigenschaften aufweist) in positivem Sinne verändern und als Recyclingprodukt im Kreislauf der Landwirtschaft eingesetzt werden.

Bei einem Test

Bei einem Test nahm ich trübes, energieloses, negativ polarisiertes Wasser, welches ich in eine Flasche gab. In eine zweite Flasche kam dieselbe Substanz, die mit dem Licht-Code 101 informiert wurde. Danach konnte ich folgenden Vergleich feststellen:

Wenn wir uns etwas Gutes tun wollen, ist es sinnvoll, eine Lösung zu finden, anstatt mit der Ursachensuche beschäftigt zu sein.

Das Wasser in der ersten Flasche blieb trüb (T - Reaktion).

In der energetisierten Flasche bewegte sich das Wasser von selbst und nach kurzer Zeit war eine Klärung entstanden, wobei der verschmutzte Teil am Boden schwebte.

Ich begann vorerst die neu gewonnenen Erkenntnisse auf meinem Hof auszutesten. Ich harmonisierte Jauche und Klärschlamm, was bald zu positiven, riech- und sichtbaren Veränderungen führte. Der Umwandlungsprozess war ein Entgiftungsprozess: Die Fäulniserreger wurden durch die hohe Energie transformiert (verändert) und bildeten sich allmählich zurück.

Das Resultat:

Säurefreie, r.pH-neutrale und beinahe geruchlose Düngemittel!

Um gesunde Lebensmittel zu erhalten, müssen wir gesunde Handlungen setzen!

VollHarmonischer Dünger

- Durch die Einwirkung VollHarmonischen Wassers und des harmonisierten Stromes beginnt Jauche sich ganz von selbst zu bewegen. Daher werden kein Rührwerk und keine Belüftung benötigt
- In einer Jauchegrube lagern sich keine Schwebstoffe mehr ab
- Da sich keine negativen Keime und Bakterien ansiedeln, bildet Jauche beinahe geruchsfreie Gase
- Der r.pH-Wert pendelt sich auf einen gesunden und neutralen Mittelwert zwischen ca. 6,8 und 7,5 ein, was sich auf zu gedeihende Pflanzen und Tiere und (durch die uns zur Verfügung stehende Nahrung) auf unseren eigenen r.pH-Wert auswirkt
- Die Bindungskraft von Nährstoffen erhöht sich
- Durch die rechtsgepolte Schwingungswelle stellen die Düngemittel keine Belastung für das Grundwasser dar. Umliegende Gebiete werden mit positiver Lebensenergie mitversorgt
- Giftstoffe oder deren Verbindungen werden abgebaut.
- Die Bodenlebewesen, vom Regenwurm bis zu den Einzellern und Sprungschwänzen (mikrobiologischen Lebewesen), finden natürliche Lebensbedingungen vor
- Nährstoffe für die Pflanzen sind wieder verfügbar
- VollHarmonischer Dünger wirkt homogen auf Pflanzen und Tiere
- Der Boden wird aufgelockert, wodurch die Arbeit am Feld, im Garten usw. erleichtert wird
- Die Auflockerung des Bodens zieht mehr Regenwürmer an, die für uns fleißig den Boden bearbeiten

Wir leben in einer Zeit, die uns zum Besinnen geradezu einlädt. Wie werden die Lebensräume unserer Enkel oder Ur-Enkel aussehen?

Worauf soll beim Düngen geachtet werden?

Vor der Ausbringung 1 – 2 Fässer Jauche ansaugen und mit etwas Druck zurückfließen lassen. Dadurch wird der Grubeninhalt durchgerührt. Entferne den Saugschlauch mit Eisenrohrteil nach beendeter Arbeit aus der Grube, sonst wird die Energetisierung blockiert. VollHarmonischer Dünger kann auf alle Kulturen auch bei großer Hitze aufgetragen werden. Es gibt kein Verätzen, ob bei Klee, bei Hafer oder bei Erbsen. Die belebende Nährstoffversorgung der Pflanzen benötigt eine Zeit der Umstellung von ca. 2 Jahren, bis hier eine vollwertige, gesunde und natürliche Lebensbasis vorzufinden ist.

Kultische Methoden in der biologischen Landwirtschaft

Die antroposophischen Schüler (unter dem dynamischen Lehrer Dr. Rudolf Steiner) und Anhänger dieser Lehre arbeiten neben biologischen und organischen Einflüssen mit der positiven Energetisierung, nach kultischen Methoden. Jauche wird mit Wasser, Tees, Brennesseln, Hornspänen verrührt und dem Mischvorgang wird durch das Einhalten gewisser Vorschriften, die der Natürlichkeit und Lebendigkeit verträglich sind, hohe Achtung geschenkt. Die Mischungen werden dem Kompostvorgang zugeführt oder auf Feldern und Wiesen mit einem Wedel aufgetragen. Diese Form der Energetisierung trifft die Möglichkeit meiner Art der Harmonisierung am genauesten. Ich habe die Ursachen der Energievernichtung, der Energievermittlung, der Energiestabilität und der VollHarmonischen Anpassungsfähigkeit genauestens ausgeschöpft, um eine harmonische und natürliche Energieumwandlung zu garantieren.

Für einen Energetisierungsschub rechne ich im Frühjahr 1 bis 1,2 Liter / m^2 Grund. Nach Neumond wiederholen! Im allgemeinen genügt es 3x im Jahr verteilt 2 Liter / m^2 harmonische Jauche auf dem Acker, im Wurzelbereich auszubringen.

Wer die Mondzeiten miteinbezieht kann dadurch zusätzlich profitieren. Der beste Acker gedeiht unter der Hand eines liebevollen Menschen.

Menschen und die meisten Tiere sind Strahlenflüchter. Sie vertragen keine Erdadern oder andere geopathogene Störzonen.

Ein VollHarmonisierter Bauernhof (oder Privatbesitz) ist von geopathogenen Belastungen befreit, was sehr wichtig für alle hier lebenden Menschen, Tiere, für die Pflanzen sowie auch die Organismen in den Böden ist.

Der biologische Landbau und die nicht brauchbaren Vorschriften des bürokratischen Wasserkopfes brachten uns keine Verbesserungen ein.

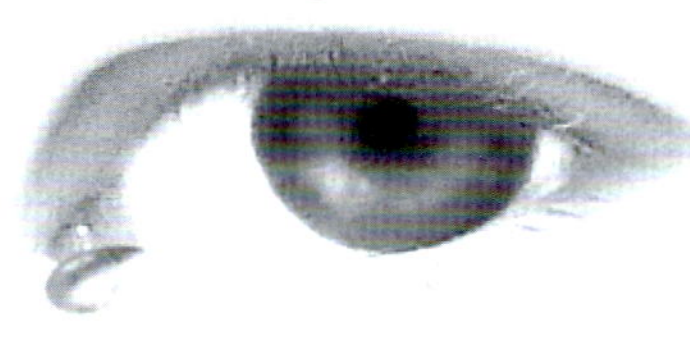

Gesunde Pflanzen – VollHarmonische Äcker

- Die Pflanzenbestände sind natürlich, gesund, farbig und frohwüchsig
- Die Pflanzenbestände sind schneller blühfreudig und werden sehr gerne von Bienen angeflogen
- Kein Unkrautdruck: Kornrade, Ackerholzzahn und Klettenlabkraut mögen die hohe Energie nicht
- Schmarotzer* mögen die positive Lichtschwingung im Zellsaft der Pflanzen nicht und siedeln sich nicht an (*Verpilzungen, Läuse, Milben usw.)
- Längere Lagerfähigkeit!
- Der rechtsdrehende Milchsäure-Gärprozess (B-Reaktion) verkürzt sich um zwei bis drei Wochen bei Silagen. Auch hier gibt es keine Geruchsbelästigung. Die Silage weist einen kaum wahrnehmbaren, feinen, natürlichen und angenehmen Gärgeruch auf
- Als Futter für Tiere sind die Pflanzen feiner und schmackhafter
- VollHarmonische Pflanzenrückstände bleiben den Bodenlebewesen erhalten

Die Ackerkrume

Wasser erwärmt sich und verliert durch den Aufstieg zur Ackerkrume Kraft. Die ausgewaschenen Nährstoffe bleiben durch den Energieverlust im Unterboden liegen.

Damit liegen die Düngerreserven und auch Schadstoffe wie beispielsweise Nitrate und Phosphate im Grundwasser. Die Düngerreserven können nicht genutzt, die Schadstoffe nicht ausgeschwemmt werden.

Die VollHarmonisierung des Ackers:

Der Acker erhält wieder die Möglichkeit, sich komplett zu regenerieren. Mikroorganismen in den Böden erholen sich und beleben den Acker.

Durch die hohe Energie werden keine künstlichen Düngemittel benötigt! (Kosteneinsparung auf Lebenszeit!)

Rechtsdrehend positives Obst kann ca. im zweiten Sommer geerntet werden, wenn im Frühjahr des ersten Jahres die VollHarmonisierung eingeleitet wurde.

Von der hohen Energie profitieren alle am Acker grasenden oder herumlaufenden Tiere wie Kühe, Schweine, Hühner, Pferde usw.

Harmonische Äcker werden gerne von Bienen und Hummeln besucht.

Fruchtgetränke, Gärmost, Wein oder Kräuter- bzw. Heilessenzen sind von hoher Qualität.

Die Drainagen und Auswaschungen ins Grundwasser

VollHarmonisches Wasser versorgt das Sickerwasser, womit eine Energiezufuhr im Unterboden erreicht wird. Dabei steigt der Grundwasserbestand an. Wasser kann in einem stark erwärmten Boden eines nicht bedeckten Ackerbodens nicht so hoch aufsteigen. Da zumeist Getreide mit flachen Wurzeln (in Monokultur) angebaut wird, werden die Pflanzen nicht ausreichend mit Grundwasser genährt. Bei einem Waldbestand mit Herz- und Tiefwurzlern, die eine natürliche und hervorragende Bodenabdeckung gewährleisten, wird der Oberboden kühl gehalten. Die starken Wurzeln der Tiefwurzler reichen bis zum Grundwasser, das somit aufsteigen kann. Damit wird das Grundwasser von Belastungen aller Art befreit und in den Wasserkreislauf eingebunden.

Deshalb ist der Wald als Revitalisierer und osmosischer Filter nicht wegzudenken, sofern er durch die Vielfalt des Baumbestandes am Leben erhalten wird! Fichtenmonokulturen als Flachwurzler können dieser Aufgabe nicht nachkommen. Sie erreichen das Grundwasser nicht, rauben Humus und schaffen daher keine vielfältige Bodenbedeckung. Diese Baumart ist unter 800 m Seehöhe wegen der Borkenkäfer und Kupferstecher stark gefährdet. Wenn alle Baumarten ausreichend im gesamten Wald vorhanden sind, hat das Wasser wieder die Möglichkeit aufzusteigen und uns, Mensch wie Tier, und irgendwann auch die gesamte Erde, mit seiner Vitalität zu versorgen. Zur Veränderung des Unkrautdruckes ist die ureigene Schutzwirkung für den Ackerboden zu berücksichtigen! Wenn die von uns so fälschlich als Unkraut bezeichneten Beikräuter nicht ihren Liebesdienst am Boden machen würden, hätten wir allerorts bereits Wüste.

Was kann getan werden, um das Grundwasser zu verbessern?

Meine Tipps:

Möglichst ganzjährig den Boden abdecken.

Bodenbearbeitung so ansetzen, dass keine vegetationslosen Zwischenzeiten auftreten.

Keine Monokultur fördern. Fichten z.B. sind Humus-Räuber! Der Wald und das Grundwasser profitieren von der Artenvielfalt!

Ortsfremde Pflanzen stören die Energie der heimischen Böden und somit auch das Grundwasser.

Unkräuter dienen der Bodenabdeckung und schützen die Böden vor Kälte, Hitze und Wind.

Lysometermessungen verschiedener Bauernkammern bestätigen solche Reaktionen.

Durch EU-Förderung irritiert?
Kurzschluss mit Eisenpflug

Das Ackern nach Ablauf der Fristen (Dezember) verursacht einen totalen Kurzschluss mit einem Eisenpflug! Die elektromagnetische Spannung fällt zusammen und es kommt zu einer Zwangsentladung! Dadurch werden Nährstoffe aller Art freigesetzt, die als Belastungen im Grundwasser auftreten.

Früher war es eine Volksweisheit, wie man die Fruchtbarkeit der Böden erhält, dann war es Bauernweisheit, und wer die Regeln des Lebens nicht beachtete, verlor die Fruchtbarkeit des Bodens und damit seinen Hof. Anstelle von Weisheit gibt es heute das dogmatische Wissen von Agrar-Ingenieuren, Bauernberatern, Bürgerberatungsfirmen und Ökonomen.

Tipps

- Kluge alte Bauern setzten ihre Herbstfurche so zeitlich an, dass sie barfuss wohlwollend über den Acker gehen konnten
- Bearbeitungsgeräte wie der kupferbeschichtete Pflug, der goldene Pflug und der Spiralpflug werten den Boden auf
- Wird die Wechselstromlichtmaschine harmonisiert, kann jeder beliebige Pflug (auch der Eisenpflug) erfolgreich eingesetzt werden. Die Harmonisierung der Wechselstromlichtmaschine bewirkt eine neuartige elektromagnetische Ladung (Energie), wodurch Erosion und Rostbildung ausbleiben
- Tiefwurzelnde Pflanzen wie Kümmel, Kornblume, Distel und Ampfer können eine Grundwasserbelastung zurückhalten
- Die von vielen als Unkraut bezeichneten Wildkräuter wie z.B. die Brennessel, die Wegmalve, der Rotklee, der Gute Heinrich oder das Gänsefingerkraut

haben zum Teil die hundertfache Dosis an Vitalstoffen wie Vitamine, Mineralstoffe und Spurenelemente, als Kräuter und Salate aus dem Laden.

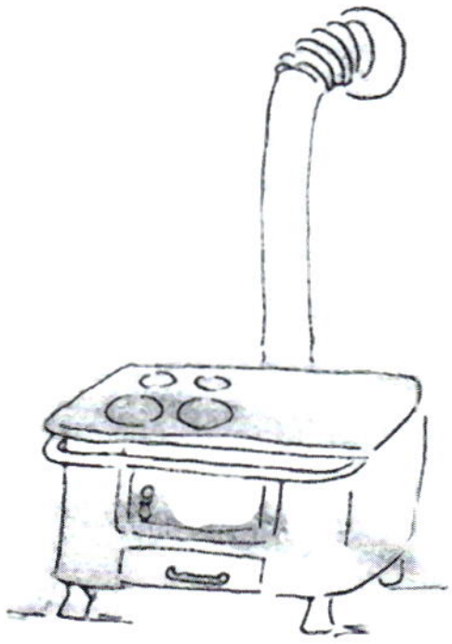

Schimmel oder Schimmelsporen schwächen das Immunsystem. Getreide ist besonders schimmelbelastet. Importiertes Getreide enthält Asbest.

In Vergessenheit geraten?

Die Nahrung, die zu Ururgroßelterns Zeiten in unterschiedlichster Form zubereitet und gegessen wurde, diente einst allen Funktionen im Körper. Gab es Störungen, so waren Mensch und Tier mit Heilkräutern, Heilwassern (aus besonderen Quellen) gut beraten, da diese keine unserer modernen Energievernichter kannten.

Die Zuführung hochwertiger Lebensmittel ist heute ein sehr gravierender und oftmals der wichtigste Gesundheitsaspekt, da der Körper viele Rohfasern, Eiweiß, viele Vitamine und Mineralstoffe, aber weniger Fett braucht. Hier soll aber nicht um Kohlenhydrate, Fette oder um Vitamine gefeilscht werden. Unser Körper schließt sich dem Kreislauf der Erde an. Er kommuniziert und versucht die energetischen Kräfte immer wieder von selbst auszugleichen. Nur gelingt es ihm oft nicht mehr, weil er das Spiel des Lebens und der Liebe nicht kennt und das tiefe innere Wissen um die Liebe vergessen hat.

Eine starke oder ständige Übersäuerung im Körper führt zu Gelenks- und Muskelschmerzen, Arthrose, Gicht und anderen Zivilisationskrankheiten.

Die wirkungsvollste Energiesteigerung ist über gesunde und natürliche Umweltbedingungen zu erreichen. Steigt die Lebensenergie im Acker, steigt sie auch im Grundwasser.

Lebensmittel bestehen größtenteils aus Wasser!

Zusammenhänge: Energie von Lebensmitteln und ihr Verwesungsprozess

Der Verwesungsprozess von Lebensmitteln (vor allem aus Kaufhäusern) verläuft sehr schnell, auch wenn dies für uns nicht sichtbar ist. Denken wir beispielsweise an die Schimmelbildung. Schimmelbefall ist nicht gleich Schimmelbefall.

Mancher Schimmel liegt offenkundig auf der Oberfläche eines Lebensmittels, oder er legt sich auch gerne am Rand eines Gefäßes ab. Schimmel bzw. Schimmelsporen sind für das Auge oft unsichtbar, durchweben aber auf heimtückische Weise das ganze Nahrungsmittel.

Nicht einmal der Eigenanbau unter biologischen Verhältnissen konnte die negative Energie umkehren.

Bei Massenwaren, wie z.B. Backwaren aller Art, Honig und Konfitüre werden Geschmacksverstärker beigegeben, um den Schimmel nicht herauszuschmecken.

Getreide und andere Lebensmittel schimmeln aufgrund ihrer niedrigen Energie, des falschen Lagerplatzes (geopathogene Zonen oder andere Störfelder), der verkehrten Aussaat- und Erntezeit (beachte Mondkalender!) und auch aufgrund der falschen Weiterverarbeitung.

Massenwaren weisen besonders hohe negative Energien und Informationen auf, die wir aufgrund der mangelnden Zufuhr hochenergetischen Trinkwassers nicht ausreichend ausleiten können.

Der Verderb von Fleisch und Wurstwaren ist trotz aller Hygienemaßnahmen rapide schlechter geworden, was ein typisches Zeichen für die ansteigende negative Energie und Instabilität von Energie ist. Die Verarbeitung aller Massenwaren lässt zu Wünschen übrig. Für die Herstellung von Selchwaren, Schinken, Hart- und Weichwurstwaren und Aufstrichen, wird oft überaltertes, auch tiefgefrorenes Fleisch verwendet. In Surfleisch und Selchware werden Lacke eingespritzt.

Negative Energie wirkt zerfallsfördernd. Bakterien, Keime und Schmarotzer lieben negative Energien! Energetisch hochwertige Lebensmittel sind frei von Schimmel und chemischen Zusätzen und bei richtiger Lagerung lange haltbar.

Das Immunsystem schützen

So wie das Immunsystem der Erde erkrankt ist, leiden bereits viele zivilisierte Menschen an Immunschwäche.
Um die eigene Vitalität zu steigern:

- Brot- und Backwaren selbst herstellen oder auf den kleinen Bäcker um die Ecke zurückgreifen
- Wenn möglich, frische Lebensmittel in einem *kleinen* Laden kaufen. Auch in einem Bioladen auf die Frische der Waren, die Verpackungsmaterialien, die Zutaten und auf die Herstellungsart achten
- Der Bauer in der Nachbarschaft gibt vielleicht Eier, Milch und Obst ab? Vor allem an die Kleinbauern denken!
- Lebensmittel aus Massentierhaltungen meiden!
- Einzelsanierungsmaßnahmen reichen, durch die weltweite Zerstörung unserer Umwelt, nicht aus. Sämtliche Belastungsfaktoren wirken aufeinander ein und sind wenn möglich, zu vermeiden

Insbesonders bei allen körperlichen oder psychischen Schwächen und/oder Erkrankungen viel hochschwingendes Lichtwasser trinken!
Hier ist nicht von den üblichen 2–3 Litern die Rede, sondern von 3 Liter oder mehr, je nach Erkrankung. Aufpassen: Es gibt Krankheiten, wo vermehrtes Wassertrinken eine Gefahr darstellt. (Eventuell abklären!)

VollHarmonisches Wasser schützt Menschen und Tiere vor vielen Krankheitserregern. Bakterien, Keime oder Viren können (bereits vor dem Ausscheiden) in einer hohen Energieschwingung nicht überleben. Hier ist das vermehrte Wassertrinken genauso empfehlenswert, weil gleichzeitig eine vorhandene Immunschwäche ausgeglichen werden kann.

Der Joghurtboom

In der Bescheidenheit des Nahrungsmittelangebotes stellt rechtsdrehendes Joghurt „eine Bereicherung“ für Menschen dar, die keine höher-wertigen Lebensmittel kennen, kaufen oder essen. Rechtsdrehendes Joghurt weist eine positive Energieschwingung auf, die aber sehr bescheiden hoch ist. Auch besitzt diese positive Energieschwingung keinerlei Stabilität und Informationserweiterung auf.

In der heutigen Zeit dürfen wir uns bereits freuen, wenn wir überhaupt noch energetisch positive und rechtsdrehende Lebensmittel haben.

Ernährungs-Stress

Unser Organismus ist ein hochintelligentes Instrumentarium. Es filtert und bewertet, was gut oder schlecht ist.

Diese Vorgänge laufen ganz automatisch und zumeist unbewusst ab. Unbewusste Abläufe führen zu Beschwerden, die sich zum Beispiel schleichend einstellen. Wir fühlen uns nicht wohl, bemerken das aber nicht unbedingt, weil wir darauf nicht achten. Oft sind wir zu sehr abgelenkt oder wir wollen auch nicht darauf achten. Kleinere Beschwerden werden gerne auf die leichte Schulter genommen: „Ach, das schaffe ich doch ganz leicht", bis sich die Symptome immer mehr zeigen und schließlich auch in schweren Erkrankungen enden können. Das bedeutet nun nicht, dass wir jedes kleine Wehwehchen wie einen Elefanten aufblasen sollen. Aber eines ist klar: „Wer die kleinen Symptome nicht beachtet, der wundert sich dann vielleicht schon über massive Probleme."

Bewusste Abläufe sind Symptome wie Erbrechen, Durchfall, Allergien, Blähungen, saures Aufstoßen oder Magenschmerzen ... Durch den Verzehr von negativ schwingenden Lebensmitteln werden die Schilddrüse und der Verdauungsapparat irritiert und der Abruf übers Steuerzentrum Gehirn wird durcheinander gebracht.

Ernährungs-Stress kann auch über den Verstand eintreten. Denken wir beim Essen an Krankheitserreger, an Dinge, die bei uns Ekel erregen. Wir bringen dann keinen Bissen mehr hinunter. Lebensmittel aus fremden Kulturen sind in energetischem Sinne nicht in unserem Informationsspeicher gelagert und können daher zu Unwohlsein oder zu Krankheit führen.

„Wås da Bauer net kennt, frisst er net"

Dieses Sprichwort ist vielen noch in Erinnerung.

Das Sprichwort bestätigt die natürliche Abwehr des Menschen gegenüber manchen Speisen. Wer kennt nicht auch eine Situation aus der Kindheit. Wir müssen etwas essen, was uns nicht anspricht, die Mutter besteht aber darauf. Wir haben Stress.

Was der Organismus, unser Gehirn nicht erkennen kann, wird als unverwertbar (unbrauchbar) eingestuft!

Stressmacher sind auch chemisch veränderte Lebensmittel, sämtliche Medikamente oder Vitalstoffe, die unseren Organismus in helle Aufruhr versetzen.

Grundsätzlich ist es gleichgültig, ob wir auf körperlicher, seelischer oder ob wir auf der Verstandesebene Stress haben. Die Auswirkung von negativem Stress zeigt sich in einer Erhöhung des pH-Wertes. Wir reagieren sauer (verstimmt) und so wird auch unser Körper sauer.

Das bedeutet: Die Zufuhr von Stress verursachenden Lebensmitteln, Medikamenten, Getränken, Nachrichten, Geschichten, Gedanken oder regelmäßige Streitigkeiten, negativer Klatsch usw., versauern uns buchstäblich das Leben. Stress läuft bei vielen Menschen innerlich und unbewusst ab.

Jede Krankheit deutet auf Stressfaktoren hin. Wir unterscheiden zwischen positivem und negativem Stress. Positiver Stress macht sich z.B. in großer Freude bemerkbar. Negativer Stress ist alles, was uns, unserem Körper, dem Verstand oder der Seele nicht behagt. Zuviel positiver wie zuviel negativer Stress sind Krankmacher. „Wer zuviel rastet, der rostet“, besagt ein altes Sprichwort. Die Kehrseite wird durch: „Eile mit Weile“, in einem anderen Sprichwort bekundet. Ein neues Sprichwort besagt: „In der Mitte liegt die Kraft, die Lebendigkeit erschafft.“

Wir können unsere geistige Haltung verändern und dadurch Krankheit bedeutungslos machen.

Die Geisteshaltung ist ein wesentlicher Energiesteigerer. Wertschätzung und Achtung, durch Segnung, Gebet um Gedeihen (Sonntagsheiligung), Segnung der Speisen oder auch schlicht und einfach ein bewusstes „Dankeschön!“

Lebensmittel &

Energie

Unsere Lebensmittel „heute"

Ausgelaugte, giftige Böden liefern der Lebensmittelindustrie und den Kaufhäusern negativ schwingende Grundnahrungsmittel. Ehe Lebensmittel in den Industrien oder in den Kaufhäusern landen, werden sie über weite Strecken transportiert, zum Teil auch über mehrere hunderte oder tausende Kilometer. Die bereits vorbelasteten Grundnahrungsmittel leiden am Weg unter den Belastungen des Elektro-Smogs. Die aggressiven Informationen des Wechselstroms prägen auf negative Art alle Speisen. Dazu kommen die strengen hygienischen und lebenspolizeilichen Verordnungen, wie die ordnungsgemäße Verpackung, die Kühlung, die Bestrahlung und das Tieffrieren, um weitere Lagerungen privat oder in den Verkaufsregalen zu ermöglichen.

Das Wasser war einst ein Lebens-Mittel! Heute ist gesundes, hochenergetisches Quellwasser bereits Mangelware!

Konsumieren wir Lebensmittel, nehmen wir gleichzeitig alle darin enthaltenen Informationen auf.

Die lieblose Verarbeitung wirkt ebenfalls Energie zerstörend. Eine maschinelle Zerstückelung und Verarbeitung von Lebensmitteln wirkt wie ein extremer Vernichter von Lebensenergie. Mit Geschmacksverstärkern gaumengerecht aufgepeppelt, mit Farben verändert, um unser Auge ästhetisch zu erfreuen, mit Konservierungsmittel vermengt, um auch die nächsten Jahre lagerbar zu sein, so landen Lebensmittel schließlich im Kaufhaus. Lebensmittel werden Vitaminpräparate beigegeben, um kaputten, wertlosen Waren wenigstens den Beigeschmack von künstlicher Gesundheit zu schenken! Ein sehr massives Problem in der heutigen Zeit ist die Genmanipulation.

Die Logistik, die für die Nahrungsmittelversorgung heute aufgewendet wird, ist existenzvernichtend, vom Bauern bis zur Hausfrau.

Die Auswirkungen auf die menschliche Gesundheit sind bislang nicht beweisbar und werden unter den Teppich gekehrt. Antibiotikaresistenz und der Anstieg von Allergien allgemein sind auf den Verzehr genmanipulierter Lebensmittel zurückzuführen. In vielen Betrieben werden Enzyme aus gentechnisch veränderten Organismen verwendet. Beispiele: Bei der Mehlverarbeitung, bei Gebäck, Konfitüren, Milchprodukten,

bei der Eier-, Fett- und Ölverarbeitung, bei der Stärkeverarbeitung, in der Brauerei, bei der Fleisch- und Gemüseverarbeitung, bei der Herstellung von Tiernahrungsmittel und auch bei der Zubereitung von Feinkost-Mayonnaise. Beinahe *alle* Lebensmittel in Großmärkten sind manipuliert! Z.B. Schokolade (Zucker!), Bienenhonig, Babynahrung, Sojaprodukte, Fertigspeisen oder selbst Grundnahrungsmittel wie Kartoffel, Getreide, Reis und Mais, Vitaminpräparate und so weiter! Der Fortschritt der Kapitalwirtschaft geht weiterhin bergauf!

Die Chemie hat sich zum Gärtner entwickelt, der Kapitalist zum Menschenfeind höchsten Grades!

Maschinelles und stereotypes zerhacken von Pflanzen, verletzen auf gröbste Weise ihre positive Lichtstruktur.

Nichtheimisches Obst und Gemüse (oder außerhalb der Saison gekauftes) weist generell keine aufbauende Energie auf.

Genmanipulierte Lebensmittel sind präzise zerlegte Moleküle, die nach Wunsch wieder zusammengefügt werden.

Zum Teil finden sich darin hochgiftige Substanzen (z.B. Schimmelpilze) wieder! Genmanipuliertes Tomatenmark auf Tiefkühlpizzas? Die falsche Zubereitung der Lebensmittel im eigenen Heim stellt dann die Krönung des destruktiven Energiekreislaufes dar. Na dann Prost, Mahlzeit!

Obwohl die Grundnahrungsmittelpreise (auch ohne den Euro) enorm anstiegen, sind die am günstigsten erwerbbaren Lebensmittel zumeist auch diejenigen, die die schlechteste Energie aufweisen. Werden bei bestehendem Energiemangel zu viele unverwertbare, schwer verdauliche (energetisch tote oder negativ schwingende) Lebensmittel gegessen, entziehen sie dem Organismus Energie und schwächen ihn noch mehr.

Ist der Körper geschwächt, sind auch die Organe wie: der Darm, die Leber usw. geschwächt. Je mehr negative Informationen oder je stärker die negativen Informationen der Speisen sind, umso mehr büßt der Mensch an Wohlbefinden, Lebensenergie und auch an Wahlfreiheit ein. Wir werden zu-

nehmend mit Informationen überschwemmt, die uns immer weiter vom Natürlichen und vom Wesentlichen abbringen. Die negative Fülle der vorhandenen Informationen bewirken Störungen, die unter anderem auch unseren Verstand blockieren!

Energetisch zerstörte Lebensmittel entziehen dem Körper Lebensenergie.

Krankheit bedeutet: „Der Körper leidet an Energiemangel"

BIO? Vollwertige Nahrungsmittel?

Importierte Bio-Produkte sind (zum Teil) hochgiftig! In vielen Ländern werden bedeutend mehr Gifte versprüht als in Österreich oder Deutschland.

Die falsche Lagerung von Getreide ist sehr problematisch, weil sich gerne Schimmel bildet. Wichtig ist, Getreide nicht in Kellern oder Räumen zu lagern, wo keine Luftzirkulation vorherrscht. Auch das Lagern auf geopathogenen Störzonen fördert die Schimmelbildung. Am besten wird Getreide auf Holz gelagert, keinesfalls soll Getreide auf Beton gelagert werden!

Schimmel kann durch Backen nicht abgetötet werden.
Vollkornprodukte unterliegen denselben Kriterien wie herkömmliche Lebensmittel.

Saure und negativ schwingende Böden liefern daher auch saure und negativ schwingende biologische Lebensmittel.

In Bio-Produkten wurden giftige schwarze Farbstoffe gefunden! Bio-Karotten wurden verkauft, obwohl sie mehr Giftstoffe aufwiesen, als bei uns erlaubt sind! Gefäße wie Flaschen unterliegen laut Vorschrift sehr strengen Kriterien. Da bei der Reinigung (laut Verordnung) mit Chemie gearbeitet wird, finden sich in vielen Produkten (auch bei Mehrwegflaschen im Bioladen!) Spuren von Giften. Einmal im Leben konsumiert, wohl auch kein Problem!

Die Strom- und Funkstrahlenbelastung ist so angestiegen, dass alle Lebensmittel, auch Bio-Produkte, Schaden erleiden.

Der Organismus verbraucht Energie, um disharmonische Lebensmittel ausscheiden zu können.
Das bedeutet:
Wir haben ein Energiedefizit, das heute sehr schwer aufzufüllen ist!

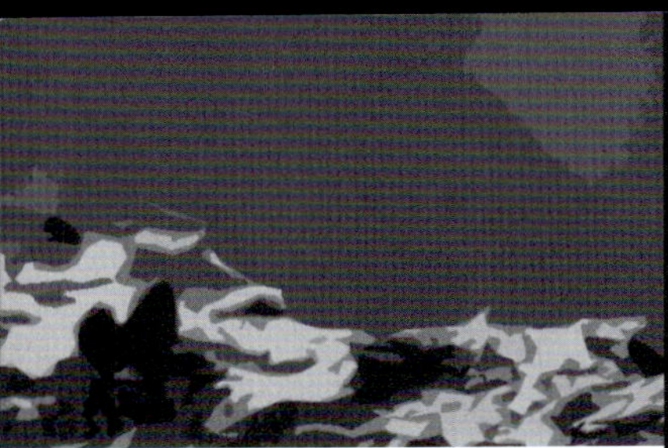

Die gruselige Wahrheit ist, dass biologische Nahrungsmittel nicht mit gesunden Lebensmitteln gleichzusetzen sind.

Ich habe in Bio-Läden künstlich aromatisierte Tees vorgefunden!

Immer mehr Menschen klagen über die schlechte Nahrungsqualität auf dem Markt. Was ist heutzutage „wirklich noch gesund?“ Frisch, saftig und gesund sehen sie oft aus, die vielen Produkte! Welche davon wurden bestrahlt, welche sahen überhaupt die Sonne? So manche Lebensmittelerzeuger verzichten bereits auf den ganz natürlichen Weg – und ziehen ihre Früchte, die keine Erde kennen. Künstliche Zusatzstoffe sollen die natürlichen Lebensbedingungen ersetzen. Schön, schön! Wäre da nicht der Zukunftsschauer, der einen immer wieder durchrieselt, wenn man bedenkt, dass alle Handlungen zu weiteren Folgen führen werden. Vielleicht sitzen wir bald auf einem anderen Planeten (soferne das unser Budget erlaubt), in künstlich hergestellten Beton- und Glasbauten und freuen uns auf den Schweinebraten mit Sauerkraut, in Tablettenform?

Die wesentlichen Dinge auf Erden sind für das menschliche Auge unsichtbar!

Da der Kapitalismus unaufhaltsam vorwärts schreitet, gelangen unreife, giftige und negativ schwingende Lebensmittel auch zum Endverbraucher! Wir greifen zu den Tomaten, Gurken, Bananen im Kaufhaus, und denken uns vielleicht überhaupt nicht viel dabei. Dann essen wir solche Lebensmittel, trinken energetisch zerstörtes Wasser und wundern uns vielleicht, weshalb wir an Immunschwäche leiden, der saure pH-Wert steigt, die Allergien zunehmen, wir müder sind als üblich, sich psychische Symptome vermehren oder weshalb Antibiotika oder auch homöopathische Behandlungen nicht mehr wirksam sind? Eine besonders traurige Nachricht ist: „Der Mensch hat es geschafft die Grundlage des menschlichen Lebens zu zerstören!“ Lebensmittel sollen die körpereigene Kraft und Lebendigkeit unterstützen.

Daher rührt auch ihr Name: „LEBENS-Mittel!“

Der pH-Wert unserer Lebensmittel

Dringt saurer Regen in die Erde ein, wird der pH-Wert der Böden ebenfalls sauer! Die Bezeichnung pH-Wert begleitet uns im Wasser, in Böden, bei allen Lebewesen und bei Lebensmitteln. Saure Gewässer tragen Kalk aus den Böden mit. Durch die Kalkarmut der Böden erhalten wir kalkarme Lebensmittel. Wird bei Böden oder Lebensmitteln auf künstlichem Wege Kalk zugeführt, schadet dieser Kalk (durch die falschen Informationen) ihrem Energiegehalt. Da unser Trinkwasser überall hingelangt (zu den Kleinstorganismen in den Böden und zu allen Lebewesen), hat der pH-Wert eine sehr hohe Aufgabe zu erfüllen. Menschen sind zumeist viel zu sauer, weil es kaum basische oder neutrale Lebensmittel gibt. Menschen, die unter einer permanenten Übersäuerung leiden, auch Tiere, können nicht nur im sprichwörtlichen Sinne „sauer" sein, auch die Knochen werden übermäßig entkalkt, was zu der weit verbreiteten Krankheit Osteoporose führt.

Energie-Information und der r.pH-Wert hängen zusammen!

Der radiästhetische pH-Wert

(Abkürzung: r.pH-Wert)

Der neutrale und r.pH-Wert von 7 hängt von der positiven Energie ab und ist daher der göttlichen Geisteshaltung zuzuordnen. Er stellt die Wasserstoffbrücke dar, die den Austausch der Wasserstoffionen ermöglicht. VollHarmonisierte Äcker, Lebensmittel oder Wasser sind radiästhetisch pH-Wert-neutral. Bei Lebensmitteln wirkt sich der Verzehr VollHarmonischer Lebensmittel neutralisierend auf Organismen aus. *Zu basisch* oder ***zu sauer*** werden zu: „neutral".

Alles, was unseren Tieren schadet, schadet uns selbst. Medikamente, die schlechte Qualität der Lebensmittel, geopathogene Störzonen und lieblose Behandlungen sind alles Informationen, die sich im Fleisch abspeichern. Beim Verzehr von Fleisch nehmen wir dessen abgespeicherte Informationen (Erfahrungen) auf!

Schlechte Grundbedingungen für Tiere bedeuten gleichzeitig: Negativer r.pH-Wert des Fleisches.

An dieser Stelle will ich besonders auf die überhebliche Werbung in Richtung Natur- und Getreidekost hinweisen!
Die einst gesunden Nahrungsmittel weisen heute die gleiche negative Energieschwingung auf wie die Böden! Es gibt kaum Nahrungsmittel, die basisch oder neutral sind!

VollHarmonische Lebensmittel wirken sich auf unseren r.pH-Wert neutralisierend aus!

Durch die fehlenden Nährwerte der Lebensmittel werden diese mit Nahrungsergänzungsmitteln (Chemie!) angereichert!

Mit VollHarmonischen Lebensmitteln pendelt sich der eigene r.pH-Wert auf einen natürlichen und gesunden Mittelwert ein. Kleinere Schwankungen sind ganz normal.

Lebensmittel aus chemischer Sicht

Werden Lebensmittel verändert, sind diese Veränderungen auf chemischem Wege nicht nachweisbar.

Das bedeutet: Werden Lebensmittel mit natürlichen Vitaminen, Mineralien und anderen Vitalstoffen z.B. zu Brei gequetscht, und dann wieder in appetitliche Happen geformt, kann (nach diversen Zubereitungsprozessen) aus chemischer Sicht immer noch derselbe Gehalt derselben Stoffe (z.B. Vitamine und andere Vitalstoffe) nachgewiesen werden! Auf energetischer Basis sind solche Lebensmittel aber tot, auch wenn die chemischen Bausteine noch vorhanden sind.

Alles Leben, ob Mensch, Tier, Pflanze, auch das Wasser, benötigt lebensspendende Energie. Heute erhalten wir Lebensmittel, die entweder Energie abziehend oder lebensfeindlich und aggressionsfördernd wirken. Bei regelmäßiger Aufnahme solcher Lebensmittel schaden diese immer mehr der Regenerationsfähigkeit des Körpers. Lebensmittel spielen für den Erhalt unserer Lebensenergie eine sehr bedeutende Rolle. Da die Ausgangsbasis des Menschen (sein elementarer Zustand) der energetische Zustand ist, kann hier verstanden werden, wie sich jedwede negative Information oder Energie auf diese Basis auswirkt. Das Gute an allem ist: Je mehr Menschen sich um ihr eigenes gutes und gesundes Leben kümmern, umso höher wird auch die Chance, dass andere Menschen es ihnen nachahmen.

Positive energetische Auswirkungen bei Getreide

Wer kennt sie nicht auch, Schmarotzer wie z.B. Milben, Getreidekäfer wie Kornkäfer, Getreide- und Mehlmotten? Bei meinem Getreide gibt es schon lange keine Schmarotzer mehr!

Genmanipulation, der Vorbote für die Hungersnot!

Die Wissenschaft behauptet genau das Gegenteil: Ohne genveränderte Naturprodukte haben wir keine Möglichkeit, Schädlinge, Unkräuter, Krankheiten zu unterbinden sowie Erträge zu steigern, um der wachsenden Bevölkerung der Erde auch genügend Nahrungsmittel zuzuführen. Diese Aussage ist eine Lüge und der Vorwand, auf unqualifizierteste und gemeinste Art die Naturgesetze sowie den Schöpfungsauftrag zu zerstören, denn dieser evolutionäre Schöpfungsauftrag ist in seiner gesamten Geisteshaltung mit allen Lebewesen und Elementen der Erde und des Weltalls vernetzt und genau dieser Erkennungscode (der Art, des Wesens) ist in den Genen verankert.

Genmanipulationen aller Art sind in ihrer Auswirkung bedeutend gefährlicher als Atomstrahlen, da sie keine Halbwertszeiten haben.

Worauf sich meine Erkenntnisse berufen

Als ich erstmals (am 19. 2. 1997) harmonisierte Jauche auf meinen Äckern und Wiesen ausbrachte (nach Regen/Schneefall sowie einer Urgesteinsmehlgabe am 9. 3. 1997 für Versuchszwecke), konnte ich am 27. 3. 1997 immer noch eine positive rechtsdrehende Energieschwingung von +3 feststellen.

Die Jauchegabe lag bei etwa 1,2 Liter/m² oder 12 m³/ha. Dies reichte in weiteren zwei Gaben in gleicher Menge (1997) zur positiven Veränderung aller Böden aus. Als im Frühjahr 1998 (zur Aussaat des Menggetreides) Hafer, Sommergerste und Körnererbsen bestellt wurden, dann aber kein Bio-Saatgut für Körnererbsen zur Verfügung stand, wurden 100 kg Körnererbsen

Die geistige Ernährung wird von vielen Menschen immer noch sehr unterschätzt!

Jeder Mensch gestaltet sich sein Leben selbst.

Prima Z1 gegekauft. Nichts ahnend angebaut, schöner Wuchs und auch kräftige Pflanzen, welche nun zur Blütenzeit Folgendes zeigten: Der erste Blütenstand wurde geschoben, blühte auch schön, wurde befruchtet, aber es waren nur 2 - 3 Erbsen in der Schote. Die weiteren 3 bis 5 Blütenstände kamen auch und blühten herrlich, über ein Monat, wurden aber nicht befruchtet und trockneten bis zur Ernte ein. Noch immer über diesen Umstand rätselnd, bekamen wir höchstens das Saatgut retour. Diese paar Erbsen untersuchte ich am 18. 2. 1999, und sie wiesen eine negative linksdrehende Energieschwingung auf, obwohl alle übrigen Getreidearten ein positives hochenergetisches Ergebnis zeigten. Dies war auch bei Gras- oder Kleestand bis zur Silage gleich hoch erhaltbar. Bei der Überprüfung der Erbsen (Ernte 1998) war eindeutig eine Genveränderung nachweisbar.

Genmanipuliertes gedeiht nicht auf VollHarmonischen Äckern

Auf Ackerböden oder Wiesen mit einer positiven rechtsdrehenden Lichtenergieschwingung von +6 oder +17.500 BE können *fremdartige, genmanipulierte Samen und Pflanzen nicht gedeihen!* Sie werden als artfremd erkannt und eingestuft, und werden, weil sie mit dem Ackerboden und der übrigen Lebensgemeinschaft keinen harmonischen Informationsaustausch führen können, ganz einfach ausgeschieden.

Die Vermischung von natürlichen Samen mit genmanipulierten Samen ist bedenklich fortgeschritten. Damit warne ich alle, die mit Saatgut zu tun haben. Unbedingt natürliche Sorten verwenden, um nicht morgen vor leeren Äckern, Ähren, Speichern und Tischen zu stehen.

Auf VollHarmonisierten Böden in der 1. Grundenergiestufe wachsen keine genmanipulierten Samen und Pflanzen!

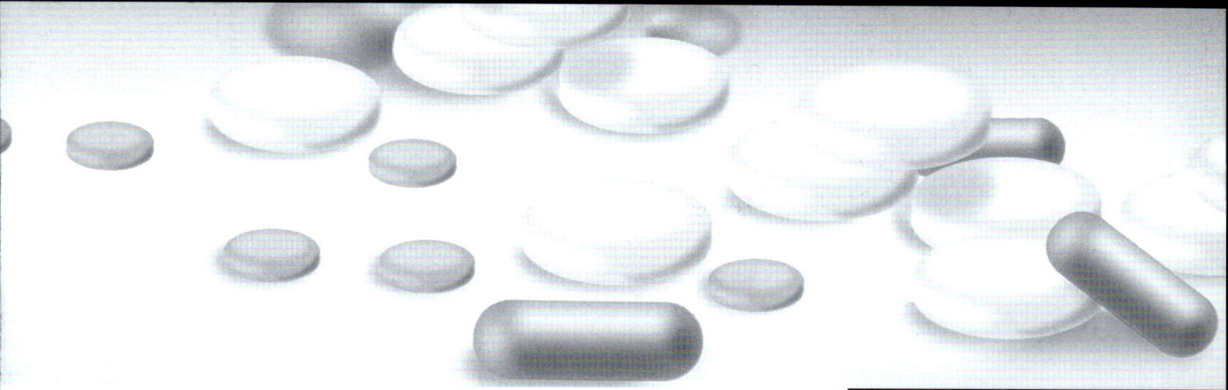

Der Irrtum über Vitamine und Vitalstoffe

Viele Menschen glauben nach wie vor, sie lebten alleine von Vitaminen, Spurenelementen und Mineralien.

Wir Menschen sind, wenn die Grundbedingungen der Umwelt stimmen, in der Lage, mit normaler Mischkost gesund zu bleiben.

Natürliche Lebensmittel weisen Vitamine, Spurenelemente und andere Vitalstoffe in genau der Dosierung auf, die der Körper auch verwerten kann. In der Natur sind Vitalstoffe, die ja die Informationen an uns liefern, in ganz winziger Dosierung vorzufinden. Nur in dieser Form sind sie auch für Lebewesen optimal nutz- und verwertbar! Der sensible Organismus ist nicht einmal in der Lage, eine hohe Vitamin-, Mineralien-, Spurenelement – und Vitalstoffversorgung zu verwerten!

Die auf künstlichem Wege hergestellten Vitamine und Vitalstoffe beinhalten isolierte, entartete Inhaltsstoffe. Dazu gesellen sich Farben u. a. chemische Zusätze aller Art, die dem Menschen Energie abziehen. Der Organismus versucht die als Fremdkörper erkannten Stoffe auszuscheiden, was mit Zunahme der Umweltverschmutzung und der schlechten Trinkwasserversorgung immer schwerer gelingt.

Ein weiteres Problem stellt auch hier das Herstellungsverfahren dar! Medikamente kommen mit Wechselstrom in Berührung. Die Verpackung, der Strichcode, der Lieferweg und die Lagerung sind weitere Problemverursacher.

Weniger ist bei allem MEHR!

Die aggressivsten Nahrungsmittelergänzungen sind unter anderem die wasserlöslichen Brausetabletten. Wer unter Magenschmerzen leidet, sollte auf Brausen aller Art und Getränke mit Kohlensäure verzichten! Medikamente sind allgemein ungesund.

Ein Medikament kann in Einzelfällen Leben retten. Zuviel Chemie aber kann der Körper nicht verarbeiten. Zuviel Chemie bedeutet: Zu viele Giftstoffe!

Globuli oder die vielgeliebten Blütenessenzen sind heute mit zu vielen Fremdinformationen verseucht. Wichtig ist: Strichcode entfernen. Beachte auch, wo Heilmittel gelagert werden!

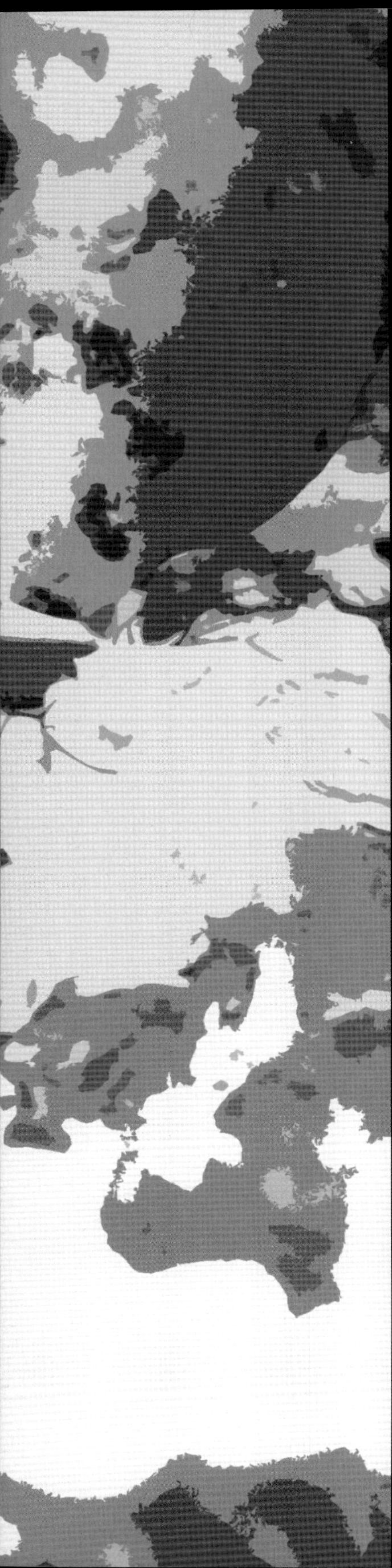

Lebensmittel, Heilmittel und Codes

Um Produkte zu kennzeichnen und die Datenverarbeitung zu erleichtern, werden Strichcodes verwendet. Numerologen und Kabbalisten ordnen jeder Zahl eine bestimmte energetische Wirkung zu, weshalb sich daraus zum Beispiel auch Personenbeschreibungen ableiten lassen.

Manche Zahlenmystiker ordnen der Zahl 666 dem Antichristen zu. Die Offenbarung Johannes mit der Zahl 666 wird als die böse Macht Satans bezeichnet. Daher blühen auch Verschwörungstheorien über Strichcodes, wo die Zahl 666 entdeckt wurde. Wer suchet, der findet auch! Es geht nicht darum, einer Verschwörungstheorie nachzuhängen, sondern um eine möglichst einfache und nüchterne Aufklärung, die auch den Skeptiker erreicht.

Der Mensch wird durch Codierungen unbewusst mit vielen negativen Informationen gespeist, wodurch er in Abhängigkeiten geraten kann, ohne dies überhaupt zu bemerken. Die vielen unterschwelligen Informationen werden zum Teil ganz bewusst von Institutionen mitgeliefert, um uns zu manipulieren! Die Auswirkungen solcher Manipulationen zeigen sich beispielsweise in energetischen Sperren.

Diese Sperren binden uns an Produkte oder Kursangebote und sperren uns den Zugang zur Weiterentwicklung. Beachte, dass manche Einweihungen, die durch etwaige Kurse (wie beispielsweise Reiki, Prana etc.) weitergegeben werden, genauso zu einer Sperre führen können. Solche Sperren blockieren das spirituelle Wachsen und führen zum Verschließen vor höheren positiven Energien. Die Strichcodes blockieren im Allgemeinen das Gefühl des Menschen und führen zu Abhängigkeiten, denen wir uns unbewusst ausliefern.

Bei einer energetischen Heilmethode jüngstens entdeckt

Energetische Sperre, verursacht durch chinesisch medizinische Produkte! Chinesische Medizin ist extrem stark elektromagnetisch informiert!

Auch das Umweltzeichen ist aufgrund des dahinterliegenden kontraproduktiven Kreislaufes negativ schwingend.

Bei der Anwendung von Symbolen ist allgemein die genaue Bedeutung zu hinterfragen, um hier frei von Schaden zu sein.

Selbstversorger oder Hersteller von Heilmitteln können darauf achten, dass auf ihren Produkten keine Strichcodes landen!

Wichtige Anmerkung:

Keine Angst vor Codes haben. Nur wenn auffällige Zwangsverhalten vorkommen: An Codes denken! Codierungen können über energetische Heilverfahren wie z.B. in der Kinesiologie (durch einen Muskeltest) aufgefunden und beseitigt werden.

Der Strichcode kann mit Querbalken, einen unten und einen oben, in seiner negativen Wirkung aufgelöst werden.

Besser: Verpackungen entfernen. Das Recycling-Zeichen übermalen oder entfernen.(Sieht ähnlich wie das Yin-Yang Zeichen aus).

ISBN 1-101101101-11

Strichcode entwerten: Oben und unten einen Balken ziehen.

Eil-Tipp:

Bei Heilern über ihre Kenntnisse der Löschung von Codes nachfragen!

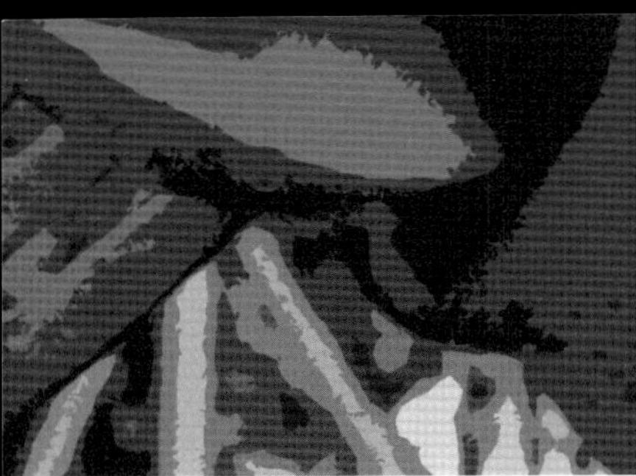

Science-Fiction oder gruselige Wahrheit? Hätten wir vor 70 Jahren einen Film über den derzeitigen Stand der Erde gesehen, hätten wir wohl nur den Kopf geschüttelt.

Harmonische Lebensmittel sind jene, die auf natürlichen Böden wachsen, in Ehre geerntet und in Liebe zubereitet werden.

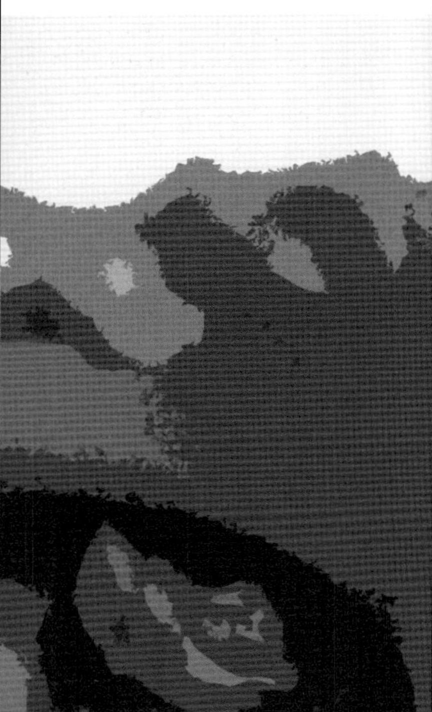

Der destruktive Lebensmittel-Kreislauf

Wir essen negativ schwingende Lebensmittel. Diese Aussche
dungen landen im Grundwasser und dann in den Böden. Do
verstärken sich die vorhandenen negativen Energien, wo u
sere künftigen Lebensmittel wachsen. Die Tiere fressen d
dort befindliche energetisch zerstörte Gras. Die Enzymau
beute aus der gentechnischen Produktion wird unter Tierfu
ter gemischt! Essen wir solche Tiere, essen wir automatis
die schädlichen Zusätze mit! Unsere giftigen Ausscheidung
gelangen wiederum in die Böden, gelangen so wieder in d
Wasser und vergiften ...

Müde durch Lebensmittel ?

Kein Wunder! Der Verzehr von Massenwaren führt zu eine
Anstieg und einer Fülle negativer Informationen, die verschi
dene Reaktionen bewirken: Z.B. Aggressionen, Ängste, Ne
rosen, Nervosität usw. und Energieverluste, die uns krank m
chen! Wer nach dem Verzehr von Lebensmitteln müde wir
kann davon ausgehen, dass die Lebensmittel dem Körper Ene
gie abziehen. Es gibt diesbezüglich eine Ausnahme: Positi
Energieaufschwünge können müde machen, wenn der Org
nismus bereits an einem Energiedefizit leidet. Das bedeute
Wer beispielsweise an Mikrowellenherdessen gewöhnt ist u
sich plötzlich ausschließlich von VollHarmonischen Leben
mitteln ernährt, schenkt seinem Körper *neue Informatione*
die ihm während der Umstellungsphase viel Kraft kosten. Di
ist aber ein vorübergehender Prozess, der uns nachhaltig m
neuer Vitalität belohnt.

Welche Lebensqualität wünschen wir uns?

Allen voran haben es Bio-Landwirte und Selbstversorger leichter, sich für gute und vor allem gesunde Lebensmittel einzusetzen.

Positiver energetischer Kreislauf

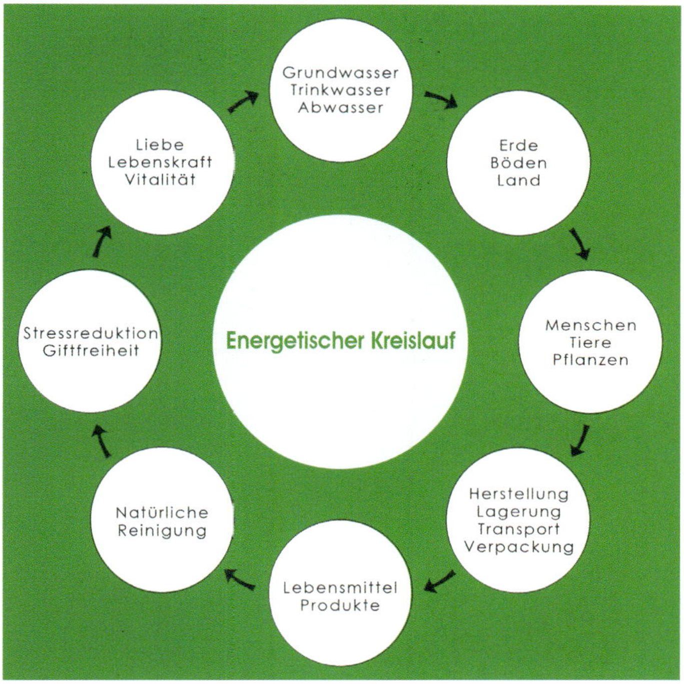

Heute ist unser Hauptproblem nicht mehr rein die fehlende Lebensenergie bei Lebensmittel sondern die hohe negative und extrem gesundheitsbeeinträchtigende Energieschwingung der Lebensmittel!

Der neue Weg für die Produktion von energetisch stabilen Lebensmitteln ist die VollHarmonisierung des Ackers und Grundbesitzes. Hier können Getreide, Gemüse, Obst, ... und in weiterer Folge durch die VollHarmonische Ernährung der Tiere (Gras, Silage-Getreide, ...) auch Fleisch und Milch erzeugt werden, die unsere Gesundheit unterstützen.

Vor etwa 130 Jahren gab es noch gesundes Trinkwasser, auch gesunde Lebensmittel. Wenn wir die Zeit zurückdrehten, so wären natürlich Bio-Produkte vor 50 Jahren auch noch gesünder als heute. Werden heutzutage wirklich gesunde Lebensmittel erzeugt, so können wir bereits von Heilmitteln reden!

Die Fruchtbarkeitserhaltung der Böden

Eine langlebige Lösung unserer heutigen Probleme liegt in der Veränderung des Energielevels des Wassers in den Böden, womit sich sämtliche Lebewesen, Pflanzen und kleinste Organismen ernähren und somit dann wieder für unsere Lebensmittel auf natürlichem Wege zur Verfügung stehen.

Natürlichkeit - Liebe

elementare Lebens-Bausteine

Der Rotwein

Der Rotwein ist eine uralte Köstlichkeit, der früher nur den besseren Schichten der Bevölkerung vorbehalten war. So wurde er doch in den südlichen Regionen, den traditionellen Weinbaugebieten Österreichs, als niemals fehlender Haustrunk verwendet. Für jedes Fest geeignet, nimmt er als Fröhlichmacher und Zungenlöser seine besondere herzerfreuende Stellung ein. Dem Guten zuviel, liegt im Wein nicht nur die Wahrheit, sondern auch eine höchst schwindelerregende Eigenschaft. Was ist an Gesundheit wahr und was vorzüglich an seinen Eigenschaften? Der Wein stärkt den Kreislauf, insbesonders der Rote. Neben den zwei Hauptarten, dem Weißen und dem Roten, gibt es viele Spezialweine wie z.B. Eiswein, Ribiselwein, Schaumwein, Sekt, die jedoch eine untergeordnete Rolle spielen.

Wie wir wissen, verträgt nicht jeder Rot- oder Weißwein. Ich war neugierig, weshalb.

Im Zuge meiner Nachforschungen ergab sich, dass Rotwein in seiner natürlichen Eigenart, positiv und rechtsdrehend in seiner Lichtenergieschwingung ist. Er wird vom Weinbauern oder Weinhauer ganz anders behandelt als Weißwein, was für mich eine sehr interessante Tatsache darstellte. Es stellte sich heraus, dass der Rotwein durch seine positive Energieschwingung nicht geschwefelt werden muss, und ist damit in seiner Reinheit dem Weißen überlegen. Die Schwefelung ist von Nöten, weil Weißwein in seiner Natürlichkeit zwar positiv ist, diese Energie jedoch keine Stabilität aufweist und sich daher schnell linksdrehend polarisiert. Er weist keine stabile Reinigungseigenschaft auf und neigt zum Trüben, ein besonderer Nachteil beim Transport. Durch die Verschüttelung würde der

Weißwein bis zum Verbraucher an Geschmack und Reinheit stark verlieren sowie trübe bleiben. Durch diese, seine Eigenart, kann die Fruchtsäure des Weißweines für Menschen, die an Säuremangel leiden, wertvoll sein. Bei anderen aber kann er durch seine negative Energieschwingung zu diversen Beschwerden wie Übersäuerung und in der Folge zu Gicht, Muskelschmerzen, Gelenksschmerzen, Arthrose führen.

Wie bei der Zubereitung von Lebensmitteln auch, ist vor allem das Wasser für eine positive rechtsdrehende Energieschwingung wichtig. Durch die ordnungsgemäße Verarbeitung (keine elektrischen Pumpen und Geräte) und der Lagerung des Weines in Eichenfässern, wird ein stabiler, reiner, selbstklärender Weißwein gewonnen, der in seiner Fruchtsäure keine Aggressivität aufweist. Wird VollHarmonisches Wasser zur Herstellung von Wein verwendet, schmeckt dieser mild. Er wird, trotz normalem Alkoholgehalt, ganz veränderte Vorzüge aufweisen. Beim Testtrinken VollHarmonischen Weines ergab sich eine wesentlich höhere Verträglichkeit, was dazu führte, dass bedeutend mehr (als sonst bekömmlich gewesen wäre) konsumiert werden konnte.

Ein oder zwei Achtel VollHarmonischer Wein täglich sind empfehlenswert.

Die Wirkung: Der übliche Schwindel oder andere Nebenerscheinungen wie morgendlicher Kater blieben aus. VollHarmonischer Wein ist ein r.pH-neutrales, mildes und gesundes Getränk. Dem roten Wein liegt seine positive rechtsdrehende Eigenschaft schon in der Wiege, somit ist er milder, schwächer in der Säure, belebend in seiner Wirkung, und wird Menschen empfohlen, die an zu niedrigem Blutdruck leiden.

Wer gerne Rotwein trinkt, kann beruhigt sein, denn Rotwein löst keine Übersäuerung aus! In der Küche wird Rotwein gerne als Geschmacksbringer eingesetzt. Nebenbei gibt der Rotwein seine positive Information weiter. So ruht im Rotwein, den heute viele Menschen gerne trinken und schätzen, eine Kraft, die ihn zu einem hochwertigen Lebenselixier macht.

VollHarmonischer Most
und Säfte allgemein

VollHarmonischer Most ist mild in seiner Wirkung und weist einen runden, vollen und feinen Geschmack auf.

Die Gärung unter VollHarmonischen Bedingungen ist sanft, weshalb solcher Most und herkömmlicher Most keinerlei Ähnlichkeiten aufweisen.

Unter natürlichen Bedingungen verläuft auch der Gärprozess in harmonischer Weise. Solcher Most ist rechtsdrehend und hat ein für Menschen bekömmliches Fruchtsäurebild. Durch den Gewinn an Lebensenergie in Grund- und Trinkwasser können Säfte gewonnen werden, die unseren r.pH-Wert neutralisieren.

VollHarmonische Säfte sind natürlich, gesund, wirken dem sauren r.pH-Wert entgegen und liefern uns die nötige Lebensenergie, die wir im modernen Zeitalter der Technik benötigen.

VollHarmonische Lebensmittel und Getränke sind Heilmittel.

Heute stellen Bauern fest, dass der jetzige Most nicht mehr das sei, wie vor 50 Jahren und mehr – und trinken eben etwas anderes.

Früher wurde Most in Holzfässern gelagert, worin sich der positive Energetisierungsprozess fortsetzte und galt als Heilmittel gegen Übersäuerung. Der heutige Most wird in Plastikfässer abgefüllt.

Hochwertige Säfte:

Stutenmilch, Ziegen- und Schafmilch, Wildfruchtsäfte.

Lebensmittel vom Erzeuger

Die Energien und Informationen bestimmen, welche Schwingungsbereitschaft und Stabilität das Fleisch hat.

Wie wichtig die Liebesschwingung ist, wird durch die eigene falsche Lebensweise immer weniger erkennbar.

Früher einmal war es üblich, nur für den Eigenbedarf anzubauen oder ein Tier zu schlachten. Reste wurden an die Mühle und an den Fleischer im Ort verkauft. Die Tiere mussten zu Fuß zur Schlachtung getrieben werden, es gab nur Pferde- und Ochsengespann.

Einen großen Konflikt bewirkt die Massentierhaltung. Der hohe Leistungsdruck, der auf den Tieren liegt, macht den Tieren großen Stress. Damit die Tiere diesen negativen Stress aushalten, erhalten sie Medikamente. Gerade bei der Aufzucht von Tieren spielen viele Faktoren eine sehr bedeutende Rolle.

Die Gesundheit der Tiere ist entscheidend für den Erfolg oder Misserfolg eines Aufzuchtbetriebes. Tiere benötigen frische Luft, Bewegung, Licht und Sonne, frische, gesunde Nahrung, hochwertiges Trinkwasser und ausreichend Platz im Stall.

Die meisten Tiere reagieren negativ auf geopathogene Störzonen und flüchten vor Strahlen oder vor strahlenverseuchten Plätzen, soferne sie dazu die Möglichkeit haben. Stall- oder auch Haustiere werden durch das längere Verweilen auf geopathogenen Zonen genauso irritiert und krank wie Menschen.

Zu den Strahlenflüchtern und für Strahlen anfällige Tiere zählen Kühe, Pferde, Schafe, Ziegen, Schweine, Hühner, Enten, Gänse, Hasen, Hunde, die meisten Nagetiere, Vögel usw.

Die Stressreduktion bei Tieren

Die lieblose Behandlung der Tiere, während ihrer Lebzeit und auch wie sie vor dem Schlachten und während des Schlachtens behandelt werden, wirkt sich energetisch auf die daraus gewonnenen Lebensmittel aus. Die Gefühle der Tiere werden als Informationen auf das Fleisch übertragen und gehen beim

Verzehr dieser Lebensmittel auf uns über! Aber nicht nur das! Haben die Tiere Stress und Angst, schütten sie Stresshormone aus, die bis zum Endprodukt, im Kaufhaus, gespeichert bleiben.

> Tipp zur Schlachtung:
>
> Eine Ruhepause von mindestens 48 Stunden nach Transportwegen und vor dem Schlachten, bei Verfütterung von hochwertigem Wasser und Futter, beruhigt die Tiere.
>
> Die Durchführung der Schlachtung ist durch viele Vorschriften geregelt. Ob sie gut ist oder schlecht abläuft, hängt sicher mehr von der Einstellung der ausführenden Person ab.

Liebevolle Betreuung und liebevolle Grundgegebenheiten schenken hochwertige Qualität

Positive Fleisch-Energie-Lieferanten

Positive Energielieferanten sind Pferdefleisch, Ziegenfleisch und Lammfleisch. Diese Fleischsorten sind positiv rechtsdrehend. Die Stabilität der Lichtschwingungsenergie kann aber durch den Einfluss von den hochfrequenten Energien der Handys und Sendemasten angegriffen werden.

Negative Fleisch-Energie-Lieferanten

Negative Energielieferanten sind Schweinefleisch, Rindfleisch, Kalbfleisch, Pute, Henne aus Massentierhaltungen. Sie sind alle schwach in ihrer Energie, sehr stressbelastet, weisen einen sauren r.pH-Wert auf, befinden sich in einer linksdrehenden T-Reaktion und sind disharmonisch.

Kochsalz ist ein vom Menschen degeneriertes Salz. Es wirkt auf den Körper hoch aggressiv. Alle energetisch zerstörten Lebensmittel führen bei dessen Verzehr zu einem Energieverlust!

Hochwertiges, mineralhaltiges Salz

Hochwertiges, rechtsdrehendes und mineralhaltiges Salz finden wir in heimischen Bergwerken.

Solches Salz ist zum Teil sogar energetisch höher schwingend als andere Salze auf dem Markt. Verunreinigte Salzsteine sind hochwertiger als jene, die maschinell gereinigt werden! Mineralien aus natürlichem Salzgestein sind für den menschlichen Organismus verwertbar und gesund! Das gesündeste Salz wird per Hand aus dem Berg geschlagen! Verunreinigungen können mit einem sauberen Tuch ausgefiltert werden. Eventuell überbleibende Reststoffe sinken in der angesetzten Sole ab. Wer sich mit ausreichend gesundem Salz versorgen will, der frage doch mal beim nächsten Lagerhaus danach.

Energetische gesunde Ernährung ist geistige Nahrung

Gedanken, Informationen und Gespräche, die aufbauen und stärken. Energetische Ernährung ist:

Liebe
Licht &
Wasser

Die vollreifen Kirschen
von Yvonne P.

In den zwei Jahren, die mir dieses Buch an Arbeit brachte, nahm mir Josef manchmal Obst von seinem Hof mit. Eines Vormittages trudelte er, fidel wie immer, mit einem Körberl Kirschen bei mir ein.

Ich, eine absolute und überzeugte Obst-Verweigerin, war bereits vom Anblick dieser Kirschen begeistert. Ich gebe allerdings zu, ich bin (aufgrund meiner besonders hohen Feinfühligkeit) sehr anfällig für Energien jeder Art. Und verspüre ich positive Energien, freue ich mich schlicht, wie ein kleines Kind. Ich naschte sofort von den Kirschen und sie schmeckten mir genau so wie bereits zuvor erahnt. Es waren *die besten Kirschen*, die ich jemals gegessen hatte!

Sie schmeckten fruchtiger und voller, so wie Josef VollHarmonische Lebensmittel beschreibt. Da ich, wie bereits erwähnt, sehr selten Obst aus dem Kaufhaus esse, weil es mir nicht schmeckt, bin ich um so mehr begeistert, hier endlich verstehen zu können, weshalb.

Seit ich zurückdenken kann, und das ist beträchtlich lange, war ich immer schon sehr kritisch und lege bei vielen Dingen die höchsten Maßstäbe an. In meiner Schulzeit aß ich manchmal gerne Kirschen, Birnen und am liebsten Zwetschken oder Ringlotten von den umliegenden Bauernhöfen.

Je älter ich wurde, umso weniger griff ich zu Obst. Meine Fähigkeit, Energien wahrzunehmen und unterscheiden zu können, ist ein fabelhafter Schutz gegenüber schädlichen Einflüssen.

Der Weg des Getreides – bis zum Brot auf dem Tisch

Das Brot war einmal ein Hauptnahrungsmittel und hatte einen sehr hohen Bedeutungswert. Heute sind Backwaren jeglicher Art, auch unser Brot, durch die negativen Veränderungen kein vollwertiges Nahrungsmittel mehr. Viele Menschen reagieren allergisch auf Mehl, besonders auf Weizenmehl. Wenn energetisch negativ schwingendes Getreide den Weg zum Nahrungsmittel, dem Brot nimmt (das meiste Getreide wird ja verfüttert), so kommt es an der Mühle nicht vorbei.

Moderne Mühlen werden mit herkömmlichem Wechselstrom betrieben! Vom Vermahlen von Getreide in solchen Mühlen ist dringend abzuraten.

Wer selbst Getreide zu Vollkornmehl vermahlt, bestimmt die Qualität seines Brotes! Die herkömmliche alte und von Hand betriebene Getreidemühle hatte schon ihr Gutes!

Die Vermahlung selbst ist ein Zertrümmerungsvorgang in Berührung mit Eisen. Eisen ergibt einen Kurzschlusseffekt. Daraus ergibt sich eine negative energetische Schwingung. Früher übernahmen positiv geladene Mahlsteine die Arbeit.

Es gab Steinbrüche mit hoher Energieschwingung, wo vor allem Mahlsteine und Futterboxen händisch herausgeschlagen wurden, was bei diesen zu einer sehr hohen und positiven Energieschwingung führte.

Mehlzusätze gegen Schädlinge

Mehlzusätze gegen Schädlinge und Verklumpungen im Mehlsilo sind heutzutage notwendig geworden.

In größeren Betrieben werden Zusätze verwendet, die wir in Privathaushalten oftmals nicht vorfinden. Messwerte bei elektrischen Backöfen (ohne StromHarmonisierung) -14.000 BE bis -15.000 BE. Brot im Elektroherd zu backen bedeutet: Die Vernichtung der natürlichen Energie des Brotes. Wer so eine

Vorgehensweise bevorzugt, der benötigt Treibmittel oder natürliche Bakterien, die den Brotteig erst zum Brotteig machen.

Der Strom vernichtet das Werk, was die natürlichen Bakterien zuvor bewerkstelligten. Wozu dann Brot essen? Als Magenfüller geht das wohl schon, aber nicht als wirklich nährendes und vollwertiges Lebensmittel.

Der gute alte Holzofen besitzt die beste Vorraussetzung, Brot mit hoher Energie und vollem Geschmack zu backen. Natürliches, im Holzofen gebackenes Brot ist ein Lebensmittel mit hohem Verträglichkeitswert.

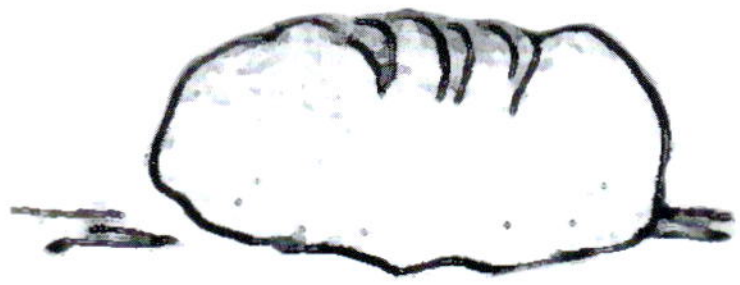

Bei Mühlen, die mit reiner Wasserkraft liefen, wurde das Mehl nicht belastet.

Selbst gebackenes
VollHarmonisches Brot

Neben dem Wasser ist Brot der wichtigste Treibstoff für den Darm und besitzt eine hohe Entgiftungswirkung.

Die Qualität des Teiges kann mit der Beigabe VollHarmonischen Wassers erheblich beeinflusst werden, wobei dieses anstelle von Treibmitteln zu bevorzugen ist. Der Teig wird geschmeidiger, lockerer und luftiger. VollHarmonisches Gebäck, ob Brot, Weckerl oder Süßspeisen aller Art, weist einen feinen Geschmack auf. Alle, die energetisch sensitiv sind, werden sich über die kraftspendenden Lebensmittel freuen.

Die Strom- und WasserHarmonisierung bewirkt bei allen Backwaren eine Erhöhung des Sättigungsgrades.

Was ist ein leerer Sättigungsgrad?

Du hast dir den Bauch mit allen möglichen Nahrungsmitteln vollgeschlagen, bist müde, träge und vielleicht sogar frustriert, traurig, aggressiv oder ähnliches. Du hast Magenschmerzen oder leidest unter aufgetriebenem Bauch und unter Blähungen. Du fühlst dich nicht gestärkt, sondern lediglich voll!

Lebensstärkende Lebensmittel

Du fühlst dich wohl und genährt. Das Essen hat dir geschmeckt. Du bist frei von negativen Nebenwirkungen. Das Mahl hat dir Kraft geschenkt. Du fühlst dich fit und bist gut gelaunt bzw. ausgeglichen.

StromHarmonisierung der Mühle und Bäckerei Schiefer in Kefermarkt

Die Mühle war, trotz der hohen Energiewerte des durchfließenden Wassers, durch den eigenen Stromkreislauf sehr belastet.

Die Strom- und WasserHarmonisierung der Kläranlage in Kefermarkt führte am 4. 8. 1998 nicht zum gewünschten Erfolg und zu folgenden Messwerten:

Heizradiator Küche: -17.400 BE
Hauswasser der Mühle: -7.800 BE
Wasser (Kanal, E-Werk, Einlauf): -4.500 BE

Am 30. 11. 1998 brachte ich am Generator der Mühle eine Stromharmonisierungsschleife an. Eine Reihe von Messungen ergab folgende Veränderungen:

Heizradiator Küche: +11.800 BE
Hauswasser der Mühle: + 9.500 BE
Wasser (Kanal, E-Werk, Einlauf): +7.200 BE

Zugekaufte Lebensmittel weisen eine Bandbreite an disharmonischen Informationen auf. Für die optimale Lebensmittelerzeugung bringt es wenig, wenn nur ein kleiner Teil harmonisiert wird, wie beispielsweise das Wasser in der Mühle.
Der Wechselstrom ist unbedingt in eine harmonische Schwingung zu bringen, da Wechselstrom jedes, auch energetisch hochwertiges Wasser, in seiner Lebendigkeit zerstört.

Wichtig bei jeder VollHarmonisierung ist: „Stets alle Belastungen im Umfeld miteinzubeziehen!"

Das in der Bäckerei gebackene Weißbrot hatte bei der Messung am 28. 2. 1999 einen Energiewert von +12.700 BE, obwohl für das Weißbrot Weizenmehl zugekauft wurde. Der in der Mühle vermahlene Roggen, dessen Mehl zu Schwarzbrot (Sauerteigvariante) verbacken wird, wies sogar eine erhebliche Energiesteigerung und einen Boviswert von +17.500 BE auf.

Für die optimale Lebensmittelerzeugung ist es wichtig, alle Belastungen im Umfeld miteinzubeziehen. Zugekaufte Lebensmittel schwingen oftmals sehr negativ!

Kräuter oder Blumen am Acker oder im Eigenheim gedeihen prächtig mit VollHarmonischem Wasser.

Unter VollHarmonischen Bedingungen liefern Bienen hochwertigen, gesunden und feinen Honig. Varroamilben meiden solche Bienen, da sie diese Energie nicht mögen!

Vorzüge VollHarmonischer Lebensmittel

Pflanzen und Früchte aller Art reagieren sehr sensibel auf Energie. Sie freuen sich, wenn sie ausreichend mit Lebenskraft versorgt werden und zeigen sich dadurch frohwüchsig. Sogar die Farbenkraft nimmt (im Vergleich zu anderen Pflanzen und Früchten) zu. Allgemein sind energetisch versorgte Pflanzen kräftiger und resistenter gegenüber Umweltgiften. Kräuter und Früchte schmecken feiner und fruchtiger als herkömmliche Früchte. Heilkräuter erhalten hier den energetisch richtigen Nährboden um ihre volle Heilkraft zu entfalten.

Das Licht-Energiespektrum ist von besonderer Bedeutung. Durch die Regeneration eines Ackers oder Gartens und die stets vorkommende heilende Energie (durch die Strom- und WasserHarmonisierung) erhalten die Mikroorganismen in den Böden den Nährboden, den sie benötigen. Durch die hohe positive und regelmäßige Energiezufuhr kann sich das Licht-Energiespektrum in vollem Umfang entfalten und speist Pflanzen und Tiere gleichermaßen, wie auch die Menschen, die hier leben. Die gute Verträglichkeit solcher Lebensmittel zeigt sich durch körperliches Wohlbefinden und in einer guten Verdauung. Der körpereigene Entgiftungsprozess wird angeregt und erleichtert. Der Nährwert ist im Hinblick auf Mineralien, Spurenelemente und Vitalstoffe ausreichend gedeckt. Vitalstoffe aller Art können vom Organismus erkannt und auch verwertet werden, da sie dem Bauplan des Ur-Codes entsprechen. So sind sogar Reizstoffe veränderbar, auf die Allergiker reagieren. Die rechtsdrehende Energie von +17.500 BE neutralisiert und energetisiert zugleich. So sind VollHarmonische Grundgegebenheiten der ideale Nährboden für *alle Lebewesen*.

Um gesund und fit zu sein, ist das gesündeste Lebensmittel – das Wasser in den Speiseplan einzubeziehen!

Lebensqualität ist veränderbar!

Unser Körper dankt uns für die regelmäßige Zufuhr von Energie und der Informierung des Ur-Codes mit einem ausgeglichenen und stabilen r.pH-Wert. Ein Bio-Bauer, oder auch der private Gärtner, wird sich über viele Veränderungen freuen. So weisen VollHarmonische Äcker und Gärten eine erhöhte Lebendigkeit auf, die sich durch vermehrten Bienen und Hummelflug zeigen. Der Humus ist locker und voller Leben. Regenwürmer tummeln sich hier sehr gerne, um für uns die Arbeit zu verrichten.

Insbesonders bei Selbsterzeugern ist es wichtig, die Fahrzeuge wie den Traktor, in die Harmonisierung mit ein zu beziehen, um den Acker (frei von energetischen Spannungen) betreuen zu können. Ein besonderer Aspekt stellt die Zubereitung von Säften, Kräuteressenzen, natürlichen Kosmetika usw. dar. Die hochwertigen Pflanzen liefern ganz reine Informationen, die in Kombination der VollHarmonischen Zubereitungsmöglichkeit und der Beigabe VollHarmonischen Wassers eine reine, also freie Informationsquelle und zugleich eine hochenergetische Wirkung aufweisen. Da VollHarmonisches Wasser lange lagerbar ist, ohne Verfallserscheinungen aufzuweisen, sind Extrakte und Auszüge ohne Beigabe von Alkohol möglich, was besonders für die Herstellung von Essenzen für Kinder und sensitive Menschen interessant ist.

Schon gewusst?

Kräuter und Tees werden häufig in zu hohen Dosierungen eingenommen. Kräuter und Tees können sehr gut als Heilmittel eingesetzt werden, wobei auch hier weniger mehr ist! Tees sind Heilmittel, die nicht gläserweise getrunken, sondern so wie Medizin teelöffelweise eingenommen werden.

Liebe ist ...
„Natürlichkeit“.

Liebe ist ...
„Wertschätzung“.

VollHarmonische Früchte schmecken anders als Früchte, die wir heute kennen.

VollHarmonische Silage ist hochwertiges und gesundes Futter! Solches Futter stärkt die Tiere.

Unser VollHarmonischer Bauernhof

Um der Qualitätsminderung von Lebensmitteln entgegenzuwirken, bewirtschafteten wir unsere Felder ohne Kalkzufuhr und mit gesundem Dünger. Wir produzierten zwar weniger Lebensmittel als in den Jahren zuvor, doch aufgrund ihres hohen Nährwertes kamen wir auch mit weniger Lebensmittel aus, ohne dabei einen Verlust zu empfinden.

Der Wandel bewirkte zudem, dass unsere Tiere mehr Beachtung erhielten, denn dafür war während der Stress-Wirtschaft keine Zeit geblieben. Der hofeigene Dünger wirkte labend auf die Organismen der Böden ein. Die Fruchtbarkeit der Böden, auch die der Tiere, stieg wieder an. Durch die regelmäßige Trinkwasserversorgung mit dem neuen Wasser wurden schnell spürbare und auch sichtbare Veränderungen eingeleitet.

Vor allem fiel auf, dass die Tiere ruhiger waren als früher. Mit dem Wachsen meines Interesses für die ätherische und unsichtbare Welt war gleichzeitig die Kluft zwischen meiner Frau und mir gewachsen. Wir ließen uns scheiden, mit ihr verließen auch die Kinder den Hof. Trotz dieses Schicksalsschlages ging es weiter bergauf. Im Zuge meiner neuen Ausrichtung und des gleichzeitigen

Erfolges wuchs eine innere Freude in mir, die mir viel Kraft und Selbstvertrauen schenkte.

Durch die Beseitigung der stress- und krankmachenden Überforderungen wurde ich im Denken freier und klarer. Die Reduzierung auf das Wesentliche führte mich zu einer demütigen und achtungsvollen Lebensweise, die mich jeden Tag aufs Neue mit guten Gedanken an die Schöpfung belohnte.

Zu meinem gefundenen inneren Seelenfrieden, den ich mir durch den Wandel zur VollHarmonisierung eröffnet hatte, kam neues Glück ins Haus. Ich lernte eine Frau kennen, die sich über die guten Resultate am Hof genauso freute wie ich selbst. Zum Beispiel haben wir auf dem Acker einen ganz leicht hebbaren Humus, den die Regenwürmer nur so lieben.

Bei jedem Umheben sind ein bis drei Regenwürmer dabei. Die Silage ist wohlriechend, der Dünger, der Stall sind es ebenfalls. Es gibt bei uns keine Giftstoffe mehr, nur Natur pur. Seit der Umstellung gibt es so viele nennenswerte und begrüßenswerte Veränderungen, dass diese zusammengefasst ein weiteres Buch ergäben. Ich habe durch die Ruhe am Hof, zu einer höheren geistigen Klarheit gefunden, die mir den allgemein gelebten Druck bei den Selbstversorgern noch bewusster aufzeigt. Diese Menschen haben, mit den vorherrschenden Belastungen, einfach nicht die Möglichkeit, ihre Probleme zu erkennen.

Mein heutiges Leben ist von innerer Ruhe und Lebensfreude gekennzeichnet. Ich arbeite gerne auf meinem Hof und freue mich jedes Mal wieder aufs Neue, wenn ich die vielen guten Veränderungen beachte, die ich der geistigen Welt und mir selbst verdanke. Meine liebe und treue Lebensgefährtin steht mir immer mit viel Fleiß und Tatkraft zur Seite, der ich an dieser Stelle meinen Dank für alles aussprechen möchte.

„Liebe Roswitha, ich danke dir aus ganzem Herzen!"

Mit diesem leicht hebbaren, lebendigen Humus macht Arbeit viel Freude! Die vielen Regenwürmer, die sich hier zeigen, lassen jedem Naturliebhaber das Herz vor Freude springen.

VollHarmonisch

& g´sund

Die VollHarmonisierung ist anwendbar bei

- Trinkwasser, Bädern und Gewässern aller Art
- Landschaften (Äcker, Gärten, Parks usw.)
- Eigenheimen, Gebäuden allgemein
- Glas- oder Spiegelflächen, Fenstern, usw.
- Lebensmitteln allgemein
- Bau- und Treibstoffen allgemein
- Handys, Mobilfunktelefonen, allen hochfrequenten Störfrequenzen (Funk)
- Niederfrequenzen, Wechselstrom und sämtlichen mit Wechselstrom betriebenen Geräten

Die VollHarmonisierung fördert bei kranken Menschen die Heilung und bei gesunden Menschen den Erhalt ihrer Gesundheit.

Die VollHarmonisierung beinhaltet

- Die Harmonisierung aller geopathogenen Störfelder im Eigenheim, in der Wohnung, im Haus, in der Firma, inklusive max. 3 Geoformer. Laut Erfahrung werden höchstens 2 Geoformer benötigt
- Die Harmonisierung des Wechselstroms
- Die Harmonisierung des Trinkwasserkreislaufes

Die VollHarmonisierung ist Wohlfühl- und Schutz-Programm für alle Lebewesen.

Der Selbsterzeuger

Normale Mischkost

Durch dieVollHarmonisierung und Erhöhung der körpereigenen Energie sowie der Zufuhr neuer energiereicher Speisen ist es ausreichend, auf natürliche Mischkost umzusteigen. Vitamine und Vitalstoffe werden über die energetische Information als verwertbar eingestuft und vom Körper gerne angenommen. Süße Speisen werden besser verträglich. Die Speisen sind r.pH-neutral, wenn sie in einem VollHarmonischen Haushalt gekocht bzw. gebacken werden!

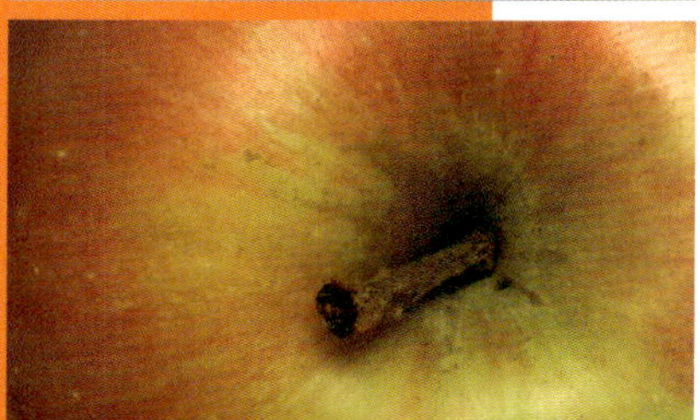

Wirkung der VollHarmonisierung bei Lebensmitteln

- Wir fühlen uns durch den Verzehr von energiereichen Lebensmitteln wohl. Die Eigenenergie wird nicht ausgelaugt. Falls der Mensch unter einem Energiedefizit leidet, erfährt er die neue lebensspendende Energie als wohltuende und aufbauende Kraft
- VollHarmonische Lebensmittel sind r.pH-Wert neutral!
- Lebensmittel schmecken voller, runder und besser
- Der Sättigungsgrad erhöht sich. Dadurch benötigt der Mensch weniger Nahrung
- Fleisch bleibt länger frisch und schmeckt jünger, zarter und feiner
- Gemüse und Obst schmecken fruchtiger und voller
- Obst weist eine bessere Lagerfähigkeit und Haltbarkeit auf. Schwankungen ergeben sich durch verschiedene Ernteverfahren, unterschiedliche Erntezeiten, die Mondeinflüsse, die Wetterbedingungen usw. Im Gegensatz zu handelsüblichem Obst schmeckt beispielsweise eine Zwetschke auch wie eine Zwetschke!
- Äpfel und Zwetschken, die gerne ein Jahr aussetzen, tragen jedes Jahr!
- Ein Erfahrungswert ist, dass Obst oder Gemüse schneller als üblich weichgekocht sind

VollHarmonische Milch und Milchprodukte

- Die Keimzahl bei Milch und Milchprodukten wird um 2/3 gesenkt
- Auch Allergiker vertragen Milch!
- Energie und Information des Tränkewassers gehen innerhalb von zwei Wochen in ganzer Stärke von +17.500 BE auf die Milchproduktion über
- Längere Haltbar- und Lagerfähigkeit
- Die Milch wird nicht so schnell sauer. Weshalb?
  Die Milchsäure verändert sich, der r.pH-Wert neutralisiert sich. Der Vorteil: Leitungen (zur Produktion) und Milchgefäße sind leichter zu reinigen
- Fett und Eiweißmoleküle werden nicht an die Rohr- oder Gefäßwand gedrückt, weil die Milch durch die hohe Implosionseigenschaft immer von selbst drehend bewegt wird. Der Vorteil: Es bilden sich keine Ablagerungen
- Die Verarbeitung für Topfen und Käse läuft wesentlich kontrollierter ab. Durch das positive Milieu kommt es zu fast keinen Fehlgärungen

Besuch auf meinem Hof

Im Sommer 2007 erhielt ich von Familie Bernsteiner Besuch. Sie hatte von meinem VollHarmonischen Hof erfahren und wollte sich gerne mal selbst darüber ein Bild machen. Ich stand gerade im Silo, als Frau Bernsteiner und ihr Sohn zu mir herein grüßten. Voller Freude zeigte ich der Familie den Hof. Frau Bernsteiner fiel gleich auf, dass es hier nicht, wie sonst üblich, nach Stall, Mist oder nach Jauche riecht. Von meinem Acker waren sie ebenfalls

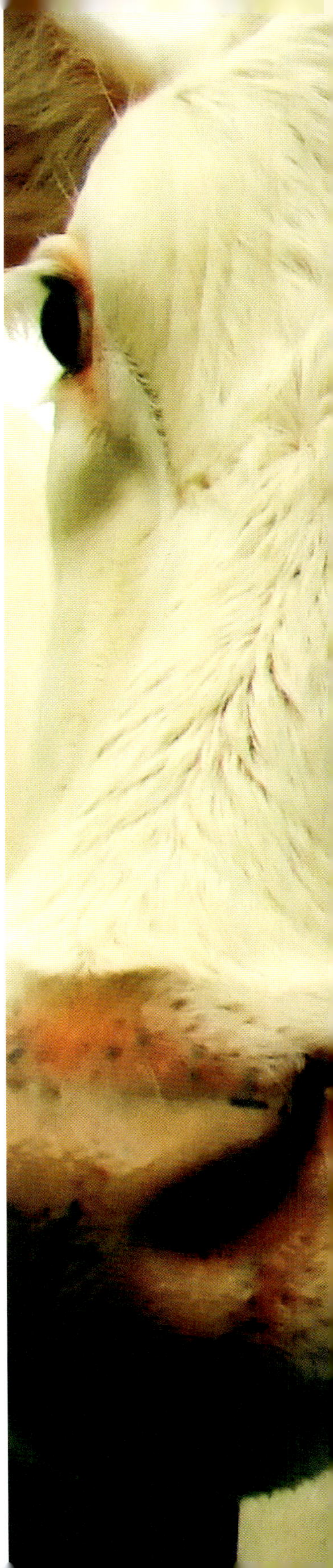

überrascht. Ich konnte ganz leicht mit der Gabel in die Erde eindringen und den Humus umheben.

Bei jedem Ausstich waren zwei bis drei Regenwürmer in der lockeren Erde vorzufinden, die hier den Acker umgraben. Die Obst- und Saftverkostung war für die Familie, vor allem für die Kinder etwas Besonderes.

„Wie empfinden Sie die Energie hier?", fragte ich die sensible Frau neugierig. „Sehen Sie, die Kinder waren von Anfang an ruhig und voller Interesse, ihren Hof kennenzulernen. Ein eindeutigeres Zeichen für eine ausgeglichene und gute Energie gibt es doch überhaupt nicht", antwortete sie.

Eine Woche später traf ich Frau Bernsteiner, die mir berichtete: „Übrigens, die Kinder schwärmen immer noch von unserem letzten Besuch."

Die hohe Lichtschwingungsenergie geht als Impuls auf unseren physischen als auch energetischen Körper über und bewirkt, dass wir uns gestärkt fühlen.

Je höher die Lichtschwingungsenergie von Fleisch ist, desto länger kann es (auch ohne Verpackung) gelagert werden.

Tiere verändern sich mit VollHarmonischem Wasser

Das Trinken VollHarmonischen Wassers bewirkt einen ausgeglichenen Verdauungsprozess, der durch das regelmäßige Trinken an der Tränke aufrechterhalten wird.

Die Tiere tragen ein feines und reines Haarkleid. Es gibt keine Verlausungen und Vermilbungen. Der Darm wird nur von den Bakterien besiedelt, die diese hohe Energieschwingung vertragen, daher schwinden Schmarotzer ganz von selbst. Der ruhige Verdauungsprozess verläuft ohne Geruchsbelästigung,

Eine Geruchsbelästigung bei Lebensmitteln, bei Gülle oder bei Jauche entsteht durch den Fäulnisprozess.

auch Blähungen werden reduziert oder schwinden ganz. Der Kot wird gleichmäßig und besitzt eine feste, natürliche Konsistenz. Die Ausscheidungen der Tiere werden zu einem gesunden, nahrhaften Dünger für die Böden.

Der Skeptiker kann sich durch den Verlust der sonst üblichen Geruchsbelästigung überzeugen! Solcher Dünger ist ein Heilmittel für die heutzutage ausgelaugten und vergifteten Böden! Die Tiere sind im Verhalten ruhiger, lärmen oder brüllen nicht mehr und Krankheiten kommen selten vor. Nach einer Voll-Harmonisierung benötigt es eine Zeit von ca. 14 Tagen, bis sich die Energetisierung bei den Tieren vollzogen hat.

Meine Erfahrungen mit Schmarotzern

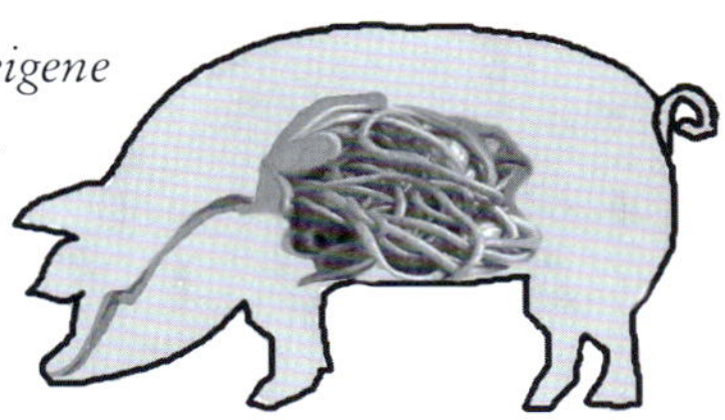

Zum Beispiel war früher der eigene Schweinebestand am Hof durch die organisch-biologische Bewirtschaftung von Spul- und Bandwürmern stark verseucht. Ich hatte bei der Schlachtung aus den Schweinemägen jeweils eine ganze Handvoll (Knäuel) von solchen Band- und Spulwürmern entfernt. Die Entwurmung erfolgte mit biologischen Produkten, ohne Medikamente, war aber völlig erfolglos.

Seit meiner Wasseroptimierung habe ich beim Schweinekot keinen einzigen Band- und Spulwurm mehr entdeckt, obwohl zur Sommerzeit der Kot mit Fliegenlarven durchsetzt ist, die diesen wieder durchwühlen und auffressen. Die Mägen sind förmlich wie ausgeputzt, wenn die Schweine vor der Schlachtung 12 Stunden Ruhezeit haben.

Schmarotzer schwinden!

Sämtliche von Blut und Schweiß, bis in Zellflüssigkeiten lebende schmarotzerartige Tierchen wie Milben (auch Varroamilben), Flöhe, Läuse, Zecken, Band- und Spulwürmer usw., verlassen den positiv energetisierten Körper.

Besser als elektrische Backöfen sind in erster Linie Holzöfen, danach folgen Gas- oder Ölöfen.

Durch die StromHarmonisierung werden alle am Stromkreislauf eingebundenen Geräte mit Energie versorgt. Auch Öfen!

Unterhalb von Öfen und gelagerten Lebensmitteln sollen sich keine Heizöltanks befinden!

Beachte die Tipps zur Lagerung!

Mit Lebensenergie angereichertes Fleisch, bleibt beim Kochen oder Braten saftig und ist wunderbar im Geschmack.

Die besten Erfahrungen – VollHarmonisches Fleisch

- Abgehängtes Rindfleisch hält nach dem Abhängen ca. 8 Tage lang
- Trotz Vakuumverpackung hält sich Rindfleisch bis zu 21 Tage lang frisch, ohne geringste Zerfallserscheinungen aufzuweisen. Daher ergibt sich auch keinerlei Geruchsbelästigung
- Frisches Schweinefleisch, nach 4 Tagen des Abhängens, hält sich in einer Vakuumverpackung ca. 11 bis 14 Tage, ohne zu verwesen
- Geflügel sollte sofort vakuumverpackt werden und hält die Energie ca. 3 Tage lang
- VollHarmonisches Fleisch ist feiner, heller und wirkt jünger als es tatsächlich ist
- Das Fleisch ist saftiger, der Geschmack voller

Die üblichen Zerfallserscheinungen beginnen (ohne die hohe Lichtschwingungsenergie) bei Rindfleisch gleich nach dem Reifen oder Abhängen, je nach Alter und Fütterung des Tieres. Schweinefleisch verwest sehr schnell (ca. ab 8. Tag nach der Schlachtung. Geflügel beginnt bereits ab dem 3. Tag zu verwesen. Bei diesen Beispielen handelt es sich ausschließlich um frische, gekühlte und nicht um tiefgefrorene Waren.

Die Überraschung nach einer Schlachtprobe

Nach einer Schlachtprobe einer 14jährigen Wurstkuh aus meinem Stall staunte der Fleischhauer über das helle, schöne rote Fleisch. Er konnte kaum glauben, dass das Rind bereits 14 Jahre alt war, denn es sah wie das Fleisch eines Jungrindes aus. Die Druck-

tests, für die Weichheit an der Beiried, verblüfften den Fleischhauer ebenfalls. Beim Kochtest konnte das Fleisch mit dem jungen zarten Bullenfleisch nicht ganz mithalten. Der Fleischgeschmack und die Verträglichkeit standen aber dem Fleisch eines jungen Rindes in nichts nach.

Ich finde, wir als Bauern haben vollen Grund dazu, uns zu erfreuen, denn Arbeit hält gesund und jung. Müßiggang ist aller Laster Anfang. Noch dazu haben wir einen der freundlichsten Arbeitsplätze, mit eigener Lebensmittelversorgung.

Ich finde…

Ich finde, die Tiere benötigen Freiraum, denn das beeinflusst ihr Wohlbefinden. Ich halte nichts vom unsinnig erfundenen Auslauf begrenzter 200 Tage im Jahr, an die sich Bio-Bauern halten müssen. Ich finde, dass Tieren eine hohe Achtung zusteht.

Jeder Mensch, der ein Haustier hat, der weiß sein Tier auch (meistens) zu schätzen. Der liebende Haustierhalter zeigt seine Liebe, indem er das Tier streichelt, mit ihm spricht, ihm hochwertige Nahrung zukommen lässt, ihm einen bequemen Platz zum Ruhen schenkt usw. Stalltiere sind genauso Lebewesen, die auf unsere Behandlung und die Umstände ihres Lebensraumes (Stall, Wiese, etc.) reagieren. Anhand unzähliger Erlebnisse erfuhr ich, wie sich die Erdstrahlen am Aufenthaltsort der Tiere auswirken. Z.B.: Verweigerung des Liegeplatzes, erfolglose Zucht, diverse Erkrankungen wie Zystenbildung, verdickte Gelenke, Rachitis und Unfruchtbarkeit. Begleiterscheinungen (die wohl als üblich angesehen werden, aber nicht sein müssen) waren Milben oder Lausbefall des Felles und Schmarotzer allgemein.

Ich finde, die VollHarmonisierung meines Hofes, meines Ackers, der Gülle, der Jauche, des Mistes, des Wassers und des Stroms war und ist die ***beste Errungenschaft meines Lebens.*** *Ich bin stolz darauf, sagen zu können: „Hier lebt alles!"*

Der Privathaushalt

Zugekaufte Lebensmittel bei VollHarmonisierung

- Der VollHarmonische Privathaushalt, der sich hauptsächlich von zugekauften Lebensmitteln ernährt, erhält einerseits die aufbauende Energie über das Trinken VollHarmonischen Wassers und andererseits über den Verzehr von Lebensmitteln, die mit VollHarmonischem Wasser in Berührung kommen
- Die Zubereitung, das Kochen, Braten, Backen auf Herden, die durch den VollHarmonischen Wechselstrom energetisiert sind, werten Lebensmittel auf. Genauso wie bei VollHarmonischen Lebensmitteln von Selbsterzeugern wird die Eigenenergie durch den Verzehr VollHarmonischer Lebensmittel regelmäßig auf +17.500 BE angehoben. Vorhandene Energiedefizite werden dadurch kontinuierlich ausgeglichen
- *Alle* VollHarmonischen Lebensmittel sind r.pH-Wert neutralisierend!
- Lebensmittel werden verträglicher (bekömmlicher) und sind daher leichter verdaubar
- Durch die lange Haltbarkeit VollHarmonischen Wassers sind z.B. bei Kräuterauszügen, heilenden Essenzen, weniger (bei Bedarf auch keine!) Zusatzstoffe wie Alkohol, Essig nötig

- Getränke können über das Beifügen eines TL VollHarmonischen Wassers harmonisiert werden. Bei Getränken wie Tee oder Kaffee genauso eine Energieübertragung durch den Herd, die Kaffeemaschine und dem VollHarmonischen Wasser erreicht
- Wer gerne süße Speisen herstellt, kann sich ebenfalls freuen. Selbstgekochtes oder Gebackenes hebt nun die Eigenenergie an!
- Snacks, die hin und wieder gerne konsumiert werden, können zumeist nicht in den VollHarmonischen Kreislauf eingebunden werden. Eine sehr hilfreiche Möglichkeit ist aber, den Strichcode von den Packungen zu entfernen oder durchzustreichen und dazwischen immer wieder ein Glas Wasser zu trinken!
- VollHarmonische Lebensmittel und VollHarmonisches Wasser wirken zellerneuernd. Solche Lebensmittel sind wichtige Energielieferanten. Um den Organismus und die Zellen ausreichend mit Lichtenergie und Sauerstoff zu versorgen, ist es wichtig, ausreichend VollHarmonisches Wasser zu trinken

Tägliche Trinkmenge: 30 ml VollHarmonisches Wasser pro Kilo Körpergewicht.

VollHarmonische Lebensmittel stoppen freie Radikale!

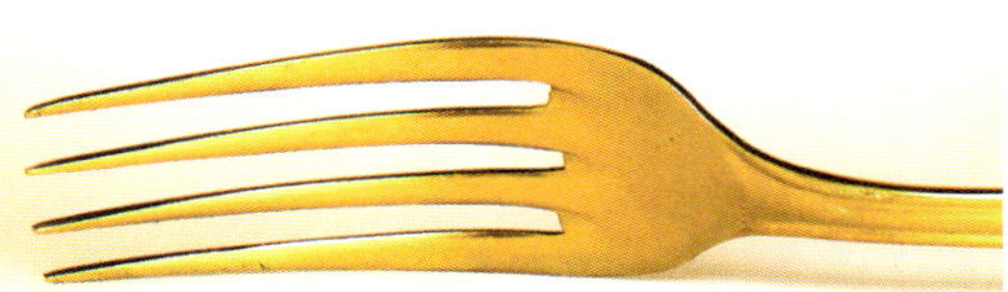

Die Lichtschwingung

& Information 101

Die Information(en)

Eine Information ist ein Befehlsträger oder eine Impulsschwingung. Die Impulsschwingung löst ganz bestimmte Aufgaben in allen Lebewesen und Elementen aus. Sie kann praktisch als Informant verstanden werden, der bestimmt, in welche Richtung es gehen soll und welche Eigenschaften zu erfüllen sind.

Signale sind Träger von Informationen. Informationen sind praktisch Nachrichten, die in den Signalen stecken.

Informationen sind am ehesten durch die Homöopathie oder durch Bachblüten bekannt geworden. Auch in der Telepathie werden Informationen weitergeleitet. Informationsschwingungen sind die Grundlage aller Lebensfunktionen. Informationsschwingungen gibt es eine ganze Menge. Die Informationsschwingung 136 beispielsweise tritt oft bei Entzündungen auf. Es gibt unzählige Informationsschwingungen, die in beiden Polaritäten vorkommen und sich im Energiesystem der Chakren zeigen.

Die Lichtschwingungsenergie 101 stammt aus der geistigen Welt und wird nicht durch den Menschen übertragen.

Je höher eine Frequenz ist, desto informativer und energiestärker ist die Schwingung. Je abwechslungsreicher die Schwingung ist, umso höher steigt der geistige Informationsgehalt.

Bei meinen unzähligen Recherchen und Untersuchungen bei Gewässern aller Art, von Belebern angefangen, bis hin zu Flüssen, Seen und Quellen, konnte ich die Lichtschwingungsenergie 101 nicht auffinden.

Die Messungen in Naturschutzgebieten, wie dem Reichramiger Gebirge, dem Montafon und in Schruns-Tschaguns, dem Lourdeswasser und bei all meinen VollHarmonisierungen, erbrachten ein eindeutiges Ergebnis, nämlich ein Wasser-Informationsniveau mit der Zahl 101, was eine sehr rasche Schwingung anzeigt.

Kornkreise – ein Anlass zu ehrfürchtigem Staunen

Seit den 90er Jahren sind wahre Kunstwerke in größeren Dimensionen (bis über 100 m Durchmesser) aufgetreten.

Nicht nur die ungewöhnlichen Erscheinungen in und um die Kornkreise herum, wie beispielsweise das ganz exakte Umknicken der Halme, die durch eine äußere Wärmezufuhr entstehen, sondern auch die exakten geometrischen und höchst künstlerischen Piktogramme laden Forscher wie Neulinge ein, das Mysterium der Kornkreise zu entdecken.

Die Entdeckung der Lichtschwingungsinformation 101 anhand der Kornkreisfelder

Etwa 1999 begann ich die Symbolik der Kornkreise zu studieren und sie auch radiästhetisch zu vermessen.

Die Kornkreisfelder zeigen Bilder, die auf Energiepunkten liegen. Von diesen Energiepunkten ausgehend, verlaufen Energielinien in Form von Erdlinien und Wasseradern. Je nach vorherrschender Thematik und energetischer Grundlage entwickeln sich diese Kornkreisfelder in verschiedenen Formationen, die eine einzigartige, symbolische Darstellung aufweisen, die auch die Information des Ur-Codes in sich tragen.

Alle Kornkreisfelder, die ich bisher untersuchte, waren identisch in der Polarität (positiv rechtsdrehend), der Energiehöhe (+17.500 BE) und in ihrer Information (101). Die Erdung und Harmonie weisen dieselben Merkmale wie die mir zur Verfügung stehenden Parameter auf. Einer dieser Kornkreise war für mich besonders auffällig.

Er stellt fünf Planeten dar, der mittlere Stern entspricht der Sonne. Bei vier Planeten bilden 5 Zacken einen Stern. Vier dieser Sterne (Planeten) liegen auf einer Wasserader. Ein Stern aber liegt auf einer Erdlinie, die dem Zentralmittelpunkt entspringt. Der fünfte Stern weist eine markante Un-Ordnung auf. Ein Zacken liegt wie weggeschoben (ausgeklinkt), auf dem Gesamtbild. Die Kornkreise deuten darauf hin, sie als Spiegelbilder energetischer Geschehnisse zu beachten: „Sieh mal her, ich zeige dir, was mit der Erde geschieht!" Der Kreis stellt die Erde dar, die 5 Zacken stehen für die 5 Elemente.

Die geistige Welt sendet uns die Botschaft: „Die Rückführung in die Ur-Ordnung ist noch möglich!"

Meine daraus gewonnene Einsicht war:

„Die Erde ist aus ihrem Mittelpunkt, aus ihrem Herzen entwurzelt. Schenke der Quinta Essentia, dem 5. Element die nötige Achtung!" Ich fühlte tief in meinem Herzen die Aufgabe, die ich mir mit dieser Erkenntnis erschloss.

Sämtliche sich in der Un-Ordnung befindlichen Störfrequenzen sind künstlichen Ursprungs. Sie sind für dieses Ausklinken aus der Harmonie mitverantwortlich. Ein weiterer wichtiger Aspekt war die Rückmessung der Energie, bevor sich dieser Kornkreis gebildet hatte, denn nach seinem Erscheinen bewirkte er eine völlige Polaritätsveränderung. Radiästhetisch betrachtet: von linksdrehend, negativ; auf rechtsdrehend, positiv; neben anderen Merkmalen, die sich gleichfalls höchst positiv, dieser Ur-Ordnung entsprechend, einordneten.

Insbesonders die 101 ist als energetische Information höchst führend, die sich auf dem gesamten Feldbereich ausbreitet. Die Kornkreise haben zur Zeitwende (Beginn des Energieanstieges, Maya-Kalender, Energietage usw.) eine besonders kräftige, wohlwollende und unterstützende Wirkung für die positive Erdenergie. Sie helfen, diese aufrechtzuerhalten und kommen

Der Ur-Code 101 ist in seiner energetischen Information auf dem gesamten Feldbereich messbar.

gerne dort vor, wo bereits eine hohe positive universelle Energie vorherrscht. Durch radiästhetische Vermessungen können meine Erkenntnisse leicht nachvollzogen werden.

Die von mir entwickelte FeldstrahlenHarmonisierung leitet sich aus folgenden Erkenntnissen ab:
„Eine energetische Veränderung von Energielinien ist nur dann wirklich erlaubt und ermöglicht, wenn sie auf einem Kreuzungspunkt derselben erfolgt."

Ich sehe die Kornkreise als große Hilfe aus der geistigen Welt, die sich ja immer um uns bemüht, den geistigen Aufstieg bewerkstelligen zu können.

Ich erhielt von der geistigen Welt den Auftrag, diese Richtungsweisung weiterzugeben, was mich aus tiefstem Herzen freut.

Die frohe Botschaft der Quinta Essentia, des 5. Elementes lautet:

„Ich bringe dich zurück zur Quelle, zurück in die Natürlichkeit, da, wo die Lebendigkeit im göttlichen Sein dient."

Das zentrale Anliegen der Information 101

Das zentrale Anliegen des Licht-Codes 101 liegt darin, über alle Probleme hinauszuwachsen und aus einer inneren, freien und liebenden Haltung heraus die eigenen Leistungen in den Dienst der Menschheit zu stellen.

Das große Geheimnis der 101 ist ...

Sämtliche störende, negative Energiefelder können mit Energieträgern, die mit der Lichtschwingungsenergie 101 der Quinta Essentia berührt wurden, in eine harmonische Schwingung gebracht werden.

Die spirituelle Entwicklung der Lichtschwingungsinformation 101

Die 1 steht für Neues, für den Beginn, für Selbstbewusstsein und stellt hier die Basis für den Weg der Selbstliebe dar. Dieser Weg ist gerade für Menschen wichtig, die aus ihren Zwangsrollen befreit werden wollen. Der Impuls der Lichtschwingung bewirkt, dass wir uns mehr und mehr bewusst werden, welche Rollen wir spielen.

Da sich hier die 0 bereits an der 1er Schwingung anlehnt, werden auch Themen aufgeworfen, die wir ganz gerne aus Unsicherheit heraus verstecken.

Sie konfrontiert uns mit einengenden Überzeugungen und Ängsten, die uns davon abhalten, tief in das Leben einzutauchen und zum Kern innerer Erfahrungen vorzudringen. Die Null fördert die Introspektion, die Innenschau und das Bewusstwerden von verschiedenen Mustern, die uns hindern, unser wahres Selbst zu leben.

Die zweite 1er Schwingung (10<u>1</u>) ist die Ausrichtung am göttlichen Selbst, die uns hilft, uns von Irrtümern, Fremdvorstellungen und von Zwangsverstrickungen zu befreien. Unangenehme Emotionen können immer wieder wie aus dem Nichts auftauchen, um uns aufmerksam zu machen, wo wir von diesen Energien regiert werden.

Die Auflösung dieser inneren Zwänge bewirkt, dass wir an innerer Freiheit dazugewinnen. Je freier wir innerlich werden, umso höher ist auch die eigene Liebesfähigkeit und umso öfter erleben wir das Gefühl von innerer Harmonie. Die natürliche Liebesschwingung wirkt anregend für neue Impulse. Wir verspüren den Drang, uns Dingen zu widmen, die uns Freude bereiten. Dem natürlichen Lebensdrang wird die nötige Beach-

1
0
1

tung geschenkt, was uns hilft, neue Erfahrungen zu machen. Das Vertrauen in die eigenen inneren Kräfte wird dadurch gestärkt. Dies bewirkt des Weiteren, dass wir immer mehr auf unser inneres Wissen zugreifen können und daher auch Ursachen für die eigenen Handlungen besser (oft intuitiv) verstehen und loslassen können.

Der Seelenweg ist der tiefste und innigste Weg unseres freien Geistes, der durch das Herz gefiltert wird und uns zu unserer eigenen Wahrheit und daher zu innerer Zufriedenheit führt.

Hier bildet sich der Grundstein für eine vollkommen innere Einheit mit dem Göttlichen. Die Aufregung und Leidenschaft des Unbekannten mag hier auch ähnlich verstanden werden, wie sie bei dem Entdecken einer neuen Liebe ist.

Die Null hilft beim Loslassen der Dinge, die wir nicht mehr benötigen, und zu schätzen, was neu entsteht. Der Zugang zur Intuition wird bewusster erlebt. Durch die Bewusstseinsveränderung lernen wir mehr und mehr die für uns richtige Ausrichtung beizubehalten.

Die Schwingung der zweiten 1 hilft uns, das Ego und seine Verstrickungen loszulassen, da der Liebesschwingung bereits mehr Aufmerksamkeit geschenkt wird. Wir gelangen dadurch zu einer höheren Wahlfreiheit, weil wir uns mehr und mehr vom Ego und der Anhaftung an die Materie befreien.

Die Loslösung von Angstmachern, von einengendem Besitzergreifen, von Schuldgefühlen usw. schenkt uns Energie für lebenswerte, beglückende und erfüllende Tätigkeiten und auch für harmonische, verantwortungsbewusste Freund- und Partnerschaften, die nicht mehr aus negativen Verstrickungen heraus entstehen. Da gleichzeitig die positiven Eigenenergien ansteigen, können wir unsere Liebesenergie in allen Bereichen unseres Lebens bewusster einsetzen. Beachtenswert ist hier,

dass wir dadurch immer mehr fähig sind, unterscheiden zu können, was für unser Seelenwohl richtig ist. Da sich hier das Selbst an hohen Idealen ausrichtet, kann das eigene Ego bewusst der Liebesschwingung untergeordnet werden und bewirkt die Loslösung von Anhaftung.

Die Kraft der anwachsenden Seele dient unserer inneren Freiheit, uns immer mehr an auszuwählenden Möglichkeiten orientieren zu können, wobei die Ausrichtung oder die Anhaftung an frühere Begierden oder an materielle Ziele gleichzeitig schwindet.

Innere Glückseligkeit, innere Zufriedenheit, innerer Reichtum sind möglich. Die Suche im Außen lässt mit zunehmendem Erwachen des Geistes nach.

Ein erreichbarer Überfluss dient nicht alleine dem Einzelindividuum, sondern dem höheren Ziel,
dem Licht und dem
göttlichen Selbst.

stille
stille ward geboren
in ihr geborgen, tiefstes wissen
um das universum, um unsere göttlichkeit
worte-überflüssig
wissen liegt in gütiger universeller liebe

stille IST

allgegenwärtig-immerwährend-ewiglich

liebe gebärt sich aus der stille heraus

still und sanft, zugleich energievoll
– der sog des göttlichen

Energie

Der Geist des Wassers

Hochschwingendes Quellwasser oder Lichtwasser haben ein eigenes Bewusstsein, die der Geist des Wassers präsentiert. Er ist die alles liebende Kraft unseres Schöpfers.

& Harmonie

Unterschiedliche Energiewerte

In der Energie-Mess-Skala sind verschiedene Energiewerte angeführt. VollHarmonisches Wasser hat die Werte +6, +17.500 BE, Information 101. Es gibt auch höhere Werte, wie beispielsweise +8 usw. Vielleicht fragst du dich jetzt:

„Warum nicht die höchstmögliche Energie nutzen?"

Höhere Energien sind bei der VollHarmonisierung und für den täglichen Eigenbedarf nicht nötig.

Durch das Trinken VollHarmonischen Wassers können sich zum Teil energetische Blockaden lösen, weil negative Energien, die im jetzigen Trinkwasser vorherrschen, die Loslösung von alten Programmen ins Stocken bringen können.

Höherschwingendes VollHarmonisches Achter-Wasser eignet sich insbesonders bei entzündlichen Prozessen. Das Kornwasser weist eine besonders hohe Energie von +28.000 BE auf und wird bei energetischen Blockaden und nicht als tägliches Trinkwasser eingesetzt.

In Harmonie sein bedeutet in Balance zu sein

Alles, was dich in Harmonie bringt, wirkt heilsam. Die innere Balance ist Grundvoraussetzung für ein friedvolles und gesundes Leben. Eigene negative Denkmuster und vor allem viele Fremdprogramme belasten massiv unsere Psyche und sind vorerst einmal aufzulösen.

Das Trinken hochschwingenden Lichtwassers fördert die Auflösung, befreit aber nicht vor Eigenverantwortlichkeit. Wer sich von falschen Verhaltensweisen lösen will, ist aufgefordert, selbst dazu beizutragen!

Die in diesem Buch vorgestellten Möglichkeiten beziehen sich hauptsächlich auf das Grund- und Basisprogramm, um hier in erster Linie die VollHarmonie im eigenen Lebensfeld zu ermöglichen.

Weitere Entwicklungen sind das Achter-Wasser und das Energiekornwasser. Auf diese Wasser will ich in meinem nächsten Buch näher eingehen, welches über Krankheiten handeln wird. Diese Wasser weisen eine höhere Energie auf als VollHarmonisches Trinkwasser, sind aber nicht für den täglichen Trinkbedarf geeignet. Das Achterwasser wird bevorzugt bei Entzündungen eingesetzt, wo insbesonders Tiere sehr rasch eine positive Veränderung erfahren. Das Kornwasser weist eine besonders hohe Energie auf und wirkt als starker Impuls zur Anregung energetischer Prozesse, lenkt die Energien wieder in die richtigen Bahnen und kann bei ganz massiven energetischen Blockaden eingesetzt werden.

Unser Leben ist als Liebesgabe an unser Selbst erschaffen.

Alles, was wir brauchen, ist ein ganz klares „JA" zu uns selbst, zu unserem eigenen Leben.

Die Mäßigung in allen Dingen bringt uns in die Mitte, in die Harmonie.

Vertraue: Alles, was geschieht, ist zu deinem Besten.

Unbewusste Menschen erleben immer wieder Dinge, die sie selbst als Wunder bezeichnen. Sie leben unbewusst in Einklang mit der Schöpfung. Sie halten Wunder für Zufälle oder auch Schicksal. Aber es gibt keine Zufälle im Leben, da wir selbst Schöpfer der eigenen Realität sind.

Wunder?
... oder Gesetzmäßigkeiten?

Wenn wir in Harmonie sind, schwingen wir mit den Wogen des Lebens mit. Wir erleben Hochs genauso wie Tiefs. Je weniger Dissonanzen und negative Programme in uns selbst ablaufen, umso ausgewogener erleben wir das Leben. Dadurch verändert sich die Schwingungskurve, die Höhen und Tiefen flachen gleichmäßig ab. Wir sind nicht mehr so anfällig für Krankheiten und für die Begierden des Egos. Aber gleichgültig, wie hoch oder tief wir schwingen, solange wir in Fluss sind, solange wir uns auch in der rechtsdrehenden Polarität bewegen, sind diese Auf und Ab ganz natürlich.

Alles, was wir uns von Herzen wünschen und was gleichzeitig in Übereinstimmung mit unserem Seelenplan schwingt, wird uns auch erfüllt. Wir erhalten schlichtweg das, was wir gerade am nötigsten brauchen.

Die Wunscherfüllung

Je bewusster der Mensch in Einklang mit den Schwingungen lebt, umso mehr Wünsche erfüllen sich ihm. Auch unbewusste Menschen erleben Dinge, die sie niemals für möglich gehalten hätten. Oftmals verschweigen sie ihren Mitmenschen diese Erlebnisse, aus Scham oder aus Angst, ausgelacht oder verhöhnt zu werden. Wer seine Wünsche öfter (und auf beinahe unheimliche Weise) erfüllt bekommt, lebt in Einklang mit der Schöpfung, ob nun bewusst oder auch ganz unbewusst!

Ungläubige Menschen sind jene, die an Zufälle glauben. Aber auch jene, die an Wunder glauben, sind noch nicht zu Wissenden geworden. Es gibt keine Zufälle im Leben, da wir selbst Schöpfer unserer eigenen Realität sind. Ganz abgesehen davon, ob sich ein Mensch dessen bewusst ist oder auch nicht, die Wunscherfüllung ist das göttliche Zeichen für den harmonischen Einklang mit den Energien. Manche sagen dazu auch: „Du hast den richtigen Draht nach oben."

Das Geheimnis

zur VollHarmonie

Was macht die VollHarmonisierung so einzigartig?

- Die Strom-, Wasser- und FeldstrahlenHarmonisierung bewirkt eine Veränderung des Schwingungs- und Informationsfeldes im gesamten Einwirkbereich der angebrachten Energieträger. Das bedeutet, dass bei der VollHarmonisierung z.B. eines Haushaltes, einer Firma, eines Ackers oder Stalles sämtliche Störquellen im Umfeld die durch Wechselstrom, Feldstrahlen oder geschädigtes Wasser vorkommen, aufgelöst werden
- Die Erhöhung der Energie im Bereich der angebrachten Energieträger auf +17.500 BE, um die Eigenenergie zu erhöhen und vor äußeren Strahlungseinflüssen geschützt zu sein
- Es benötigt keinerlei Energetisierungshilfen mehr. Es müssen keine Betten umgestellt oder abgeschirmt werden
- Die Berücksichtigung aller beeinflussenden und zusammenfließenden Faktoren
- Die Berücksichtigung von Veränderungen wie z.B. Verschiebungen in der Erdkruste, das Wandern von Wasseradern usw. und das Überprüfen dieser eventuell auftretbaren Veränderungen, um die Aufrechterhaltung der VollHarmonisierung zu gewährleisten
- Die Nutzung natürlicher Energieträger, die von Kalkgestein bis zum Granit reichen und ihre Qualität im Einschluss von Quarzteilen als Schwingungs- und Informationsträger in sich bergen
- Die Nutzung einer natürlichen Energie, die einen immerwährenden Umwandlungsprozess und daher eine Schutzfunktion gegenüber lebensfeindlichen Energien gewährleistet
- Die Gabe, den Ur-Code und seine Lichtschwingungsinformation 101 unter Berücksichtigung der göttlichen Ordnung und ihrer Gesetzmäßigkeit zu nutzen

Die hohe Energie der Quinta Essentia ist die Kraft, die den lebensfeindlichen Schwingungen ihre Wirkung nimmt. Der Licht-Code und Informant 101 gibt die Richtung vor, in die sich alle Elemente von selbst einfügen.

Die VollHarmonisierung bewirkt eine Veränderung in der Polarität und ist eine ganz natürliche Anpassung an den biologischen Bauplan der Erde und des Kosmos.

VollHarmonische Energieträger dienen dem göttlichen Prinzip, sind natürlichen Ursprungs und wirken aus sich selbst heraus.

Die Liebes- und Schöpferkraft Quinta Essentia und ihr Licht-Code 101 sind Geschenke der geistigen Welt.

- Die hohen und zu erfüllenden Kriterien (Parameter)
- Der Auftrag aus der geistigen Welt, den Ur-Code und die Lichtschwingung 101 der Öffentlichkeit zugänglich zu machen
- Die Gewährleistung, dass diese Energie natürlichen, göttlichen Ursprungs ist und sich daher auch keinerlei schädigende Nebenwirkungen ergeben

Die hohe Kraft der Quinta Essentia ist für höhere positive Energien offen.

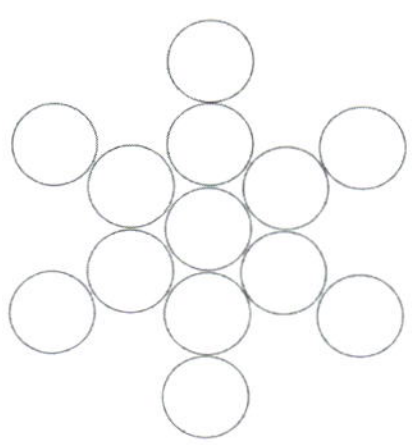

Die natürliche „Sperre" für negative Energien

Der Licht-Code 101 bewirkt eine natürliche „Sperre" für negativ einfließende Energien, wobei die Bezeichnung „Sperre" hier missbräuchlich und nur symbolisch für ihre Transformations- und Verwandlungsarbeit angeführt wird. Diese natürliche Sperre bedeutet: Schwingungen in der linksdrehenden und negativ wirkenden Polarität schwinden, weil der göttliche Licht-Code 101 liebevolle Impulse aussendet, nach der sich alle Elemente und Stoffe ganz von selbst ausrichten. Die Beweglichkeit dieser göttlichen Kraft weist eine enorme Anpassungsfähigkeit auf. Da Leben Bewegung ist, ist diese Anpassungsfähigkeit nötig, um sich immer wieder (auf intelligenteste Art und Weise) auf vorherrschende Gegebenheiten einlassen zu können. Die Energie der Energieträger ist rein und frei. Die Quinta Essentia und der Licht-Code 101 schenken uns freiwillig ihre lebensaufbauende Kraft, um Harmonie (Ordnung) wiederherzustellen. Der Ur-Code bleibt (bei einer VollHarmonisierung) stabil aufrecht erhalten. Die Lebewesen bleiben frei, sich spirituell weiter zu entwickeln.

Das eigene spirituelle Wachstum

Die feinstoffliche Information des Licht-Codes 101 erreicht unseren Astralkörper (Aura) und unsere Seele. Unser Astralkörper ist ein einzigartiges Energiefeld.

Über dieses Energiefeld sind wir laufend mit der geistigen Welt, mit Engelswelten und Seelenfamilien verbunden. Die VollHarmonisierung kann die eigene spirituelle Entwicklung fördern. Der Mensch kann sich von energetischen Sperren loslösen und ist frei, sich in höhere energetische Dimensionen zu bewegen.

Dieses wichtige Kriterium ist bei manch anderen Ausrichtungen nicht vorhanden. Z.B. können sowohl energetische Praktiken wie Reiki, Prana u.a. als auch diverse Wasser oder allgemeine Produkte (u.a. Wasser-Beleber, Mandalas, Symbole etc.) zu unbewussten energetischen Sperren und somit zu einer massiven Blockade in der eigenen spirituellen Weiterentwicklung führen. Eine Bekannte arbeitet im energetischen Bereich. Sie erzählte mir: „Wir hatten einen Neuling, dem es einfach nicht möglich war, die neuen energetischen Möglichkeiten zu nutzen. Erst nach langer Suche fanden wir heraus, dass eine energetische Blockade, aus einem anderen energetischen Heilverfahren, dafür verantwortlich gewesen war.

Hier sind manchmal Sperren vorhanden, um Personen an Praktiken zu binden!“

Ein Auftrag der geistigen Welt

Ich erhielt von der geistigen Welt die Aufforderung:

„Schenke den Menschen das Wissen um die Lichtschwingungsenergie 101 und stelle sie der Öffentlichkeit zur Verfügung.“

VollHarmonisch bedeutet

- Rückinformierung zerstörter (gestörter) Materie
- Rückinformierung störender Einflüsse in der Natur
- Rückinformierung künstlicher Strahleneinflüsse
- Je nach Transformationshöhe werden Energieträger unterschiedlicher Energiehöhe verwendet
- Die Energieträger weisen eine stabile und konstant wirkende Energie auf
- Die Ummantelung bei Energieträgern ist durch ein spezielles und aufwändiges Herstellungsverfahren genauso energetisch hochschwingend und daher von sehr hoher Qualität, um die Energieträger zu schützen
- Die Energie der Quinta Essentia mit dem Licht-Code 101 ist eine freie Energie, die sich dem Wandel der Lebensgrundlagen von selbst anpasst
- Die Energie ist göttlichen Ursprungs und es gibt deshalb keinerlei schädliche Nebenwirkungen
- Die VollHarmonisierung stellt kein Abschirmverfahren gegenüber negativen Energien dar, sondern ist ein Transformationsverfahren.
- Es entstehen keine Überlagerungen mit anderen Energien

- Jeder Energieträger weist eine reine und göttliche Energie auf, die der Schöpfung entspringt

- Die Energieträger sind frei von persönlichen Schwingungen

- Es werden keine eigenen (persönlichen) Informationen weitergegeben oder vermittelt

- Die Harmonisierung ist einfach in der Ausführung und zeigt rasche positive Resultate

- Die Energieträger sind keine Geräte, benötigen keine Drähte, sind natürlichen Ursprungs, verändern die Energien auf selbständige Weise durch den Impuls und der Ausrichtung am Ur-Code, verursachen keine Schäden oder Nebenwirkungen und sind zuverlässig in ihrer Auswirkung

Ich bin Vermittler, nicht der Entwickler der Quinta Essentia

Ich bin Vermittler der Quinta Essentia und ihrer Information 101, und nicht ihr Schöpfer oder Entwickler.

Meine Aufgabe besteht darin, diese Energie und die Lichtschwingungsinformation für die Wiederherstellung der Ur-Ordnung zur Verfügung zu stellen und zum Wohle des Lichts und der Lebendigkeit einzusetzen. Meine besondere Gabe ist, die Energie und Lichtschwingungsinformation 101 stabilisieren zu können.

Merkmale der StromHarmonisierung

Die Stressreduktion

- Keine Aufladungen durch Elektrizität und daher auch keine Stressoren, wie sie bei der Strom-Sensibilit vorkommen können: Streitigkeiten, Konzentrationsmangel, Augen,- Kopfschmerzen, Schlafstörungen

Die Harmonie

- Alle Bereiche, die der StromHarmonisierung unterliegen, sind in ihrer Grundschwingung harmonisch. Die ausstrahlende Ruhe im Wohn,- Schlaf- oder auch Landschaftsbereich bewirkt, dass wir in uns selbst Ruhe finden können. Dies fördert unsere eigene Ausgeglichenheit und daher auch die eigene Gesundheit. Zwischenmenschliche Beziehungen werden durch die wohltuenden Energien gefördert

Wohnbereiche und Lebensräume, die mit Strom in Berührung kommen, werden durch die StromHarmonisierung von negativen Spannungen befreit und wirken durch die Umpolung in eine rechtsdrehende Schwingungswelle angenehm und lebenskraftspendend. Die Raumenergie wird deutlich erhöht, was eine ruhige Atmosphäre bewirkt. Stressbelastete Menschen bemerken unter anderem ein Gefühl des Loslassens, was sich auch in auftretender Müdigkeit zeigen kann. Menschen, die schwer loslassen können, die zu viele Lasten auf ihren Schultern tragen, zu viel arbeiten usw., entlasten sich selbst durch die wohltuende Atmosphäre. Durch die Befreiung des destruktiv einwirkenden Wechselstroms an der Hauptleitung, werden alle Geräte, die hier am Stromkreislauf angeschlossen sind, beeinflusst und in eine positive Licht-Energie gebracht.

Dabei ist es gleichgültig, worum es sich handelt:

Ob es die Computer im Büro sind, an denen wir uns tagtäglich viele Stunden am Tag aufhalten, ob es der Fernseher im Schlafzimmer ist, der uns den nächtlichen Schlaf raubt, ob es die Fische im Aquarium sind, die sich wohl fühlen, ob es das Wohnzimmer ist, wo wir uns gemütlich mit der Familie zusammensetzen, oder ob es um das Badewasser vom aufgeheizten Boiler geht, wo wir jetzt Entspannung und frische Lebenskraft tanken.

Die StromHarmonisierung bei Anlagen (in Berührung mit Wasser)

- Durch den Zufluss hoch energetisierten Wassers mit der Lichtschwingungsinformation 101 werden die aus dem Kanal bestehenden Verunreinigungen zu einem natürlichen Vorrotte- und Reinigungsprozess angeregt
- Fäulnis, Stillstand, T-Reaktion verwandeln sich in Fruchtbarkeit, Lebendigkeit und B-Reaktion
- Aerobe Prozesse entstehen: Die Atome im Wasser bewegen sich eigenständig und auf intelligente Weise. Dies bewirkt eine Anreicherung des Wassers mit Sauerstoff und einen natürlichen Entgiftungsprozess
- Die bestehenden Belüftungen und Rührwerke können mithelfen, ohne die positiven Energien zu zerstören, und sind in den bestehenden Anlagen auch als äußerst brauchbar zu bezeichnen, um die eingeleitete B-Reaktion zu unterstützen
- Generatoren bei Wasserkraftanlagen können das Wasser nicht mehr belasten

- Durch die StromHarmonisierung ergibt sich bei Kläranlagen eine Kosteneinsparung von ca. 50 % des bisherigen Energieaufwandes
  (Weniger Belüftung durch natürliche Verwirbelung)
- Der Umwandlungsprozess spart Kosten, die ansonsten für Chemikalien benötigt werden
- Die in der B-Reaktion verlorene Aggressivität der Fäkalien schont alle Anlagen vor Korrosion und Verschleiß (z.B. Beton und Rühranlagen)
- Stoffe wie Phosphor, Nitrate und viele mehr, werden durch den Umwandlungsprozess als Nahrung für alle Lebewesen, z.B. für die im Wasser siedelnden Fische und hier wachsenden Pflanzen, nutzbar gemacht
- Das Grundwasser wird auf ganz natürliche Weise angeregt, sich mit allen (für das Leben) nötigen gesunden Bakterien und Kleinstorganismen zu versorgen

Schwimmbäder, Teiche usw. oder Dünger wie Jauche

Schwimmbäder oder Anlagen sind über die StromHarmonisierung des Haushalts versorgt. Bei Anlagen mit externer Stromversorgung ist ein Energieträger in der Verteiler- oder Steuerungsanlage einzusetzen. Der Energiezustand hebt chemisch-physikalische Abartigkeiten auf und bringt reines, dauerhaftes Badewasser. Bei Jauche werden freie Radikale umgepolt, daher gibt es kein Austreiben von N-Verbindungen, von Methangas oder anderen Geruchsstoffen. VollHarmonischer Dünger stinkt nicht!

Wie funktioniert die StromHarmonisierung?

Auf Stromleitungen (Hauptleitung) wird eine Strom-Harmonisierungsschleife angebracht, die die negativ wirkenden Strahlen aufnimmt und die Schwingungsfrequenz an die des Ur-Codes anhebt. Der Strom verliert seine Aggressivität, wird rechtsdrehend in seiner Polarität und erhöht das positive Raumklima. Weniger Stress und daher auch der Wegfall von diversen Symptomen, wie Konzentrationsmangel, Augen- und Kopfschmerzen, Schlafstörungen, erhöhte Anfälligkeit für Missstimmungen usw.

Was bedeutet die Harmonisierung hochfrequenter Strahlen?

Für alle mit Funk betriebenen Geräte gibt es einen 5x5 mm kleinen Energieträger, den Feldformer, der im Gerät oder auf dem Gerät angebracht wird. Durch die Umwandlung der frequenten Energien in ein rechtsdrehendes Schwingungsfeld von +28.000 BE entsteht ein schützender Energiemantel (eine Aura) von ca. +17.500 BE, der die Eigenenergie aufbaut.

Geeignet bei Funkgeräten wie Handys, Schnurlostelefonen, Funkgeräten der Polizei, Rotes Kreuz, Feuerwehr, Babyfonen, Laptops etc. Funk-Sensible werden sehr schnell wahrnehmen, wie die zuvor unangenehmen Begleiterscheinungen wie z.B. Kribbeln, Unruhe oder andere Unanehmlichlichkeiten (eventuell bereits aufgetretene schwere Störungen des Immunsystems, Krankheiten etc.) schwinden. Manche Handyfonierer berichten von weniger Störungen (Rauschen, Knacksen usw.), oder dass solche Störungen auch zur Gänze ausbleiben.

Sendemasten, Sat-Anlagen, Haustelefonanlagen und Mikrowellenherde

Sendemasten, Sat-Anlagen, Haustelefonanlagen und Mikrowellenherde (alle an der Stromversorgung des Hauses bzw. der Wohnung hängenden Geräte) werden über die StromHarmonisierung harmonisiert.

Erdstrahlen und alle geopathogenen Störfelder

Sämtliche Erd- und Feldstrahlen sind mit dem GeoHarmonisierer in eine positive rechtsdrehende Energieschwingung wandelbar. Z.B. aufsteigende oder absteigende Wasseradern. Das gilt auch für Currynetze, sämtliche Gitternetze, Verwerfungen, Bruchzonen etc. Der GeoHarmonisierer wird am Kreuzungspunkt der sich treffenden Störlinien angebracht. Er bewirkt einerseits die komplette Auflösung negativ wirkender Energien und andererseits die Anhebung der Raumenergie auf +17.500 BE.

VollHarmonisches Wasser

VollHarmonisches Trink-, Koch- und Badewasser hat eine konstante Energie von +17.500 BE. Die Energieübertragung umfasst den gesamten Wasserkreislauf eines Hauses oder einer Wohnung und deckt den regelmäßigen Bedarf an hochwertigem Trink-, Koch- und Badewasser.

Die vorgestellten Möglichkeiten

Die in diesem Buch vorgestellten Möglichkeiten beziehen sich auf die energetische Basis, die elementar unser Leben beeinflusst. Die VollHarmonisierung beinhält das komplette Basis-Paket aller nötigen Schutz- und Energetisierungsmöglichkeiten z.B. eines Haushaltes, einer Firma, eines Ackers oder Stalles, eines Gartens, eines Schwimmbades, eines Biotopes usw.

Die Energieträger

Ein Quarzmehl-Chip für die Wasser-, Strom- und Feldstrahlen-Harmonisierung hat eine Grundenergie von +17.500 BE. Dieser wird bei der VollHarmonisierung im sprichwörtlichen Sinne als Stein des Anstoßes verwendet.

Sind extrem negative Energien vorhanden, wie beispielsweise hochfrequente Funkwellen, kommt ein Quarzmehl-Chip mit einer Grundenergie von +28.500 BE zur Anwendung.

Alle Energieträger sowie die Materialien, mit denen die Energieträger geschützt werden (Verpackung), wie das Holzkästchen beim GeoHarmonisierer, der Schutzmantel bei Glas- und Feldformer, die Schutzhülle bei Reisebeleber usw., unterliegen bei der Herstellung und im Endresultat den hohen Kriterien und den Schlüsseln der VollHarmonisierung nach JFR.

Die sanfte Lösung von Negativ-Beeinflussern

Alles, was den Menschen negativ beeinflusst, ist sogleich ein Anhafter an die Negativität. Vor allem ist die Ausrichtung am Gesunden, am Guten, am Wohlwollenden, am Licht nötig.

Die eigene Ausrichtung bestimmt, wie sich das Leben gestaltet. Immer wieder wird unterschätzt, dass wirklich jedes Teilchen, jeder Gedanke, jede Handlung für Licht oder Dunkelheit und somit für die Ausrichtung an der Lebendigkeit oder für die Zerstörung der Lebendigkeit steht.

Die Liebe dient dem Licht und der Lebendigkeit im Sinne der Schöpfung.

Auch wenn wir meinen, die Verwendung von krankmachenden Putzmitteln werde schon nicht gleich soviel Schaden anrichten, so sind die Folgen dieses Gedankens und auch dessen Verbreitung (viele denken so), für die verseuchten Gewässer mitverantwortlich.

In der Gesamtsumme der vorherrschenden negativen Suppe können wir selbst beginnen, alles, was wir leicht lassen können, zu lassen, alles, was wir nicht mehr benötigen, aus den Nischen und Ecken aus- und wegzuräumen und dem Licht und der Lebendigkeit Platz zu schenken. Ein schwerwiegendes Problem ist, dass wir Menschen gerne von Veränderungen träumen, aber ungern dafür etwas tun! Die Veränderungen im Kleinen sind die Zukunftsveränderungen im Großen.

Diene deinem eigenen Wohlbefinden, deiner Lebensfreude und deiner Liebesfähigkeit, dann dienst du auch gleichzeitig dem Licht.

- Je weniger elektrisch betriebene Geräte verwendet werden, desto besser. Das Brot mit der Hand zu schneiden ist zwar ein wenig aufwändiger, im energetischen Sinne (im Sinne des Lebendigen) aber sehr förderlich
- Glasplatten zum Schneiden der Lebensmittel sind hygienischer als Holzplatten
- Aus Styropor oder aus Schaumstoff hergestelltem Geschirr zu essen ist sehr bedenklich für die Gesundheit (besonders giftig!)
- Bei der Herstellung und Aufbereitung herkömmlichen Trinkwassers werden Fluor und Chlor verwendet, die energetische Blockaden verursachen. Das negative Frequenzmuster fördert materielle Denkstrukturen und schränkt den eigenen Willen zunehmend ein
- VollHarmonisierte Haushalte und der Gebrauch. VollHarmonischen Wassers bei der Herstellung von Speisen stellt die freie Radikalität ein, die z.B. mit metallenem Kochgeschirr auftritt
- Natürliche Reinigungsmittel schonen die Umwelt und auch dich selbst, denn auch die Haut atmet mit! Bakterien, Milben, Viren und andere Lebewesen sind normal; klinische Reinheit ist ein sinnloser Kampf gegen die Natur selbst

<u>Natürliche Putzmittel</u>
Soda, Natron, Kernseife, Gallseife, Zitronensaft
<u>Natürliche Waschmittel</u>
Waschnüsse, Gallseife

Lebende Materialien wie Holzbehälter, Holzunterleger, Holzlöffel etc. sind aus energetischer Sicht gesünder und deshalb zu bevorzugen.

Gravierende Berührungen durch negative Energie (insbesonders Mikrowellenherde!), Mixern, Brotschneidemaschinen, Teigknetmaschinen oder der gepriesenen strombetriebenen Getreidemühle, sind Hauptverursacher der Energie- und Informationsvernichtung in der Lebensmittelzubereitung.

Getränke allgemein:
1 Teelöffel VollHarmonisches Wasser beifügen genügt, um die Energie aller Getränke zur Gänze zu verändern.

Kein erhitztes Wasser aus elektrischen Boilern trinken oder verwenden (Verunreinigung mit Wolfram ist wahrscheinlich).

Kaltes Wasser zum Kochen verwenden. Heisses Wasser aus der Leitung löst Metalle und weist einen höheren Bakteriengehalt auf, außer die Boiler oder Warmwasserbehälter werden über 80 Grad betrieben.

Globale Veränderungen können erst erreicht werden

- wenn das Bewusstsein der Menschheit erwacht ist
- wenn Menschen von sämtlichen zerstörenden Einflüssen Abstand nehmen
- wenn die Auflösung sämtlicher negativer energetischer Störfelder erfolgte

Globale Veränderungen werden unterstützt

- durch jeden Einzelnen, der lebenserhaltende, förderliche Strukturen zulässt
- durch jeden Menschen, der sich um sein eigenes Wohlbefinden kümmert
- durch die Förderung lebenserhaltender und förderlicher Energien, die die Umwelt nicht belasten und somit auch weder für Mensch und Tier eine Belastung darstellen
- durch die geistige Kraft jedes Einzelnen, der durch seine positive Einstellung in der Lage ist, sein Leben in der Liebesschwingung zu leben
- durch Menschen, die bereits selbst eine sehr hohe energetische Schwingung leben. Solche Menschen sind bereits auf Erden tätig. Sie helfen (oft ohne unser Wissen, im Verborgenen) den Menschen und/oder der Umwelt
- durch das Aufheben negativer Belastungen aller Art; hier sind auch Belastungen gemeint, die sich oftmals unseren Kenntnissen entziehen und unbewusst auf uns einwirken; Beispiele sind: Gegenstände die wir aus halbherzigen Gründen aufbewahren, Erbstücke,

Gerümpel, kaputte Gegenstände, negative Erinnerungen, unbewusste Programmierungen und Muster

- durch das Trinken, Kochen und die weitere Verwendung gesunden, energievollen und stabilen Wassers
- durch die Kraft der Liebe
- durch Menschen, die in der Lage sind, die Kraft der Liebe für sich und andere Menschen einzusetzen

Alle Maßnahmen der Harmonisierung und VollHarmonisierung (nach JFR) haben sich durch die langjährige Praxis und Ausübung seit 1995 bewährt. Sie sind dazu da, die negativen Energien nicht weiterhin zu unterdrücken, sondern sie anzunehmen und dadurch aufzulösen.

Die Quantenphysik

Seit dem Beginn des 20. Jahrhunderts wissen die Physiker, dass die Wirklichkeit gar nicht so real und materiell ist, wie uns unsere Sinne glauben lassen. Auch feste Gegenstände wie Stahl und Diamanten werden von Partikeln wie Neutrinos mühelos durchdrungen.

Ein im Jahr 1900 von Max Planck begründeter Zweig der Physik, die Quantenphysik, beschreibt den Austausch von Energie in kleinsten Formen. Ohne Plancks Quantentheorie wäre das Geschehen auf der Ebene der Moleküle, der Atome und der kleineren subatomaren Partikel nicht zu verstehen.

Sie lässt uns einen tiefen Blick hinter die Kulissen der alltäglichen Wirklichkeit werfen, die uns so fest und unveränderlich erscheint und es doch nicht ist. Es hat beinahe das gesamte 20. Jahrhundert gedauert, bis die Menschen gelernt haben, die Quantenphysik ernst zu nehmen und sie praktisch anzuwenden.

Weitere Forschungen und Projekte

Es wird immer wieder kleinere Vervollständigungen aller hier vorgestellten Möglichkeiten zur Wiederherstellung der Ur-Energie bedürfen. Im Prinzip sind dies eher Anpassungsmaßnahmen, die sich durch die veränderlichen Situationen ergeben.

Projekt:
Ich arbeite zur Zeit an neuen Schutzanzügen für Arbeiter in Atomkraftwerken.

In Planung:
Ein besonders inniger Wunsch von mir ist, die radioaktive Substanz bei Kernspaltungen so zu verändern, dass keine Verstrahlungen mehr auftreten.
Um die VollHarmonisierung auch der Öffentlichkeit zugänglich zu machen, sind radiästhetische Kurse geplant. Leider gibt es hier noch keine genauen Angaben, wann oder wo diese stattfinden werden können. Ich bitte Interessenten um Verständnis und um Geduld.

Möglichkeiten:
Herstellungsverfahren für energetisches Baumaterial wie Ziegel, Holz, Beton usw. sind durch die VollHarmonisierung genauso ermöglicht, sowie man heute neue Häuser mit einer hohen Energie-Aura von +17.500 BE bauen kann. Aber auch das Revitalisieren von hochverstrahlten Häusern oder Wohnungen ist realisierbar.

Projekt:

Ein Buch zum Thema Krankheit ist in Planung. Hier werden energetische Harmonisierungsmöglichkeiten aufgezeigt, die auch in der Medizin angewendet werden können.

Ein paar der Themen werden sein:

- VollHarmonische Heilmittel und wie sie herzustellen und anzuwenden sind
- Das Energiekorn
- Impulse zur Selbstheilung
- Welche Tücken und Gefahren sind in der schulmedizinischen Behandlung zu beachten und wie kann ich mich schützen?
- Giftsprüher unterwegs. Was können wir dagegen tun? (Lösungsmöglichkeiten)

Meine Forschungstätigkeit und die VollHarmonisierung wird seit 1998 mit Hilfe des „Medinger Kohärenzmusterverfahrens" mitgetragen. Seitdem besteht ebenfalls die Zusammenarbeit mit dem wissenschaftlichen Leiter des Institutes IIREC, Herrn Dr. rer. nat. Walter Medinger. Dieses Institut beschäftigt sich mit Messtechniken für feinstoffliche Schwingungen und elektromagnetische Wellen.

Energien sind immer in Veränderung. Die Energien in der Außenwelt, wie beispielsweise die der Handys, so auch die der Äcker und Böden usw., steigen im Negativen an.

Mein größter Herzenswunsch

Mein größter Herzenswunsch ist, dass die Umwelt, die Lebensbedingungen für alle Lebewesen sich wieder an der Ur-Energie ausrichten können. Leider gibt es kein Gerät, welches die Qualität oder Höhe der Lichtschwingungsenergie und Informationen misst. Dadurch wäre es ganz leicht, die verschiedenen Wasser und deren Qualität zu prüfen.

Viele am Markt erhältliche Wässerchen und wunderträchtige Heilmittel würden in ihrer Wirkung entlarvt und es gäbe wenige, dafür aber wirklich hochwertige Angebote.

Auch ist meine Überzeugung, dass die Wunder dieser göttlichen Schöpfungswelt nur von jenen erschlossen werden, die sich bereits auf ein Wunder freuen. Das Lesen dieser Zeilen ist bereits ein Hinweis auf die eigene Bereitschaft und Offenheit, dem Guten im Leben Tür und Weg zu öffnen.

Ich wünsche mir aus ganzem Herzen gesunde Lebensbedingungen für alle Lebewesen

Alle durchgeführten Messungen und VollHarmonisierungen haben sich durch die Wiederholung und Übereinstimmung der Ergebnisse ausgezeichnet.

Meine Erkenntnisse unterscheiden sich grundlegend von allen mir bisher bekannten Möglichkeiten der Energetisierung und Rückführung von Harmonie.

Durch die VollHarmonisierung können Seen, Flüsse und Bäche wieder der Lebendigkeit zugeführt werden, woraus die natürliche Reinigung des Wassers aus seiner Urkraft heraus erfolgt. Fischbestände in den Gewässern können dadurch wieder aufgebaut werden.

ein paar worte
vermögen nie
die wahrheit hinter
der wahrheit zu erfassen
alles im Sein „ist“
vergangenes,
gegenwärtiges
und was kommt
sind Eins.

Tiefe Weisheit

In Japan gibt es seit langem einen besonderen Brauch und dieser hat sich interessanterweise bis in unsere moderne Zeit erhalten: Dem Brauch zufolge verbringen Menschen in gehobenen Positionen, mindestens einen Tag in einem Kloster. Es soll vierundzwanzig Stunden lang, innerhalb jener Mauern, einem Mönch gelauscht werden, und dem, was er einem zu sagen hat, um daraus vielleicht Einsichten zu gewinnen und diese einfließen zu lassen in das tägliche Handeln, in Geschäft und Familie.

Eine japanische Weisheitsgeschichte

(frei erzählt von Gebado)

Zwei junge, erfolgreiche Geschäftsleute entschlossen sich eines Tages jenem Brauche zu folgen und sich in ein Kloster zu begeben, um einem Mönche zu lauschen.
In ihrer jugendlichen Eitelkeit befanden sie, dass sie ja selbst schon ganz schön weise seien und irgendwie reizte es sie, zu testen, ob sie nicht weiser seien als der Mönch. Bald schon kam ihnen eine Idee, wie sie es bewerkstelligen wollten, den Mönch von ihrer überlegenen Weisheit zu überzeugen.

„Wir werden wie folgt vorgehen", entschied der Jüngere. „Wir nehmen einen kleinen Vogel und den halten wir in unserer Hand, schließen unsere Finger in der Art einer Faust, so dass der Mönch nicht sehen kann, was wir darin halten.

Sodann fragen wir den Mönch: Mönch, sage uns, ist das, was wir in unseren Händen halten, tot - oder - lebendig?

Sagt der Mönch tot, so öffnen wir unsere Hand und der kleine Vogel fliegt zwitschernd davon. Sagt der Mönch lebendig, drücken wir die Hand fest zusammen, öffnen sie wieder und der kleine Vogel fällt tot zu Boden."
Bereits am nächsten Morgen saßen sie vor jenem Mönche und fragten höflich, nachdem sie sich begrüßt hatten, ob sie ihm vorweg eine Frage stellen dürften.
Wohlwollend nickte der Mönch. Und so fragten sie: „Mönch, ist das, was wir in unseren Händen halten tot oder lebendig?"

Tiefgründig lächelnd blickte der Mönch jene zwei Männer an und nachdem einige Momente der Stille vergangen waren, antwortete er sehr ruhig und bedächtig:

„Es liegt allein in euren Händen,
ob das, was ihr darin haltet,
tot oder lebendig ist."

Ein persönliches Nachwort an den Leser

Der wichtigste Mensch auf dieser Welt, der bist du.

- Alle Menschen auf dieser Welt, ganz gleich, wie auch immer wir sie bewerten, sind gleich – wichtig! Wenn deine geistige Ausrichtung dem göttlichen Prinzip dient, bist du ein Lichtpunkt auf dieser Welt. Jeder Mensch kann zu jeder Zeit seines Lebens ein Lichtbringer sein
- Habe Vertrauen! Richte dich immer wieder an deinen höheren ethischen Werten aus! Beachte: Deine geistige Ausrichtung wirkt!
- Mache dir keine Sorgen. Sorgen halten dich unnötig am Negativen fest!
- Besinne dich! Nimm dir die Zeit, deine Liebe, dein Licht zu leben!
- Verbinde dich immer wieder mit der Kraft der Liebe!
- Sei dir bewusst, dass du mit jeder liebevollen Handlung, mit jedem liebevollen Gedanken einen wertvollen Beitrag für dich und deine Mitmenschen leistest
- Feiere dein Leben!
- Nutze deine Zeit für Dinge, die dein Wohlbefinden stärken!
- Lasse ab von negativer Verbreitung der Realität.
- Achte auf dein inneres Gespür, deine Intuition und handle für dich selbst! Die Vorbildwirkung ist der beste Garant für positive Folgereaktionen!

- Jede Blockade in dir lässt sich lösen. Beachte nicht die Blockaden, sondern die Lösungsmöglichkeiten und löse sie!

- Habe Mut, zu dir zu stehen, die Dinge beim Namen zu nennen. Zeige dich und gehe keine falschen Kompromisse mehr ein! Wie du dich bewegst, wie du handelst, so wie du lebst und bist, ist von Bedeutung!

- Halte dich nicht mit negativen Gedanken auf! Lasse sie ohne Bewertung los!

- Richte dich bewusst, immer wieder aufs Neue am Licht und der Liebe aus! Dadurch beschenkst du in erster Linie dich selbst und somit auch die ganze Welt!

Licht & Liebe
mögen dich begleiten.

Yvonne Prancl

wuchs in Liberia, einem kleinen Land nahe der Elfenbeinküste West-Afrikas auf.
Inspiriert durch die Einfachheit des Lebens in Afrika, durch ihre feinen Sinne und ihrer unendlichen Liebe zur Schöpfung, sah Yvonne die Welt bereits von Kindesbeinen an mit ganz anderen Augen als ihre Mitmenschen. Ihre besondere Gabe, tief in die seelischen Herzensangelegenheiten der Menschen zu blicken und ihr Zugang zur geistigen Welt, sind die Geschenke, die sich in ihren künstlerischen Werken zeigen.
Yvonne ist Mutter von drei Kindern, schrieb zwei Kinderbücher (weitere Bücher sind in Arbeit) und leitet Acrylmalkurse für Anfänger. In den Kursen sieht sie ihre Aufgabe als Begleiterin, die den frischgebackenen Künstlern ihre ureigensten Schöpfungsmöglichkeiten aufzeigt.
„Das Wichtigste ist", so sagt sie selbst, „wenn das Herz spricht!"

Lieber Josef

Es war mir eine Ehre und ein tiefes Bedürfnis, dieses Buch, dein ganz besonderes Lebenswerk, für dich zu schreiben.

Ich kenne dich als aufrichtigen und authentischen Menschen, der sich aus ganzem Herzen einer Sache widmet. Durch die Voll-Harmonisierung meiner Wohnung und den vielen positiven Erfahrungen, die ich dabei sammelte, weiß ich, dass du ein Mensch bist, der sich nach den göttlichen Gesetzen ausrichtet. Abgesehen davon, dass mich die Strahlenfreiheit zuhause begeistert, habe ich im Zuge unseres Kennenlernens deine tiefe Liebe zur Erde, deine innige Freude über die Lebendigkeit, über den leicht umhebbaren Humus auf deinem Hof, die vielen Regenwürmer, die sich dabei jedesmal zeigten, deine geschenkten Marillen – die besten Marillen, die ich je gegessen habe, die gut riechende Silage, dein sonniges Strahlen über den wild und wunderschön wuchernden Klee und deine tiefe Liebe zur Schöpfung, erleben dürfen, was mich innigst berührte.

Ich freue mich für dich, dass du deinen Seelenweg gefunden hast und besonders freut es mich, dass dieses Buch und vor allem deine einzigartige Methode, die Strahlen zu harmonisieren, von jetzt an der Allgemeinheit zugänglich ist.

Mögen Licht und Liebe diesen Weg weiterhin begleiten.

Yvonne

P.S. Mein besonderer Dank gilt meiner Geburtshelferin, ja, dir „liebe Christine", da du mich auf der spirituell-geistigen Ebene sowie auf der Herzensebene eine lange Zeit begleitet und sehr unterstützt hast. „A dickes Bussal!"

Der Urheber

Entdecker & Entwickler der VollHarmonisierung

Josef Reisinger

Josef Reisinger ist ein tiefgründiger, bescheidener und gläubiger Mensch. Aufgewachsen ist Josef in Kefermarkt, auf dem Bauernhof seiner Eltern.

Josef ist ein waschechter Mühlviertler und trägt das Herz am rechten Fleck.

Seine Liebe gilt dem *Wesentlichen im Leben*, *dem Einfachen* und *dem Sein*. So ist Josef ein Mensch, der, trotz all seiner erlebten Schicksalsschläge und trotz seiner Befürchtungen der noch zu erwartenden Schicksalsschläge für die gesamte Menschheit, ein Optimist geblieben.

Dank seiner Liebe zur Schöpfung und seines Wissendranges fand Josef die Schlüssel der naturwidrig und zerstörerisch wirkenden Kräfte, die die Natur und die Lebendigkeit zerstören. Anhand seines Zuganges zur geistigen Welt und dank seiner visionären Kraft fanden seine Erfahrungen und Erkenntnisse schließlich ein gemeinsames Ziel:

„die Heilung des 5. Elementes“

Die VollHarmonisierung, die in allen Lebensbereichen ihre Anwendung findet, ist eine alchemistische Verwandlungskunst, die der geistigen Welt entspringt und durch Josef *Ausdruck* in dieser Welt findet.

Wer persönliche Fragen zum Thema Energie, VollHarmonisierung, zum Buch oder zu meinen Artikeln hat, meine Telefonnummer: +43 664 22 62 650

Meine Adresse:
Josef Reisinger, Miesenberg 7, A-4292 Kefermarkt
Weitere Infos auf meiner Homepage: www.quinta-essentia.cc
E-Mail: quinta.essentia@aon.at

Für Fragen zum Feldkohärenzmusterverfahren:

IIREC Dr. Medinger OG

Hofgasse 6, 8010 Graz
Ottensheimerstraße 43/1, 4040 Linz
Ringstraße 64, 3500 Krems/Donau

Festnetz: +43 316 58 62 30
Mobiltelefon: +43 699 181 282 51

Ihre persönlichen Notizen: